编委会

高等院校旅游管理类应用型人才培养"十三五"规划教材

主编

马　勇　教育部高等学校旅游管理类专业教学指导委员会副主任
　　　　中国旅游协会教育分会副会长
　　　　中组部国家"万人计划"教学名师
　　　　湖北大学旅游发展研究院院长，教授、博士生导师

编委（排名不分先后）

田　里　教育部高等学校旅游管理类专业教学指导委员会主任
　　　　云南大学工商管理与旅游管理学院原院长，教授、博士生导师
高　峻　教育部高等学校旅游管理类专业教学指导委员会副主任
　　　　上海师范大学旅游学院副院长，教授、博士生导师
邓爱民　中南财经政法大学旅游管理系主任，教授、博士生导师
潘秋玲　西安外国语大学旅游学院院长，教授
薛兵旺　武汉商学院旅游与酒店管理学院院长，教授
田芙蓉　昆明学院旅游学院院长，教授
罗兹柏　中国旅游未来研究会副会长，重庆旅游发展研究中心主任，教授
朱承强　上海师范大学旅游学院/上海旅游高等专科学校酒店研究院院长，教授
王春雷　上海对外经贸大学会展经济与管理系主任，副教授
毕斗斗　华南理工大学经济与贸易学院旅游与酒店管理系主任，副教授
李会琴　中国地质大学（武汉）旅游系副系主任，副教授
程丛喜　武汉轻工大学经济与管理学院，教授
吴忠军　桂林理工大学旅游学院院长，教授
韩　军　贵州商学院旅游学院院长，教授
黄其新　江汉大学商学院副院长，教授
张　青　山东青年政治学院旅游学院院长，教授
何天祥　湖南商学院旅游管理学院院长，教授
李　玺　澳门城市大学国际旅游与管理学院客座教授、博士生导师
何　彪　海南大学旅游学院会展经济与管理系主任，副教授
陈建斌　广东财经大学地理与旅游学院副院长，副教授
孙洪波　辽东学院旅游学院院长，教授
李永文　海口经济学院旅游与民航管理学院院长，教授
李喜燕　重庆文理学院旅游学院副院长，教授
朱运海　湖北文理学院休闲与旅游服务管理研究所所长，副教授

高等院校旅游管理类应用型人才培养"十三五"规划教材

总主编 ◎ 马 勇

旅游服务质量管理
Tourism Service Quality Management

主 编 ◎ 李应军 唐 慧 杨 结
副主编 ◎ 徐 涛

华中科技大学出版社
http://www.hustp.com
中国·武汉

内容提要

《旅游服务质量管理》一书主要介绍服务质量管理的基本理论和一般方法在旅游行业的应用,其内容主要包括现代服务业简介、服务质量内涵及旅游服务与旅游服务质量概述、旅游服务中的顾客期望、顾客感知和顾客沟通管理、旅游服务质量的设计管理、旅游服务的质量评价管理、旅游服务的质量诊断与控制管理、顾客满意与顾客忠诚简述等。在本教材的最后一个部分以广州南沙大酒店为例,介绍了该酒店进行服务质量管控与质量检查方面的经验与策略。本教材基本按照"旅游服务质量设计—旅游服务质量评价—旅游服务质量管控—顾客满意与忠诚"的逻辑结构来安排内容。先介绍基本理论,再结合旅游行业的实际情况进行分析,力图能将理论应用于实践。本教材适合旅游管理专业、酒店管理专业、会展经济与管理专业等高年级本科生使用,亦可作为旅游服务行业如旅游酒店、旅行社、旅游交通与景区等行业和其他服务行业与机构进行质量管理的培训参考教材。

图书在版编目(CIP)数据

旅游服务质量管理/李应军,唐慧,杨结主编. —武汉:华中科技大学出版社,2019.3(2025.1重印)
全国高等院校旅游管理类应用型人才培养"十三五"规划教材
ISBN 978-7-5680-5038-8

Ⅰ.①旅… Ⅱ.①李… ②唐… ③杨… Ⅲ.①旅游服务-服务质量-质量管理-高等学校-教材
Ⅳ.①F590.63

中国版本图书馆 CIP 数据核字(2019)第 039836 号

旅游服务质量管理 　　　　　　　　　　　　　　　　李应军　唐　慧　杨　结　主编
Lǚyou Fuwu Zhiliang Guanli

策划编辑:	李家乐　周　婵
责任编辑:	李家乐
封面设计:	原色设计
责任校对:	李　弋
责任监印:	周治超
出版发行:	华中科技大学出版社(中国·武汉)　　电话:(027)81321913
	武汉市东湖新技术开发区华工科技园　　邮编:430223
录　　排:	华中科技大学出版社美编室
印　　刷:	武汉市洪林印务有限公司
开　　本:	787mm×1092mm　1/16
印　　张:	17.5
字　　数:	425 千字
版　　次:	2025 年 1 月第 1 版第 6 次印刷
定　　价:	49.80 元

本书若有印装质量问题,请向出版社营销中心调换
全国免费服务热线:400-6679-118　竭诚为您服务
版权所有　侵权必究

Introduction 总 序

伴随着旅游业上升为国民经济战略性支柱产业和人民群众满意的现代服务业,我国实现了从旅游短缺型国家到旅游大国的历史性跨越。2016年12月26日,国务院印发的《"十三五"旅游业发展规划》》中提出要将旅游业培育成经济转型升级重要推动力、生态文明建设重要引领产业、展示国家综合国力的重要载体和打赢扶贫攻坚战的重要生力军,这标志着我国旅游业迎来了新一轮的黄金发展期。在推进旅游业提质增效与转型升级的过程中,应用型人才的培养、使用与储备已成为决定当今旅游业实现可持续发展的关键要素。

为了解决人才供需不平衡难题,优化高等教育结构,提高应用型人才素质、能力与技能,2015年10月21日教育部、国家发改委、财政部颁发了《关于引导部分地方普通本科高校向应用型转变的指导意见》,为应用型院校的转型指明了新方向。对于旅游管理类专业而言,培养旅游管理应用型人才是旅游高等教育由1.0时代向2.0时代转变的必由之路,是整合旅游教育资源、推进供给侧改革的历史机遇,是旅游管理应用型院校谋求话语权、扩大影响力的重要转折点。

为深入贯彻教育部引导部分地方普通高校向应用型转变的决策部署,推动全国旅游管理本科教育的转型发展与综合改革,在教育部高等学校旅游管理类专业教学指导委员会和全国高校旅游应用型本科院校联盟的大力支持和指导下,华中科技大学出版社率先组织编撰出版"全国高等院校旅游管理类应用型人才培养'十三五'规划教材"。该套教材特邀教育部高等学校旅游管理类专业教学指导委员会副主任、中国旅游协会教育分会副会长、中组部国家"万人计划"教学名师、湖北大学旅游发展研究院院长马勇教授担任总主编。

在立足旅游管理应用型人才培养特征、打破重理论轻实践的教学传统的基础上,该套教材在以下三方面作出了积极的尝试与探索。

一是紧扣旅游学科特色,创新教材编写理念。该套教材基于高等教育发展新形势,结合新版旅游管理专业人才培养方案,遵循应用型人才培养的内在逻辑,在编写团队、编写内容与编写体例上充分彰显旅游管理作为应用型专业的学科优势,全面提升旅游管理专业学生的实践能力与创新能力。

二是遵循理实并重原则,构建多元化知识结构。在产教融合思想的指导下,坚持以案例为引领,同步案例与知识链接贯穿全书,增设学习目标、实训项目、本章小结、关键概念、案例解析、实训操练和相关链接等个性化模块。为了更好地适应当代大学生的移动学习习惯,本套教材突破性地在书中插入二维码,通过手机扫描即可直接链接华中出版资源服务平台。

三是依托资源服务平台,打造立体化互动教材。华中科技大学出版社紧抓"互联网+"发展机遇,自主研发并上线了华中出版资源服务平台,实现了快速、便捷调配教学资源的核心功能。在横向资源配套上,提供了教学计划书、PPT、参考答案、教学视频、案例库、习题集等系列配套教学资源;在纵向资源开发上,构建了覆盖课程开发、习题管理、学生评论等集开发、使用、管理、评价于一体的教学生态链,真正打造了线上线下、课堂课外的立体化互动教材。

基于为我国旅游业发展提供人才支持与智力保障的目标,该套教材在全国范围内邀请了近百所应用型院校旅游管理专业学科带头人、一线骨干"双师双能型"教师,以及旅游行业界精英共同编写,力求出版一套兼具理论与实践、传承与创新、基础与前沿的精品教材。该套教材难免存在疏忽与缺失之处,恳请广大读者批评指正,以使该套教材日臻完善。希望在"十三五"期间,全国旅游教育界以培养应用型、复合型、创新型人才为己任,以精品教材建设为突破口,为建设一流旅游管理学科而奋斗!

2017.1.18

前言

随着全球经济的快速发展,服务业在经济增长中的作用越来越突出,服务经济已成为推动各国经济不断发展的原生动力,服务贸易占比越来越大,已成为全球主要经济发达体的显著特征。旅游服务作为服务贸易中的生力军,在全球经济发展中起着巨大的推动作用。2017年国家旅游局(2018年已组建中华人民共和国文化和旅游部)的统计数据表明:2017年全年,我国国内旅游人数50.01亿人次,入出境旅游总人数2.7亿人次,全年实现旅游总收入5.40万亿元,增长15.1%,全年旅游业对GDP的综合贡献为9.13万亿元,占GDP总量的11.04%。另据中国社会科学院财经战略研究院、中国社会科学旅游研究中心等部门公布的数据显示:2017年,全球旅游经济强劲增长,全球旅游总人次达到全球人口总规模的1.6倍;全球旅游总收入超过5万亿美元,相当于全球GDP的6.7%;全球旅游总人次和旅游总收入的增速持续高于GDP增速。这些数据表明,全球旅游经济进入快速增长期,旅游消费水平不断提高,旅游服务对于推动全球经济增长的作用更加明显。

在全球旅游业蓬勃发展的现实背景下,如何保障旅游服务的质量和水平显得异常重要。基于此,我们根据当前我国旅游服务业发展的质量现状,整合学者们已有的研究成果,并结合实际的教学需要,尝试性地综合整理和编撰了此教材,以期能将已有的服务质量管理研究理论应用于旅游服务的教学需要与行业实践,这既是对已有研究成果的总结,也是编写此教材的初衷。

本书共九章,分为四大部分。第一部分介绍现代服务经济的内涵及现代服务业的特征与发展趋势,即第一章。第二部分阐述服务与服务质量内涵及旅游服务质量的基本概念等内容,包括第二章、第三章。第三部分是本书的核心内容,论述旅游服务中的质量设计、质量评价、质量管控与质量管理目的,包括第四章、第五章、第六章、第七章、第八章。第四部分即第九章,以广州南沙大酒店为案例研究对象,介绍了该酒店在进行质量管理方面的一些策略、经验与质检工作等内容。

本书的编写具有以下三个特色:第一,理论解读与实践应用相结合。本书在内容上既介绍服务质量管理的相关理论,在论述过程中又结合旅游企业的实际情况阐述服务质量管理方法,同时在章节结构编排上尽量使相关理论与其对应的实践应用紧密衔接,力图将理论解读与实践应用结合起来,从而促进学生理论联系实际、提升学生运用理论知识于实践的能力。第二,理论解读通俗易懂。本书在编写的过程中,摒弃了部分艰涩的服务管理理论和相关研究的论证过程,在直接阐述相关理论精要观点的基础上,代之以通俗易懂的案例与事例

来回应理论解读,提高了阅读的可读性与易懂性。第三,院系教师与和行业精英共同参与。本书的编写由湖南商学院旅游管理学院部分教师与广州南沙大酒店有关部门合作共同完成,在编写过程中,双方通过多次讨论与沟通,确保了编写任务的顺利完成。

　　本书由湖南商学院旅游管理学院李应军副教授负责内容设计、结构安排及全书的统稿工作,李应军副教授编写了本书第一章、第四章、第五章、第六章及第七章的内容。湖南商学院旅游管理学院唐慧博士负责编写了本书第二章、第三章和第八章的内容。英东培训中心主任、广州南沙大酒店总经理杨结先生和南沙大酒店服务质检管理负责人徐涛先生负责编写了本书第九章的内容,并对本书的编写提出了相关建议。

　　本书适合旅游管理专业、酒店管理专业、会展经济与管理专业等高年级本科生使用,亦可作为旅游服务行业如旅游酒店、旅行社、旅游交通与景区等行业和其他服务行业与机构进行质量管理的培训参考教材。

　　在本书的编写过程中,我们拜读并借用了众多专家学者们的丰富著述与成果,参考了大量的网络资源,摘编了部分内容,在此一并衷心致谢。由于编者水平有限,书中难免有许多不足与错漏之处,恳请各位专家、学者和同行批评指正。

编　者

2018 年 11 月

目 录
Contents

01 第一章 服务经济与现代服务业
  第一节 服务经济的新发展 /1
  第二节 服务业简介 /9

23 第二章 服务与旅游服务
  第一节 服务与旅游服务概述 /23
  第二节 旅游服务系统与旅游服务管理 /31

45 第三章 服务质量与旅游服务质量概述
  第一节 质量与服务质量概述 /45
  第二节 旅游服务的整体产品质量观 /54

65 第四章 顾客期望、顾客感知与沟通管理
  第一节 顾客的服务期望管理 /65
  第二节 顾客的服务感知管理 /77
  第三节 顾客服务接触与沟通管理 /82

99 第五章 旅游服务质量的设计管理
  第一节 服务设计概述 /99
  第二节 旅游企业的服务场景设计与有形展示 /108
  第三节 服务流程设计方法与工具 /120
  第四节 服务设计中的排队管理 /133

第六章　旅游服务质量评价管理　143

第一节　旅游服务质量管理评价体系　/143
第二节　旅游服务质量管理评价理论、方法与程序　/151
第三节　基于 SERVQUAL 的服务质量评价方法　/163

第七章　旅游服务质量的诊断与控制管理　185

第一节　旅游服务质量管理差距模型　/185
第二节　服务失误与服务补救管理　/191
第三节　旅游服务质量的控制与提升管理　/209

第八章　顾客满意与顾客忠诚　225

第一节　顾客满意研究　/225
第二节　顾客忠诚管理　/238

第九章　服务质量管理案例研究——广州南沙大酒店质量检查管理研究　247

第一节　南沙大酒店简介　/247
第二节　南沙大酒店服务质量检查管理　/250
第三节　南沙大酒店服务质量管理经验总结　/262

参考文献　267

第一章

服务经济与现代服务业

学习目标

了解服务经济产生的背景,理解服务经济的内涵及其在国民经济中的作用,掌握服务经济发展所带来的现实影响。了解服务业的分类,服务业发展的原因及阶段,掌握现代服务业的内涵及其发展趋势。

第一节 服务经济的新发展

案例引导

2017年我国服务业经济占GDP比重超五成

2017年,我国服务业增加值427032亿元,占GDP的比重为51.6%,超过第二产业11.1个百分点,成为我国第一大产业。服务业增加值比上年增长8.0%,高于全国GDP增长1.1个百分点,连续5年增速高于第二产业。服务业对经济增长的贡献率为58.8%,比上年提高了1.3个百分点,成为推动我国经济增长的主动力。2018年1~2月,服务业生产指数同比增长8.0%,比上年12月份增速快0.1个百分点,比规模以上工业增加值增速快0.8个百分点,服务业继续领跑国民经济增长。

实施创新驱动发展战略,信息传输、软件和信息技术服务业,租赁和商务服务业等现代服务业对经济增长的引领作用不断增强。2017年,信息传输、软件和信息技术服务业,租赁和商务服务业增加值总量分别比上年增长26.0%、10.9%,远

高于国民经济平均增速。实施"互联网＋"发展战略，互联网经济、数字经济、共享经济等新经济已成为推动我国经济增长的新动力、新引擎。

围绕高质量发展，服务业企业质量效益稳步提升。2017年，规模以上服务业企业营业收入增长13.6%，比上年加快2.6个百分点；企业利润总额增长16.1%，比上年上升17.1个百分点；企业营业收入利润率为15.1%，高于规模以上工业企业8.6个百分点。"三去一降一补"取得明显成效，规模以上服务业企业每百元营业收入成本费用为93.62元，较2016年下降0.47元，创下三年新低。

服务业对国民经济平稳运行贡献突出

十八大以来，服务业在创造税收、吸纳就业、新设市场主体、固定资产投资、对外贸易等方面全面领跑，支撑国民经济健康发展。

服务业已成为税收的主要来源。2017年，服务业税收收入占全部税收收入的比重为56.1%，比上年增长9.9%，连续5年对税收收入贡献过半。

服务业已成为吸纳就业的主渠道。2013—2016年，服务业就业人员年均增长5.1%，高出全国就业人员年均增速4.8个百分点。2017年，服务业就业人员比重比上年提高了1.4个百分点，达到44.9%，高于第二产业16.8个百分点。

服务业是新增市场主体的主力军。2017年，工商新登记注册的企业日均达1.66万家，其中近80%为服务业。2013—2016年，服务业新登记注册企业共计1283万家，年均增长31.5%。

服务业是固定资产投资的主阵地。2017年，服务业投资增长9.5%，高于第二产业增速6.3个百分点，占固定资产投资的比重达59.4%。

服务业对外开放加快形成新的增长点。2017年，服务业进出口总额占对外贸易总额比重达到14.5%，比2012年提高了3.4个百分点。高技术服务出口增长明显加快，知识产权使用费、技术相关服务出口分别增长316.6%和30.0%。我国吸纳外商投资和对外投资，服务业占比均超过50%。近期，在博鳌亚洲论坛上我国明确提出将大幅度放宽金融业市场准入，创造更具吸引力的投资环境，吹响了服务业进一步加快开放的新号角，这也必将带来服务业新的增长。

服务业活力不断增强助推新动能加快成长

随着供给侧结构性改革深入推进，服务业结构持续优化，服务业新动能不断孕育，新产业新经济蓬勃兴起，活力和实力不断增强。

我国服务业的一些行业已迈入世界前列，实现了从跟跑到并跑、领跑的飞跃。2017年，我国高速铁路里程、高速公路里程、快递业务规模等已远超其他国家，稳居世界第一；移动支付、共享经济、大数据运用已走在世界前列；电信业在5G技术、标准、产业、应用等方面正成为全球引领者；金融业人民币国际化步伐加快，不仅跻身储备货币，而且开始成为石油贸易的计价货币；科技创新取得新成就，R&D支出占GDP比重上升到2.12%，超过欧盟15国的平均水平。

以"互联网＋"为标志的服务业新经济高速成长。2017年,规模以上服务业企业中,与共享经济、数字经济密切相关的互联网信息服务业、信息技术咨询服务业、数据处理和存储服务业的营业收入分别增长42.9%、35.4%、39.1%。全年电子商务交易额达29.16亿元,比上年增长11.7%;网上商品零售额增长32.2%。银行业金融机构处理移动支付业务金额比上年增长28.8%;非银行支付机构发生网络支付业务金额增长44.32%。

新兴服务业发展势头强劲。2017年,规模以上服务业中,战略性新兴服务业、高技术服务业、科技服务业的营业收入分别增长17.3%、13.2%、14.4%,比上年分别提高2.2、2.8、3.1个百分点。

幸福产业发展态势良好。随着人民群众对美好生活需求的日益增长,旅游、文化、体育、健康、养老服务业稳定健康发展。2017年,规模以上服务业企业幸福产业营业收入合计增长13.7%,比上年增速快1.9个百分点。幸福产业在国民经济中的比重不断提升。2016年,旅游及相关产业、文化及相关产业、体育产业增加值占国内生产总值的比重分别达到4.44%、4.14%和0.87%,较上年分别提高了0.08、0.19、0.13个百分点。人民群众的幸福感、获得感得到进一步提升。

(资料来源:http://www.askci.com/news/finance/20180416/102516121557_2.shtml.)

按社会生产的主要产品或主要产业部门来区分经济形态或历史时期,依次经历了农业经济、工业经济和服务经济时代。随着现代化进程的加快,服务业的地位和作用日益显著,这是人类社会进步的表现。旅游业是服务业的重要组成部分,其在国民经济中的增长趋势和关联效应非常明显,在当前我国全面建设小康社会的新阶段,应该大力发展包括旅游业在内的现代服务业,这对于继续保持我国社会经济的健康快速发展是有重要意义的。

一、服务经济时代的来临

1965年维克托·R·富克斯在一篇论文中首先提出了服务经济的概念。他指出,美国首先进入了经济发展的一个新阶段——服务经济时期。富克斯在1968年出版的《服务经济学》是第一部全面地从实证研究角度研究服务理论的著作。他在《服务经济学》中阐述了"服务经济"的概念,认为美国在经济发展方面开创了一个新时期,在第二次世界大战结束以后,这个国家已成为世界上第一个"服务经济"国家,即第一个一半以上就业人口不从事食物、服装、房屋、汽车或其他实物生产的国家。1952年美国白领人数第一次超过了蓝领人数,标志着美国开始从工业经济社会进入服务经济社会。西方发达国家把服务业迅速发展看作"经济和消费的软件化"、"经济的服务化",日本有人称之为"脱物现象",即消费行为开始脱离物品。

1973年,美国社会学家贝尔用"后工业化社会"的概念来描述正在到来的新时代。他指出,在"后工业化社会",经济部门的重点将由传统的物品生产转向服务业。这些服务业并不包括工业社会中的运输、发送等生产辅助部门,而是包括针对个人服务的银行、保险、交通、通信、保健、教育、政府等多个方面。在"第三次浪潮"、"大趋势"、"知识社会"等未来学理论中,服务经济均被作为与旧时代根本不同的新时代的力量来看待。奈斯比、卡恩等预测专家都同意下一个趋势:从工业社会向服务社会的过渡。有人把我们的未来称为"新型的服务性经济"或"经济的服务化"。制造业也将越来越多地与服务业交织在一起,从而使现有产品和服务一体化。《学习的革命》一书认为新型的服务性社会是塑造未来世界的15种主要趋势之一,认为全世界正在产生三个大类的工作:普通生产服务、直接服务和符号分析服务。

进入21世纪之后,世界经济正处于一个经济大转变的时代。知识经济、服务经济是全球经济发展的重要趋势。就全球范围来说,世界进入了"信息与服务时代"。未来的主导产业将是信息产业与服务业。通过网络技术,世界正成为一个巨大的信息交流场。同时,现代生活正由各种各样、相互关联的服务功能支配着,世界正进入一个"大服务"的时代。"大服务"时代不论穷富、不论愿意与否,都必须接受服务,依赖服务。"大服务"的网络或系统已经深入当代社会生活的每个角落,包围着我们每个人的生活,联系着各个行业与每个消费者,改变了人们的社会生活与人际关系,它代表了一种新的社会经济行为和观念。人人都为别人服务,人人都是服务的对象,提供服务与接受服务已成为一种新型的社会关系。从某种意义上说,服务经济实质是"客户经济",人们互为客户。

伴随着"知识经济"、"信息经济"、"第三次浪潮"的到来,以知识与信息为核心的服务业在西方发达国家国民经济中所占比重日益加大,服务业地位日益突出,服务业在经济和就业中的贡献也日趋明显。1955年,美国服务业比重在55%左右,服务业就业比重达到50.8%;20世纪60年代初期,世界主要发达国家的经济中心开始转向服务业,产业形态呈现由工业型经济向服务型经济转型的大趋势。到2000年,美国服务业所占比重上升到74.5%,而就业比重也达到76.6%,美国服务业在经济发展中占主导地位。除美国外,以2001年为例,英国、法国、德国、加拿大、日本等国家无论是服务业产值在GDP中的比重,还是服务业就业人数在全社会就业总人数中的比重均接近或超过70%。且有些行业如金融服务业、商务服务、旅游业等发展迅速,服务贸易在其整个国际贸易中占很大的比重。而全球服务业的比重仍在不断上升,据世界银行的统计数据,2009年,全球服务业总体规模约59万亿美元,世界各国服务业增加值占GDP比重达到70%。其中,美国服务业占GDP比重在77%以上,接近80%。日本服务业占GDP比重达76.5%,英国服务业占GDP比重达75%。欧盟服务业从20世纪70年代以来发展迅速,目前已在欧盟经济中占主导地位,欧盟整个服务业已占其生产总值的65%以上,从业人员占总就业人员的66%以上。中国香港已完成经济结构转型,当地经济发展的重心已转向服务业,其增加值占GDP比例85%以上,香港恒生指数100个指数成分股里,没有一个工业股,服务业成为香港经济的命脉。早在20世纪90年代,发达国家与地区每消费100美元,就有50美元以上是服务消费。因此,美国学者马蒂·杜甘在《大都市时代》指出:"在发达工业国,服务业现在已经是推动经济发展的真正发动机。"有统计表明,高收入国家的服务业平均占GDP比重约为72.5%,中等收入国家的服务业占GDP比重在60%~65%,低收入国家的服务业比重为46%~55%。在就业人数上,发达国家服务业就业人员占就业人数的比重基本在60%~75%,中等收入发展中国家的比重在45%~60%,低收入发展中国家的比重则在30%~45%。发展服务行业,推进服务贸易已成为当今世界的潮流。不难看出,服务经济的浪潮已经席卷全球主要经济体。经济越发达,服务业吸纳的就业人数越多,服务经济在国民经济中所占比重也越大。目前,美国、英国、日本等国政府均出台了相关政策措施,如优化基础环境、税收优惠减免、开放服务业市场等,来推动区域现代服务业的发展。

我国服务业近年来也获得了飞速发展。2013年,服务业对我国GDP增长的贡献首次超过工业,占比近半,达46.1%。到2015年,服务业增加值占国内生产总值的比重达到50.5%,首次过半。2016年,服务业增加值占国内生产总值比重上升到51.6%,比上年提高1.1个百分点,高于第二产业11.8个百分点。全年最终消费支出对GDP增长的贡献率为64.6%,创下了新中国成立以来服务业对国民经济增长贡献率之最。据中央电视台2018年7月16日与20日的《新闻联播》的报道,服务业对我国经济增长的贡献率已达60.6%,比去年同期增长1.4%;消费支出对经济增长的贡献达78.5%,比同期增长14.2%。换而言之,我国经济已经主要依靠消费和服务业增长。我国经济正在经历从以工业为主导的时代向以服务业为主导的时代的重大转变。我国"十三五"规划纲要强调,我国经济转型升级的重点是从工业大国走向服务业大国,形成以服务业为主导的经济结构。服务业将成为"十三五"期间国家经济发展的主要引擎。

随着全球进入服务经济时代,服务业占世界经济比重已经超过3/5,服务业占发达国家经济比重已经超过70%,占发展中国家经济比重60%左右,无论是发达国家还是发展中国家,服务业在国民经济中的比重都呈现出不断上升的态势,全球经济步入服务经济时代已成为一个不争的事实。更为重要的是,进入服务经济时代,服务业成为引领全球技术创新和商业模式创新的主导力量。服务主导现代经济,服务经济将成为21世纪的主导经济形态。

二、服务经济内涵

比较普遍的观点认为,人类社会的经济形态经历了从农业经济到工业经济,再到服务经济的演化过程。而实际上,服务在农业经济时代就出现了。只不过随着经济的发展与经济形态的转变,服务业的作用越来越明显而已。

(一)服务经济的定义

最早提出服务经济概念的是美国经济学家富克斯。他在1968年的经典著作《服务经济学》中,率先提出美国在西方发达国家中已经首先进入了"服务经济"社会,同时认为,服务经济在所有发达国家都已开始出现。在他的研究的基础上,服务经济的理论随着实践发展而不断深化,如贝尔的"后工业社会"、库兹涅茨的"工业服务化"等理论都指出了现代社会经济逐渐向服务经济阶段发展这一突出特征。2006年瑞典学者詹森的《服务经济学:发展与政策》对服务经济学的微观基础、服务经济的公共政策等内容做了系统介绍。

对于服务经济的定义,目前国内外学术界有多种解读。使用比较多的是以下三种定义法:第一种定义法是规模定义,也是国际上学者普遍较认同的一种定义,即定义服务经济为"服务业在GDP中占比超过60%,或者服务业在总就业人数中占比超过60%以上的一种经济形态";第二种定义法是对比定义,即定义服务经济为"与工业经济、农业经济形成对比,有特殊性质的经济形态";第三中定义法是阶段定义,即定义服务经济为"农业经济、工业经济顺序发展以后的经济阶段"。周振华(2010)综合以上三种定义,将服务经济定义为:"以知识、信息和智力要素的生产、扩散与应用为经济增长的主要推动力,以科学技术和人力资本的投入为核心生产方式,以法制和市场经济为制度基础,经济社会发展主要建立在服务产品的生产和配置基础上的经济形态。"这是目前比较权威的国内学者提出的定义。解读这一定义,服务经济是相对于过去以物质经济为基础的产业经济形态而言的,其本质变化是过去的实物经济、有形经济逐步让位于服务经济和无形经济;从属性上看,由信息技术取代生产技术;从功能上看,由服务功能取代制造功能;从形态上看,由无形性取代实物性,从而大大降低了人类社会对自然资源的依附。

(二)服务经济的层次

服务经济包括三个层次:第一层次(即最高层次)是经济形态层次;第二层次(即产业层次)是产业形态(即服务业)层次;第三层次(即基本层次)是经济活动(即服务)层次。这三个层次的内涵不一样:从基本层次上看,服务构成了服务经济中最基本的经济活动形式;从产业层次上看,服务业是服务经济产业结构中的主导产业;从最高层次上看,服务经济除了经济活动和产业形态以服务为核心外,还包含一整套适应服务活动和产业发展的制度环境、管理体制、要素市场以及公共政策和公共服务体系,是一种完整的经济形态。作为一种经济形态,服务经济的内涵包括以下几个方面。

首先,服务经济作为一种经济形态,核心是提供服务产品。尽管关于新的经济形态的提法很多,如知识经济、信息经济、体验经济、网络经济等等,但唯有服务经济是可以与农业经济、工业经济并列成为一种新的经济形态。农业经济以提供农产品为核心、工业经济以提供制成品为核心、服务经济以提供服务产品为核心,形成以服务为中心的经济活动,构成以现代服务业为主的产业体系。

其次,服务经济作为一种经济形态,其范围不仅包括服务业本身,而且涵盖了发展成熟的制造业和农业。在服务经济中,服务业虽然是产业结构中的主导产业,但制造业和农业也是服务经济的重要组成部分。农业、制造业的现代化和服务化趋势促进了服务业的迅猛发展,服务业的迅速发展又反过来为农业和制造业提供了全面高效的服务,把农业、制造业提升到更高的发展水平,三个产业相互促进、融合发展。

最后,服务经济作为一种经济形态,除了服务产出、服务就业、服务贸易、服务消费、服务投资等经济活动是其重要组成部分外,还包含一整套制度环境、管理体制、要素市场以及公共政策和公共服务体系。制度环境保障服务经济有效运行;管理体制确保服务经济发展更加市场化、法制化和国际化等;要素市场构建以人力资本市场为主体的资源要素配置体系;公共政策和公共服务则为服务经济发展创造低成本、高效率的运行环境。

三、服务经济的功能

按照经济合作与发展组织(Organization for Economic Cooperation and Development, OECD)2000年的报告,服务经济是指服务业增加值占GDP比重超过60%,或者服务业从业人数比重超过60%的一种经济形态。

（一）服务经济的功能性特征

工业经济是实物经济、有形经济、"产出性经济"，重视数量和产量，最大限度地生产，最大规模地销售，其价值来源于生产的规模化发展；服务经济是功能经济、无形经济、"功能性经济"，重视效用、功能，其价值来源于质量、体验。这使得人类大大降低了对自然资源的依赖性。当我们更多地关心产品的服务功能，而不是产品的物质数量时，就可能预防和减少资源浪费带来的环境污染，实现消费过程的减物质化。在多数产品全球范围内供大于求的过剩情况下，消费者有更多的选择权和自主权，因此提高服务质量逐渐成为价值的源泉，注重消费者的感受和效用便成了服务经济的核心。现代服务经济正由规模化向功能化转变，提高服务质量，吸引回头客，根据顾客的体验和感受提供效用、功能等更为全面的服务。此外，服务经济与信息经济、循环经济、综合经济等其他经济形式融合发展的趋势日益明显。

（二）服务经济的作用

服务经济可以创造出较高的劳动生产率和社会经济效益，其功能性优势大致表现为，一是服务经济产业关联性大。大部分制造业的产业关联效应是直线式的，带动发展的主要是上、下游产业，而服务业尤其是生产性服务业的产业关联效应更具发散特征，是辐射式的，可以带动周边产业成本下降、效益提升，并分散风险。二是服务经济优化产业结构。服务业尤其是生产性服务业则通过产品研发创新、商业运作模式优化、管理效益提升、市场风险分析与规避、品牌建设与维护等服务来改造其他产业，传递竞争优势。三是服务经济提供就业机会，扩大内需，刺激消费，满足人们日益增长的精神文化需求，促进社会稳定和人的全面发展，有利于培育社会中产阶级，提低、扩中、保高，促进社会和谐发展。可见，服务经济更具渗透性、辐射性和柔和性。服务业恰如渗透在各个经济领域的"经脉"，对经济运行有激发创新、降低成本、稳定秩序等作用。抓住"经脉"则纲举目张，可以提升经济发展的水平、质量和效益。

四、服务经济带来的影响

服务经济的加速发展不仅使服务业的全球重组和资源优化配置达到空前高度，也使世界各国经济、产业、技术创新乃至经营管理模式出现全方位变革。中国商务部政策研究室的研究显示，服务经济的加速发展对世界经济的重大影响主要体现在以下几个方面。

（一）影响各国经济增长方式的转变

加快各国经济向服务型经济转变，促使各国经济增长方式由传统向现代增长方式转变：一是通过优化产业结构，实现资源的高速配置，减少对自然资源的依赖，减轻对生态环境的损害，促进人与自然的和谐发展；二是通过全面深化专业分工，扩大要素优化配置的空间范围，降低交易成本，提高经济效率，实现集约型增长；三是通过发展知识、技术和人才密集型的服务业，减轻对资本投入的依赖，促进人力资本积累和人力资源开发。

(二)影响各国产业发展模式的调整

服务业脱离第一、第二产业的发展壮大,同时又与第一、第二产业全面融合,特别是向制造业全过程渗透,已经颠覆了传统的第一、第二、第三产业分类和各自独立发展的模式,创造了有史以来产业发展的新模式。在发达国家,很多跨国公司由制造业向服务业转型已经达到惊人的地步,其服务业收益已开始超过制造业,一大批传统的制造商,如耐克、戴尔等已经成为真正的生产性服务提供商。

(三)影响各国的技术发展和创新模式的变革

服务业特别是生产性服务业的技术进步与创新是整个产业链技术进步与创新的源泉,成为建设新型国家的决定因素,特别是其中的科技、研发、设计、营销等环节,对整个产业链的技术进步和创新越来越起到关键性的决定作用,各国经济竞争能力越来越集中地体现在对此类服务的提升上。就产业链各个环节的价值增值空间而言,制造环节所占的比重越来越低,而服务环节所占比重越来越高。

(四)影响各国参与国际竞争的地位和利益

发达国家凭借现代服务业日益占领国际分工的高端环节,占据更大范围,利用全球要素和资源、整合全球市场的平台,不仅在国际竞争中获得更多的利益和利润,而且对世界经济和产业、技术发展拥有更大的支配力和影响力。一些发展中国家通过积极参与服务全球化、承接服务转移、加快服务业升级,也分享了服务业全球化的部分成果,实现了自身更好的发展。但从总体来看,发展中国家在新的国际分工与竞争中处于不利位置,全球化的利益分配不平衡,要改变现状,发展中国家必须加快服务业发展和升级步伐。

(五)影响各国企业经营与竞争模式

发达国家的跨国公司利用信息技术和互联网技术搭建了全球化、网络化平台,形成全球生产和服务网络,从而形成了以最大化重组和整合利用外部资源、最小化制造与交易成本为导向的效率主导型竞争模式,从根本上有别于工业化时代的以大规模、综合化为主要特点的规模优势导向模式。这对发展中国家的企业而言,既是一种挑战,也使一个机遇。挑战在于,发展中国家的企业在新形势下与跨国公司的差距有所加大;机遇在于,发展中国家的企业也有机会跨越式利用新技术,实现自身突破,获得后发优势与赶超机会。

第二节 服务业简介

案例引导

2018年第一季度国民经济开局良好,服务业发展快速增长

在2018年4月17日举办的2018年第一季度国民经济运行情况发布会上,国家统计局国民经济综合统计司司长、新闻发言人邢志宏就我国国民经济第一季度的总体运行情况回答了与会记者的提问,并就相关问题进行了回答与说明。以下是部分节选。

一季度国民经济实现良好开局。初步核算,一季度国内生产总值198783亿元,按可比价格计算,同比增长6.8%。分产业看,第一产业增加值8904亿元,同比增长3.2%;第二产业增加值77451亿元,增长6.3%;第三产业增加值112428亿元,增长7.5%。农业生产形势较好、工业生产总体稳定、服务业较快增长。

一季度全国服务业同比增长8.1%。一季度,全国服务业生产指数同比增长8.1%,增速比1~2月份加快0.1个百分点,比上年同期回落0.2个百分点。其中,信息传输、软件和信息技术服务业、租赁和商务服务业保持较快增长。3月份,全国服务业生产指数同比增长8.3%,比1~2月份加快0.3个百分点,与上年同期持平。1~2月份,规模以上服务业企业营业收入同比增长14.1%,比上年同期加快0.7个百分点。

服务业商务活动指数为53.6%,比上月小幅回落0.2个百分点,但仍高于上年均值。铁路运输业、航空运输业、邮政快递业、电信广播电视和卫星传输服务、互联网软件信息技术服务、货币金融服务、资本市场服务、保险业等行业商务活动指数均位于55.0%及以上的较高景气区间。从市场预期看,服务业业务活动预期指数为60.1%,连续10个月高于60.0%。

经济结构继续优化。一季度,第三产业增加值对国内生产总值增长的贡献率为61.6%,高于第二产业25.5个百分点。最终消费支出对经济增长的贡献率为77.8%,高于资本形成总额46.5个百分点。绿色发展稳步推进。一季度,单位国内生产总值能耗同比下降3.2%。

最终消费增势稳健。居民消费结构加快升级,升级类商品的消费增势稳定,线上线下加快融合,不仅是网上零售增长比较快,而且传统的商业像百货、超市、专卖店今年的增长速度也比去年同期加快,反映了新零售对整个消费领域的积极影响。服务型消费增势强劲,一季度电影票房增长39.8%。

针对服务业生产者指数一季度保持了较快增长,服务业对于经济增长的贡献率大幅高于第二产业的现实,邢志宏对我国服务业快速发展的态势进行了以下解读。以下是部分节选。

2012年中国服务业规模超过了第二产业,成为中国经济第一大产业。之后服务业对经济增长的带动作用明显增强,成为中国经济发展的主动力。2017年服务业在整个GDP中的占比为51.6%,对经济增长的贡献率是58.8%。2018年一季度占比提升,贡献率进一步加大,发展速度依然比较快。我国已经进入了服务业主导的经济发展阶段,这是中国经济转型升级的一个重要标志,是经济发展内在规律作用的结果,也是调结构、促升级各种政策作用的一个成果。服务业继续保持快速发展,主要有以下几个方面的因素。

一是消费结构升级为服务业的发展提供了广阔市场空间。根据国际上的发展经验和经济理论,服务业的发展和居民收入水平是密切相关的。现在中国已经进入了上中等收入国家的行列,去年我国人均GDP接近9000美元,居民收入不断提高、中等收入群体不断扩大,对服务需求正在产生一个大的变化。当前消费有个明显特征,从过去的物质消费向服务消费转变,现在旅游、文化、教育、健康等方面的消费需求都很大,为服务业发展注入了活力和动力。

二是产业分工在深化,特别是现在的供应链、价值链、产业链重塑加快了工业经济向服务经济转型的步伐。我国已经进入了工业化中后期,向中高端迈进,制造业本身在价值链提升过程中会对研发、设计、营销、管理、物流这些方面产生很大的生产性服务的需求。科技服务业、商务服务业、物流服务业都是增长亮点。

三是改革开放不断深化,服务业领域蕴藏的潜力得到进一步释放。习近平总书记在博鳌论坛上指出,要进一步扩大开放,不断地放宽服务业市场准入,服务业就是扩大开放的主要领域。在国内自贸区的试验当中,已经把服务业作为一个重点内容。比如金融对外商股比的限制正在进一步放宽,范围在进一步扩大;教育、医疗等领域的社会投资、外商投资进入的积极性都很高,这给服务业注入了新动力。

四是创新驱动增强了服务业的内在动力。信息网络技术大规模的运用催生了很多新业态、新模式,这些模式在服务业领域的影响最为集中、表现最为突出。日常生活中的在线医疗服务、在线共享服务、在线教育服务,这些都对服务业产生了巨大影响。服务业领域的新业态、新模式、新行业仍在不断地涌现,这是服务业增长能够保持较快态势的另一个重要原因。

(资料来源:http://cn.chinagate.cn/webcast/2018-06/11/content_52001800.htm.)

一、"第三次浪潮"

世界著名未来学家、当今较具影响力的社会思想家之一阿尔文·托夫勒(Alvin Toffler),分别于1970年、1980年和1990年出版了《未来的冲击》、《第三次浪潮》、《权力的转移》未来三部曲,享誉全球,成为未来学巨擘,对当今社会思潮有广泛而深远的影响。其中《第三次浪潮》创造了充满睿智的术语"第三次浪潮",促成了许多新产品、新公司,甚至新雕塑、新交响乐的诞生,影响了文化思想的各个层面。在《第三次浪潮》中,托夫勒将人类发展史划分为三次浪潮。第一次浪潮为"农业文明",约一万年前开始;第二次浪潮为"工业文明",从17世纪末开始;第三次浪潮为"信息化文明",也被称为服务业发展阶段。这三次浪潮的财富特征分别以犁、生产线、软件为代表。第一次浪潮的财富体系主要基于种植农作物,第二次浪潮的财富体系基于制造产品,显然,第三次浪潮的财富体系就是基于以信息技术、网络技术为核心的现代服务,因此,第三次浪潮被称为"服务业的时代",与传统服务业劳动者不同,现代服务业劳动者都是"知识工作者"。我国目前正处于由工业化国家必经的工业经济向服务经济转型的时期,同时,我国又面临着人类社会必经的信息技术革命性变革的挑战,因此,我们要采取"双线推进"的战略,一手推进工业化,一手推进包括信息产业和服务业的知识经济的发展,利用信息技术、基因技术和网络技术等所有先进技术的力量,利用第三次浪潮中的技术力量改变生活在第一次浪潮和第二次浪潮中的人的生活质量,这是一个很大的挑战与突破。

二、服务业的分类

(一)服务业的概念

虽然学术界至今对什么是服务业还没有一个完全统一的认识,但国内外学者普遍认同的是服务业即第三产业,因此服务业又被称为第三产业,显然服务业的范围取决于三大产业的划分。迄今为止,对三大产业还没有完全统一的划分标准。国际较为通用的产业划分采用的是联合国有关组织的划分标准(见表1-1),根据这种划分标准,服务业是国民经济中第一产业(如农业、林业、渔业、畜牧业、狩猎业)、第二产业(如制造业、建筑业、采掘业、电力煤气生产等)之外的其他产业的统称,因而服务业的内涵十分丰富,涵盖的范围非常广泛。

表1-1 三大产业的划分

产业划分	产业范围
第一产业	农业、畜牧业、林业、渔业、狩猎业
第二产业	制造业、建筑业、自来水、电力和煤气生产、采掘业和矿业
第三产业	商业、餐饮业、仓储业、运输业、交通业、邮政业、电信业、金融业、保险业、房地产业、租赁业、技术服务业、职业介绍、咨询业、广告业、会计事务、律师事务、旅游业、装修业、娱乐业、美容业、修理业、洗染业、家庭服务业、文化艺术、教育、科学研究、新闻传媒、出版业、体育、医疗卫生、环境卫生、环境保护、宗教、慈善事业、政府机构、警察等

(资料来源:张文建.旅游服务经济与业态创新[M].北京:北京大学出版社,2012.)

(二)服务业的分类

服务业涵盖的范围非常广,领域多,可以根据不同的侧重点和不同的标准对其进行划分,比较有代表性的分类有两种方式。

1. 根据服务业的性质分类

可以将服务业划分为 4 个层次,分别是流通服务业、生产生活服务业、精神与素质服务业、公共服务业。1985 年,国家统计局将服务业分为两大部门、4 个层次,具体见表 1-2。

表 1-2 服务业的分类简表

流通部门	第一层次	流通服务部门	交通运输业、邮电通信业、商业饮食业、物资供销与仓储业
服务部门	第二层次	为生产、生活服务的部门	金融业、保险业、地质查业、房地产业、公用实业、居民服务、旅游业、咨询信息服务业、各类技术服务业
	第三层次	为提高科学文化素质服务的部门	教育、文化、电视、科研、卫生、体育、社会福利
	第四层次	为社会公众需要服务的部门	国家机关、党政机关、社会团体、军队、警察

(资料来源:王守法.现代服务产业基础研究[M].北京:中国经济出版社,2007.)

2. 根据国际服务贸易分类

2002 年,国家统计局《国民经济行业分类》取消了 1985 年对第三产业 4 个层次的划分,新增 6 类:信息传输、计算机服务和软件业、租赁和商务服务业、水利环境、公益设施管理业、国际组织等,大量充实了服务业的新兴门类。根据世界贸易组织统计和信息系统局(SISD)提供的国际服务贸易分类表,服务业可分为 11 大类 140 余个服务项目,分别如下。

1)商业服务业

商业服务业是指在商业活动中涉及的服务交换,具体包括以下几个方面。

(1)专业性服务。专业性服务包括法律服务、会计和审计服务、税收服务、建筑服务、工程服务、城建服务、医疗服务等。

(2)计算机及相关服务。计算机及相关服务包括与计算机硬件装配有关的客服服务软件执行服务、数据处理服务及其他服务等。

(3)研究与开发服务。研究与开发服务包括自然科学的研究和开发服务、社会科学与人文科学的研究开发服务、交叉科学的研究与开发服务等。

(4)房地产服务。房地产服务包括产权所有或租赁、基于费用或合同的房地产服务等。

(5)设备租赁服务。设备租赁服务包括与船舶、飞机及其他运输工具相关的租赁服务、与其他机械设备有关的租赁服务等。

(6)其他商业服务。其他商业服务包括广告服务,市场调研与民意测验服务,管理咨询服务,与咨询人员有关的服务,技术测验与分析服务,与农业、狩猎、林业有关的服务,人员的安排与补充服务,安全调查,科学技术咨询服务,建筑物清洗服务,照相服务,包装服务,印刷、出版服务,会议服务及其他服务等。

2）通信服务业

通信服务业包括邮政服务、快件服务、视听服务等。

3）建筑及有关工程服务业

建筑及有关工程服务业包括建筑物的一般建筑工作、民用工程的一般建筑工作、安装与装配工作、建筑物的完善与装饰工作等。

4）销售服务业

销售服务业包括代理机构的服务、批发贸易服务、零售服务、特约代理服务、其他销售服务等。

5）教育服务业

教育服务业包括初等教育服务、中等教育服务、高等教育服务、成人教育服务、其他教育服务等。

6）环境服务业

环境服务业包括污水处理服务、废物处理服务、卫生及相关服务、其他环境服务等。

7）金融服务业

金融服务业包括保险及有关服务、银行及其他金融服务等。

8）健康与社会服务业

健康与社会服务业包括医院服务及其他人类健康服务、社会服务、其他健康与社会服务等。

9）旅游相关的服务

与旅游相关的服务包括宾馆与饭店、旅行社与旅游经纪人服务,导游服务等。

10）文化娱乐及体育服务业

文化娱乐及体育服务业包括娱乐服务,新闻机构服务,图书馆、档案馆、博物馆及其他文化服务,体育及其他娱乐服务等。

11）交通运输服务业

交通运输服务业包括海运服务、内河运输服务、空运服务、空间服务、铁路运输服务、公路运输服务、管道运输服务,具体包括燃料运输和其他物资运输服务、所有运输方式的辅助性服务,以及货物处理服务、存贮与仓库服务、货运代理服务和其他辅助性服务等。

此外,按服务要素可分为劳动密集型服务业、资本密集型服务业、技术密集型服务业、知识密集型服务业等;按服务的接触程度可分为高接触度服务业和低接触度服务业等。

三、服务业发展的原因和发展阶段

（一）服务业发展的原因

服务业作为一种产业经历了从无到有的发展过程。综观现代经济的发展过程,一个显著特征是服务业的迅猛发展,其在国民经济中的地位越来越重要,具体表现在一半以上的国民生产总值来自服务部门;为社会提供了大量新的就业机会和经济增长的空间;在国际收支中服务贸易比重越来越大。服务业持续快速发展最根本的原因在于生产的中间需求和生产力的发展,特别是外部市场经济的发展,其发展原因主要有以下几方面。

1. 社会分工和专门化程度提高

随着社会专业化和协作化程度的不断提高,生产流通体系各环节相互独立,以适应专业化大生产的需求。例如,工业分工的细化使得商业、运输业分离出来,成为专从事商品交换和商品运输的服务行业。再者,分工细化、专业化程度的提高再加上科技进步和组织管理水平的提高,促进了生产和生活过程中的自我服务转化为社会服务。

2. 工业的快速发展

工业生产率的提高创造了更多的社会财富,也使得许多人从直接生产过程中分离出来,这就为服务业的发展提供了强大的物质基础和丰富的劳动力资源。另外,工业的发展也从供给和需求两个方面创造了服务业和服务贸易发展的条件,促进服务业走向成熟,并最终发育成为具有个性特征、与工业并驾齐驱的新型产业。

3. 市场经济的强力推动

在市场经济的形成和发展过程中,出现了从事服务业的独立劳动者和服务业产品的生产区域,同时社会对服务业产生了巨大需求,并且不断促进旧行业的淘汰与新的服务行业的产生,从而使服务业的门类越来越多。例如,资本市场的出现带动了股票、证券和期货交易,与此相关的金融服务业也应运而生。

4. 新的生产需求和消费需求

随着生产力的发展,生产专业化使得工业体系内生产服务的许多环节独立出来,出现了生产性服务业,如技术鉴定服务、信息咨询服务、生产设备安装服务等。同时人类对自我价值的实现要求增加,精神性消费需求日渐成为消费主流,直接刺激了服务业的发展,如形象设计服务、职业规划咨询服务、电影艺术等。

5. 城市化的进程

城市化是服务业发展的重要基础,服务业整体规模和结构与城市化水平密切相关,而且服务业的内部结构与城市化也有很大关系。一般说来,高附加值、为生产服务的新服务业,往往存在于城市化程度较高的城市。此外,城市化建设改变了人们的观念,如妇女、老年人和大批流动人口纷纷加入服务性行业之中。

(二)服务业发展阶段

服务业的形成发展过程是一个动态增长的过程。总结世界经济,尤其是发达国家服务业的发展历程,可以将其归纳为3个阶段。

1. 传统服务行业为主阶段

此阶段服务业多为零星店铺,尚未形成规模且主要满足人们日常个人消费服务的需求,如旅馆业、餐饮业、理发业、医疗卫生业、修理业等。在此阶段,人们对于服务商品的消费欲望不高,服务业发展缓慢,服务业的经济地位和社会地位较低下,远比工业和农业落后。

2.专业化、规模化阶段

此阶段是近代服务业从工业中分离出来到发生质变以前的时期。工业的发展和社会的专业化分工产生了新的社会需求。服务业从工业中分离出来,成为保证商品流通和消费顺利进行的重要部门,并出现非工业化的现象。经济部门重点由物质生产转向服务业,如交通运输和商品销售业是工业发展到一定阶段的专业化分工的产物。在此阶段,随着经济的发展与分工的深化,原来在公司或家庭内部提供的服务转变为从市场上购买,服务业向规模化和专业化方向发展。服务业资本增加,就业比重持续上升。大中型服务企业和一些新兴服务行业开始出现,如旅游业的出现和逐步发展。

3.现代服务业转型阶段

服务业在国民经济中的地位越来越高,作用越来越大,与高科技的信息化时代相适应的现代新兴服务业得到快速发展,并广泛渗透到服务业的各主要行业,如金融业、信息服务业、商务服务业、教育培训业等。现代服务业是为社会提供生活服务和生产服务的国民经济部门,对于优化产业结构和拉动经济持续增长至关重要。在此阶段,传统服务业依然存在,一些新兴现代服务业兴起,一些传统服务业开始向现代化转型。

四、现代服务业的内涵

伴随着知识经济的兴起和经济全球化的发展,服务业的现代性特征日益明显。1997年9月,党的十五大报告中首次提出了现代服务业的概念,十五大报告中指出:"社会主义初级阶段,……是逐步转变为非农业人口占多数、包含现代农业和现代服务业的工业化国家的历史阶段。"之后,在中国共产党十五届五中全会《中共中央关于制定国民经济和社会发展第十个五年计划的建议》中则明确指出,在"十五"期间,"要发展现代服务业,改组改造传统服务业,明显提高服务业增加值占国内生产总值的比重和从业人员占全社会从业人员的比重"。2000年,中央经济工作会议提出"既要提高传统服务业,又要发展旅游、信息、会计、咨询、法律服务等新兴服务业",2007年国务院下发的《关于加快发展服务业的若干意见》中指出,适应新型工业化和居民消费结构升级的新形势,重点发展现代服务业,规范提升传统服务业,充分发挥服务业吸纳就业的作用,优化行业结构,提升技术结构,改善组织结构,全面提高服务业发展水平。在2017年党的十九大报告中,提出要"建设知识型、技能型、创新型劳动者大军"、"放宽服务业准入限制"、"扩大服务业对外开放",可见,服务业转型升级势在必行,现代服务业前景广阔。

对现代服务业的界定,有不同的表述,主要集中在以下几种。

(1)现代服务业是指依托现代信息技术和现代管理理念发展起来的为社会提供高质量生活服务和生产服务的国民经济新兴领域。

(2)现代服务业是指依托电子信息和其他新兴高技术,以及现代经营方式和组织形式而发展起来的服务业,包括新兴服务业,也包括对传统服务业的技术改造和升级,其本质是实现服务业的现代化。

(3)现代服务业是指与现代技术密集、产业分工深化和经济社会化发展相伴的信息服务、研发服务、人力资源服务、现代物流市场营销服务等主要为生产者服务的商业服务业。

从以上表述我们可以看出,虽然表述不尽相同,但有关现代服务业的定义都具有相当大的共性,即都是强调现代服务业与信息技术和其他高新技术密不可分,是与"现代农业"和"现代工业"相提并论的一个概念,它是伴随着工业化的高度发展而产生,是第三产业中最具有"现代"特征的一个子集。基于此,普遍认为"现代服务业是在工业化比较发达的阶段产生的,主要依托信息技术和现代管理理念发展起来的,信息和知识相对密集的服务产业部门"。

总之,现代服务业是适应现代城市和现代产业的发展需求,突破了消费型服务业领域,服务过程体现高文化品位和高知识含量,并通过高端增值服务,为顾客带来高质量、高情感体验和高精神享受,通过服务功能拓展和服务模式创新而产生的新型服务业态。现代服务业通常还在发展过程中呈现集群性特点,主要表现在行业集群和空间上的集群。

五、服务业发展的趋势

伴随着世界经济向服务经济转型的发展,现代服务业也呈现加速化和全球化的发展趋势,服务业日益告别传统的地缘导向发展模式,不断打破时间、空间乃至文化、观念的隔膜,服务经济已进入全球化发展阶段。现代服务业发展呈现出新的特征与趋势。

(一)服务业的现代化趋势日益明显,现代服务业比重增加

现代服务业是伴随着信息技术和知识经济的发展而产生的,用现代化的新技术、新业态和新服务方式改造传统服务业,创造需求,引导消费,向社会提供高附加值、高层次、知识型的生产服务和生活服务的服务业。现代服务业以"三高"和"三新"作为其主要特征,即高文化品位、高知识含量、高附加价值和新服务领域、新服务模式、新服务业态。世界组织的服务业分类标准界定了现代服务业的九大类,即商业服务,电信服务,建筑及有关工程服务,教育服务,环境服务,金融服务,健康与社会服务,与旅游有关的服务,娱乐、文化与体育服务。

(二)现代服务业发展呈现专业化、信息化、知识化的趋势

信息通信技术与服务业相融合,促使服务业从传统的以劳动密集型和资本密集型为主转向以技术密集型和知识密集型为主,促进了服务业的现代化。传统的生产性服务业如金融保险等,主要以资本要素投入生产过程,充当了"资本的中间人";现代的生产性服务业向信息、广告、市场调查、会计、律师、管理资源等领域拓展,主要以知识要素投入生产过程,充当"知识的中间人"。当前,服务业发展的专业化、信息化和知识化趋势不断增强,知识密集型服务业已成为现代服务业增长的主力军。

(三)服务业在产业融合和分工细化中发展创新

服务业内涵广泛,且具有超强的辐射渗透能力,服务行业之间,服务业与农业、工业之间的产业融合在不断加深,产业界限日益模糊,并成为未来服务业创新发展的重要方向和趋势。例如,制造业呈现服务化新趋势,制造企业的经营重心逐渐从加工制造转向流程控制、产品研发、市场营销、客户管理等生产性服务方面,向价值链"微笑曲线"的两端延伸。服务

业与信息技术产业融合,在线服务运营商出现,提供在线咨询服务,进而实现服务的在线营销、预约和销售甚至在线提供售后服务。在服务企业的内部,信息管理系统可以实现客流量的控制、忠诚顾客的资料管理、财务管理和内部各部门间的信息共享等工作。一方面,信息技术与金融业及文化产业等现代服务业相融合的程度不断加深,成为现代服务业经济转型的重要趋势,产业融合与分工细化不断催生新型服务业发展业态。另一方面,服务业也在市场细分和专业化经营中寻求新的出路。随着新的消费需求出现并膨胀,社会分工与市场分化的态势也日益明显。市场进一步细分化,社会分工更加专业化,服务产品也日益多元化,延伸出更多服务于新的细分产业链条和细分市场的新业态。以旅游服务业为例,导游服务公司、旅游车船租赁公司、探险旅游俱乐部等特定旅游生产环节或针对特定旅游市场的旅游行业兴起并逐步运作成熟。

(四)消费结构变化带来服务业转型

全球城市化进程的加快和人均收入水平的提高,使得消费者需求结构升级,服务消费成为消费需求的重要内容。在服务经济发达的国家,服务消费已经成为私人消费的主要形式,服务消费支出的迅速增长,成为拉动经济增长的强劲动力。在发展中国家,收入增长、公共服务与社会保障的逐步完善,居民消费结构从生存消费转向生活质量提升阶段,增加了服务消费方面的有效需求。随着新兴市场经济整体的快速增长,富裕的中间阶层逐渐在全球范围内形成。国民收入水平的提高促进了居民消费,全球范围内服务业比重越来越高,为全球制造业和服务业提供了转移和转型的机会。

(五)全球服务贸易比重不断增大,服务贸易快速增长

随着全球化进程的不断深化,服务业的可贸易比重不断增大。信息技术的普及使可贸易服务业成为全球贸易的新引擎。据预测,未来10年全球服务业可贸易的比重将从现在的20%左右增长到50%左右。可贸易比重的不断增大拓展了服务业的范围,推动现代服务业持续扩张。目前全球服务业和服务贸易发展势头强劲,服务业已占世界经济总量的70%左右,主要发达经济体的服务业比重占80%左右,服务出口占世界贸易出口比重的20%左右;据世界贸易组织统计,2005—2011年,全球服务进出口总额从4.9万亿美元增长到8万亿美元,年均增长达8.8%左右。

这是一个解构与整合并存的重构时代。城市化、全球化、信息化和高新技术等正在不断改变着人们的生活方式和企业的经营形态,世界的产业在融合与分化两种力量的作用下重塑与再造。新的市场机遇不断涌现,新的经营模式不断替代一些旧的模式,新兴业态和创新业态正以巨大的生命力迎接着新的挑战。当前,要大力发展面向生产的服务业,促进现代制造业与服务业有机融合、互动发展。细化、深化专业分工,鼓励企业改造现有业务流程,推进业务外包,加强核心竞争力,同时加快从生产加工环节向自主研发、品牌营销等服务环节延伸,降低资源消耗,提高产品的附加值。因此,现代服务业正朝向以"三高"即高人力资本、高知识含量、高附加价值和"三新"即新技术、新业态、新方式为特征的趋势快速发展。

本章小结

本章主要对服务经济产生的背景、服务经济的内涵、服务经济在国民经济中的功能及其发展所带来的现实影响进行了介绍。知识经济、服务经济是全球经济发展的重要趋势。服务经济包括三个层次：第一层次是经济形态层次；第二层次是产业形态层次；第三层次是经济活动层次。服务经济是产业关联性大的经济形态，可以创造出较高的劳动生产率和社会经济效益；服务经济能优化产业结构；服务经济提供就业机会，扩大内需。因而，服务经济更具渗透性、辐射性和柔和性。服务经济将影响各国经济增长方式的转变、影响各国产业发展模式的调整、影响各国的技术发展和创新模式的变革以及各国参与国际竞争的地位和利益等。

服务经济由中观的服务业和微观的服务行为构成。服务业是国民经济中除了第一产业和第二产业之外的其他产业的统称，内涵丰富，范围广泛。服务业之所以能快速兴起，主要的原因有：社会分工和专门化程度提高；工业的快速发展；市场经济的强力推动；新的生产需求和消费需求；以及城市化进程的推动。服务业的发展大体经历了三个阶段：传统服务行业为主阶段；专业化、规模化阶段以及现代服务业转型阶段。未来，消费结构的不断变化将带来服务业的转型；服务业的现代化趋势将日益明显，现代服务业比重增加；服务业将呈现专业化、信息化、知识化的特征；并且服务业将在产业融合和分工细化中不断创新；全球服务贸易的比重会不断增大，服务贸易将会呈现快速增长的趋势。

关键概念

服务经济　服务经济层次　服务经济功能　服务业　现代服务业　服务业发展趋势

复习思考

□ 复习题

1. 服务经济的内涵是什么？
2. 服务经济的层次构成如何？
3. 服务经济的功能及其影响有哪些？
4. 分析服务业快速兴起的影响因素。
5. 分析现代服务业的发展特征及其发展趋势。

> ☐ 思考题
>
> 如何理解服务业与服务经济二者之间的关系？试举例说明服务业的发展在哪些方面影响了你的生活？

案例解析

泰国成中国最大出境游目的地国

泰国，是许多中国游客出境游的热门选择。记者从泰国国家旅游局了解到，2018年2月份中国游客赴泰人数为120万人，同比增长40％。2017年，中国游客赴泰国人数超过980万，同比增长12％，为泰国带来超过5290亿泰铢的收入。每年4月，泰国泼水节又会迎来大批中国游客，据多家旅行社的统计显示，赴泰游预订人次同比去年上涨达五成，普吉岛、曼谷、芭堤雅、清迈、清莱等地人气较旺。中国游客为什么喜欢去泰国？喜欢在泰国怎么玩？

三十载变迁：从团队游到自由行

泰国是首个中国公民出境游目的地国家。从1988年至今，已走过了三十载春秋。从经典的团队游到个性化的自由行，泰国一直都是中国游客喜爱的出境游目的地。目前，泰国位居中国出境游目的地国之首。

中国游客去泰国经历了从最初的新马泰三国团队游、泰国一地团队游的观光出游方式，到半自由行、自由行等休闲度假方式。私家团、线上预订当地向导提供个性化服务等新兴方式也越来越流行。中国游客选择的目的地从原来的曼谷、芭堤雅、普吉岛已扩大到素可泰、苏梅岛、甲米、清迈、清莱等泰国多地。

泰国国家旅游局北京办事处处长沛琳告诉记者："跟团游时，游客游览的时间受限制，游玩的目的地也很少，游客总是感到太匆忙。而现在中国游客越来越了解泰国，知道了更多的目的地和游玩方式，很多中国游客更喜欢自己设计行程，去深入感受泰国人民的生活方式，享受当地的慢生活。"

以滨海休闲度假、生态旅游为目的的中国游客比重日趋上升。携程泰国业务负责人邵冰清介绍说，观光游升级到度假休闲游，中国游客在泰国停留的时间越来越长，在餐饮、购物、文化、酒店内的消费越来越高。2017年中国游客赴泰国跟团游、自由行的人均消费为4300元，还不包括当地的一些美食、自由购物等消费。

感受慢生活：多样选择深度体验

"90后"西安媒体人王奥娅常常去泰国。王奥娅向记者描述了她在泰国的休闲时光："条件允许的情况下，我会选择在淡季去，避开高峰，可以享受安静的泰国本地生活。泰国淳朴的风土人情和放松的生活节奏最吸引我。我会选择清迈、甲米、大城这样安静的城市,在当地租一间公寓,像当地人一样生活。早晨,找一间窗户朝阳光的小咖啡馆,和当地上班族一样吃一顿丰盛早餐,之后跟着当地的渔民一起出海打鱼,中午去清迈大学看一看,下午找家电影院,点播一部老的泰国电影,晚饭后去泰拳俱乐部看比赛。去泰国旅游教会了我如何体验生活。"

北京的媒体从业者刘圆圆女士非常喜欢到泰国旅游,她介绍说:"我去泰国不是一定要去哪些景点,而是以休闲度假为主,随处走走,随处看看。我比较喜欢看泰国的寺庙和体验泰国的风土人情。最近一次去泰国,我去逛了逛非常有特色的美功铁道市场,像是中国的菜市场,一伸手就能碰到行驶的火车。这次由于和父母一起去,我们租了一辆车,这样活动范围大,在泰国租车很方便。"

近些年来,中国游客赴泰旅游越来越重视品质服务,越来越重视文化体验互动的产品。从携程海外玩乐平台的预订数据显示,帆船出海、海钓、浮潜、泰式按摩等特色项目越来越受欢迎,有的中国游客专程到泰国体验佛教文化等。众信旅游泰国游负责人张斌介绍说,泰国纯玩团深受中国游客喜爱,既可以享受领队导游用车服务,又可以随时安排自己的旅行计划,结合自由行与跟团游的优势。在游玩内容上也不断丰富,泰餐、泰式按摩等已成标配,更加深度的体验不断吸引游客。

性价比较高:微笑亲和品质稳定

采访中记者了解到,性价比高、旅游环境稳定且具亲和力是泰国旅游对于中国游客的较大吸引力。

性价比高首先体现在交通和签证的便捷。泰国地理位置的优势在于,其是距离中国最近的休闲度假海岛。现在中国多家航空公司都有不同航班、不同时段的航班飞往泰国,航班覆盖中国很多地方,直飞泰国航班多,在很多二三线城市也有直飞泰国曼谷、普吉岛等地的航班,而且飞行时间短,出行方便。中国旅游研究院出境所所长蒋依依说,旅游业是泰国服务业的龙头,经济的支柱型产业,为发展旅游业,泰国近年来实施了放宽签证、签证费用减免等方式吸引中国游客。泰国有落地签政策,中国游客可以说走就走。

泰国旅游的性价比高还体现在丰富的旅游资源和完善的旅游服务。中青旅首席品牌官徐晓磊介绍说,泰国旅游产业成熟,高中低各种档次产品都很丰富。泰国的人文历史遗产、自然风光类别齐备,海岛、都市、丛林、寺庙等旅游形态多样,游客可观可感的内容较多。一国旅游产品与服务的价格与本国经济发展水平息息相关,整体来看,泰国经济发展与国民收入位于中等,对中国游客而言,其服务价格相对接受度较高,显得不贵。泰国以旅游为主要支柱产业,从旅游环境的营造上,相关管理部门、从业者对外国旅游者具有天然的好感,在入境服务、组织接待等方面以客为尊的理念深入人心,泰国与人为善、平和亲近的国民文化,也便于打造泰国旅游品牌的整体口碑。

泰国在世界上素有"微笑之国"、"佛教之国"等美称。泰国人温和的笑容令很多游客难忘。中国国家地理网风景评审师、职业旅行家何建强告诉记者,泰国除了有美丽的风景、可口的美食,更有泰国人的热情友善。无论认识与否,哪怕初次见面,泰国人都会笑意盈盈,双手合十对你道一句:萨瓦迪卡(泰语"你好"的意思)。如果是迎面走在窄窄的路上,他们一般会微笑侧身让你先行走过。泰国是一个生活节奏很慢的国家,当地的人们乐于享受这种慢悠悠的生活。当你很着急想让泰国司机快一点的时候,他只会缓缓转过头,对你微笑,然后告诉你,不要急,慢慢来。

沛琳介绍,泰国旅游局将重点向中国游客推广健康与医疗旅游、婚礼和蜜月旅游以及体育旅游等特色旅游。

(资料来源:http://www.chinaservice.org.cn/nd.jsp? id=378#_np=2_644.)

问题:
在众多的出境游目的地中,中国游客为何喜欢泰国?
分析提示:
(1)旅游景观的特色方面。
(2)旅游产品的设计方面。
(3)旅游产品的价格方面。
(4)旅游服务的体验方面。

第二章

服务与旅游服务

学习目标

掌握服务的内涵及其特征,熟悉旅游服务的定义、特征及其分类,了解旅游服务系统的宏观和微观分类,熟悉旅游服务管理的内容和基本方法。

第一节 服务与旅游服务概述

案例引导

服务制胜:优衣库让你甘愿"败家"的十个细节

优衣库进入中国之后,针对本土情况不断进行修正,多是来源于某家店铺好的实践经验,经过店长报告给运营部进行确认后,在全店范围内推广。

优衣库虽然也与H&M、ZARA等品牌一起被列为快时尚的代表,但"快"和"时尚",都算不上优衣库的标签。优衣库除了商品质量和价格均不错之外,服务也很好,尤其是一些细节的设计,真的会让人不由自主地发出"哇,竟然这也想到"的惊呼。那首先看看有哪些服务细节吧。

(1)衣身和衣架上都有明显的尺寸标识,不用翻吊牌查尺寸。

(2)堆放着的衣服S号永远在最上,往下依次是M号、L号、XL号等。

(3)购物袋的胶条贴上去之后还会再折一下,方便顾客撕下。

(4)雨天,店员会在购物袋外面再套一个塑料袋,保护衣物不被淋湿。

(5)每个独立的试衣间里配有镜子,这条现在已经算不上优衣库的独家了,试衣间的重点在灯光。优衣库试衣间的灯光是透过镜子旁边的磨砂玻璃照出来的,光线不会让顾客感到刺眼。有说法是,由于黄种人脸部轮廓不深,所以比较适合灯光从前面或后面斜照下来。

(6)签单时,店员会刻意让笔尖对准自己,让客人使用起来更顺手。

(7)如果使用信用卡签单,店员会特别留意顾客的签名,在说"祝你购物愉快"之前,特意加上顾客称呼。

(8)不繁忙的时候,店员会提醒购买牛仔裤的顾客,"请注意和浅色衣服分开洗";店员也会根据自己个性称赞顾客的商品,比如"这件衣服你买得真划算"、"这是我们现在最畅销的商品"。

(9)店员秉承微笑服务,但绝不在消费者身边给建议。

(10)在店铺里,每个店员和顾客擦肩而过时,都会说:"欢迎光临优衣库。"

据说,在上海淮海中路的优衣库上海淮海路全球旗舰店内,还配备了母婴室。如果你还没有享受过上述服务,可以考虑向优衣库投诉,因为他们在培训时都是有要求的。

(资料来源:澎湃新闻。)

一、服务的内涵及其特征

(一)服务的内涵

服务(service)一词最早来源于古拉丁语的"servitium",意思是"奴隶制、奴隶身份"。古英语中演化为"service",意为"为……提供服务、效劳、公共服务、服务业等"。在现代英语中 service 可解释为名词、形容词、动词等,而最常用的词义是服务、为……服务和服务性的。

在现代,几乎每一个人对"服务"一词都不陌生,但没有人能给它一个权威的定义,"服务"一词也不断地被赋予新的含义。作为一个学术上的概念,最早对"服务"关注的是经济学家。但至今为止还没有一个大家一致认同的表述方法。

《辞海》给服务作如下定义:① 为集体或为别人工作;② 服务亦称为劳务,即不以实物的形式,而是以提供活劳动的形式满足他人的某种特许需求。

《现代汉语辞海》对服务的解释是:为集体或别人的利益或某种事业而工作。

相关组织由于涉及服务领域,也给出了自己的定义,如 ISO 9001 标准对服务下的定义:为满足消费者的需要,在同消费者接触中供方的活动或供方所有的活动的结果,通常是无形的。

AMA(美国市场营销协会,1960)认为:服务是用于出售或者是同产品连在一起进行出售的活动、利益或满足感。

此外,学者们从经济学视角、服务营销视角、服务过程视角、服务特性视角、服务管理视角、与实务产品的对比视角(程龙生,2011)以及其他视角分别对服务下了定义,下面列举比较有代表性的五个。

服务是靠生产者对接受者有所动而产生的,接受者接受一部分劳动,其与生产者在相互作用中产生服务(瑞德尔,1986)。

服务体现出过程活动或是满足感,即它是一种无形特征和交互作用的过程活动,满足感体现在与顾客进行合作生产的过程中。服务是一种涉及某些无形性因素的活动,它包括与顾客或他们拥有财产的相互活动,它不会造成所有权的更换。服务产出可能或不可能与物质产品紧密相连(格罗鲁斯,1990)。

在产品与服务的这个连续谱系图中,以可以接触内容为主的叫做有形产品,以不可接触内容为主的叫做服务(佩利切里,1999)。

服务不同于普通产品,服务主要强调过程或者某种活动。这种过程可以看作一个投入变换产出的过程,任何一个企业的运营过程都是投入人力、物料、设备、技术、信息等各种资源,经过若干个变换步骤,最后成为产出的过程(Riddle,1986;Herry,1984)。

当代市场营销学泰斗菲利普·科特勒(Philip Kotler,1997)给服务下的定义是:"一方提供给另一方的不可感知且不导致任何所有权转移的活动或利益,它在本质上是无形的,它的生产可能与实际产品有关,也可能无关。"

从这些定义中可以看出,服务的实现具有三个基本要素:服务的消费方、提供方及服务接触。服务接触是服务的本质特征,无论服务的提供方和消费方是直接或间接的接触,它都是存在的且不可或缺。如学生在课堂上接受老师的教育是直接的服务接触,而通过网络进行教育可视为间接接触,但他们都有交互活动,如提出问题、解答问题、批改作业、师生及同学间的各种交流等。

通过对以上不同服务概念的认识,可以得到如下发现。

(1)服务可以从提供方和接受方来认识,是由服务提供者提供服务给接受者。

(2)服务强调无形性,但是其实施需要借助有形的物质完成,需要从过程和结果两个方面来认识服务,同时需要考虑服务的无形和有形的结合。

(3)服务在交易中不发生所有权转移,但使用权可以转移。

服务需求方和供给方如果为同一人,则为自服务,即使服务需求方使用自己的机器或由服务提供方提供的机器实现的服务也称为自服务。例如,自己给自己洗衣服,用手洗或是用家用的洗衣机洗或是用投币式的洗衣机洗,都可称为自服务,但把衣服送给洗衣店去洗就是一般意义上的服务了。

在技术发达的今天,自服务变得越来越普遍,如大街上的自动售货机、银行的自助存取款机器(ATM)、通过电子银行的转账等。通过自服务来提高服务效率是服务业的一种发展趋势。

根据上述分析,可以得到一个综合的定义:服务是指通过使用一定的设备(工具)、知识(技能)和方法(手段)来满足客户需求的一系列活动。该定义强调了服务与设备、知识及方法的关系。在信息技术飞速发展的今天,实现服务的方式和方法与以往相比,有了巨大的改进,知识密集型服务业占据了较大的市场份额,对提高服务生产率的要求也越来越高,这些都将是未来服务管理研究的重点内容。而对于活动的解释可归于服务的性质,在某些方面来看,是显而易见的。

(二) 服务的特性

关于服务的特性,不同的学者站在不同的角度,有不同的观点(Regan(1963),Bateson(1997),Parasuraman、Zeithaml 和 Berry (1985),Kotler(1991),汪存孝(1996)等),其中,Kotler(2003)综合了大多数学者的观点,给出服务的以下四个普遍被人们接受的特性。

1. 无形性

服务的无形性是指顾客与服务提供者之间抽象化的、个体化的互动关系。因此,服务不能用像感知实体商品同样的方式被看到、感觉到或触摸到。服务的无形性是相对的,它是和有形实体相联系的,但是无形性是主要的,它是服务的核心和本质,主要表现在以下三个方面:① 由于感知的个体差异性,个人对服务的感知是不同的;② 实体要素的所有权不会发生转移,顾客在服务过程中只是暂时拥有实体要素的使用权或观赏权,经营者仍然拥有所有权,如航空公司为乘客提供服务,但这并不意味着乘客拥有了飞机上的座位;③ 顾客不会得到实体结果,只是得到了一次经历和感受,不会产生实物的转移。

2. 不可分割性

不可分割性又称为生产与消费的同步性,指服务和消费必定同时产生,无法分割,也即服务提供者在提供服务的同时必须和消费者互动。大多数商品是先生产,然后存储、销售和消费,但大部分的服务却是先销售,然后同时进行生产和消费。这通常意味着服务生产的时候,顾客是在现场的,而且会观察甚至参加到生产过程中来。有些服务是很多顾客共同消费的,即同一个服务由大量消费者同时分享,比如一场音乐会,这也说明了在服务的生产过程中,顾客之间往往会有相互作用,因而会影响彼此的体验。服务生产和消费的同步性使得服务难以进行大规模的生产,服务不太可能通过集中化来获得显著的规模经济效应,问题顾客(扰乱服务流程的人)会在服务提供过程中给自己和他人造成麻烦,并降低自己或者其他顾客的感知满意度。另外,服务生产和消费的同步性要求顾客和服务人员都必须了解整个服务传递过程。

3. 异质性

服务是由人表现出来的一系列行动,而且员工所提供的服务通常是顾客眼中的服务,由于没有两个完全一样的员工,也没有两个完全一样的顾客,那么就没有两种完全一致的服务。服务的异质性主要是由于员工和顾客之间的相互作用以及伴随这一过程的所有变化因素所导致的,它也导致了服务质量取决于服务提供商不能完全控制的许多因素,如顾客对其需求的清楚表达的能力、员工满足这些需求的能力和意愿、其他顾客的到来以及顾客对服务需求的程度。由于这些因素,服务提供商无法确知服务是否按照原来的计划和宣传的那样提供给顾客,有时候服务也可能会由中间商提供,那更加大了服务的异质性,因为从顾客的角度来讲,这些中间商提供的服务仍代表服务提供商提供的服务。

4. 易逝性

有形产品可以事先予以储存,消费者亦可以事先购买以备不时之需,然而,服务与有形产品不同,它只有在提供时才存在,无法储存且容易消逝。当服务面临较高需求时,便无法满足顾客的期望,进而影响消费者对服务品质的评估。例如,在淡季,没有被销售的火车、轮船、飞机等交通工具的座位、铺位不能保存起来留到春节"黄金周"时供消费者使用。由于服务无法储存和运输,服务分销渠道的结构与性质和有形产品差异很大,为了充分利用生产能力,对需求进行预测并制订有创造性的计划成为重要和富于挑战性的决策问题。而且由于服务无法像有形产品一样退回,服务组织必须制定强有力的补救策略,以弥补服务失误,尽管咨询师糟糕的咨询没法退回,但是咨询企业可以通过更换咨询师来重拾顾客的信心。

二、旅游服务的界定及其特征

(一)旅游服务的界定

旅游业是服务性行业。旅游从业人员为旅游者提供的旅游产品主要是一种无形的服务。旅游者在食、住、行、游、购、娱等方面与旅游从业人员的互动活动,构成了旅游者的旅游经历。旅游业为旅游者提供服务的过程或者旅游者享受旅游服务的过程被称为旅游服务。旅游服务构成了旅游产品的核心部分,是旅游活动的灵魂。旅游服务的存在是旅游活动得以顺利展开的基础,旅游服务质量的好坏直接影响着旅游者对旅游活动的总体印象和评价。长期以来,旅游服务的概念一直比较笼统,学术界没有达成一致的观点。代表性的定义有以下几个。

世界旅游组织(1998)界定的旅游服务是指由旅游企业为游客提供的一切服务,包括旅行过程中的服务和旅游相关服务,涉及文化、金融、商业、娱乐、餐饮等12个类别的服务。

张文建(2001)以市场供给和需求为基础,从旅游服务的经济属性为出发点,认为旅游服务是市场经济发展的必然产物,它的出现是由市场供需规律决定的,是发生在旅游消费者与旅游服务供给者之间的一种自发无形的关系,在此互动关系的过程中,供需双方各自实现了自身的利益,但所有权不发生转移。

王晓云和张帆(2004)从游客的旅游活动过程分析,把旅游服务分为5类,包括旅游信息咨询服务、旅游预订服务、交通通信服务、游览接待服务和其他旅游服务。

虽然不同的组织和学者从不同的角度对旅游服务给出了不同的界定。但是,从上面的分析中不难看出大多数学者都认为旅游服务是无形的旅游产品。旅游服务的实现需要借助有形的物质产品。因此,有形的旅游产品是旅游服务的物质基础,而无形的旅游服务则是有形的旅游产品的实现形式。因此,本书认为,旅游服务就是用提供活劳动的形式,保证旅游者在整个旅游活动期间对各种旅游环境、设施、设备及活动项目获得充分利用和享受权益的综合性经营活动。旅游服务是接待旅游者过程中所提供的各种服务,主要包括导游服务、饭店服务、交通服务和组织管理方面的劳务活动。通过旅游服务活动,使旅游资源、旅游设施成为人们享受和消费的对象,从而创造一种满足人们旅游需要的特殊使用价值。

(二)旅游服务的特性

服务是旅游业产品的核心,旅游服务与其他行业的服务相比较,又具有如下的特性。

1. 综合性

社会上各种服务行业的业务范围都较为单一,而旅游服务却具有综合性特点。其主要

原因有两个方面:一是旅游消费须在一定时间段内完成,需要各种不同的服务环节紧密连接,这以组合成完整的旅游日程安排为典型。二是因为受到旅游者多样化需求的驱动,它以参加团体旅游的客人将一切事务都委托旅行社办理为突出表现。这就要求旅游服务必须具有完整性、系统性和科学性,不能有任何细微的疏忽和大意,否则会造成整个服务的失败。

2.无形性

无形性又称不可感知性,其主要表现为,旅游服务与有形的实物形式的旅游产品相比较,它的特质及组成元素在很多情况下都是无形无质的。旅游者购买旅游产品就是购买服务,因此旅游者在购买无形的服务之前是无法对其进行质量检验的。消费使用服务后获得的利益,由于存在滞后效应也很难被察觉,旅游者购买并且消费了旅游服务之后,直观地感到他们是双手空空而去,事实上他们获得的是一种无形的人生经历和体验,只有亲身享用旅游服务的人才能感觉到其效用的存在。

3.同步性

同步性是指旅游服务的生产过程与消费过程同时进行,即其旅游服务产品的生产和消费发生在同一时间和空间里。由于旅游服务本身是一系列的活动或过程,所以在旅游服务实施的进程中,旅游服务产品的消费者和生产者必须直接发生联系共处同一时空环境中,导致生产的过程也就是消费的过程,生产与消费同时进行。例如,旅游度假产品的生产和旅游者的度假消费活动是同时发生的。旅游者进行旅游度假产品消费时,其本人必须到场,否则消费活动就不能发生,当旅游者对旅游度假产品的消费全程完成,旅游度假产品的生产过程同时结束。

4.不可储存性

不可储存性是基于旅游服务的不可感知性以及生产与消费同时进行的特点,使得旅游服务不可能像以实物形式表现出来的产品一样被储存起来,以备未来另择时机出售。旅游服务产品不能储存或保留,只有当旅游者购买并在现场对其进行消费时,其各种资源、设施及服务的结合才能表现为产品,旅游企业才能有收益。旅游产品在时间上是不可储存的,如果酒店的客房当天没人入住,其当天的价值就浪费掉了;旅游者作为消费者也不能将服务携带回家。

5.不可控制性

服务的不可控制性是指旅游服务的构成成分以及质量水平经常变化,难以统一界定。首先,旅游服务的不可控制性表现为服务提供质量的差异性。其次,表现为顾客评价的差异性。再次,表现为其他顾客对评价的影响。最后,表现为管理者难以有效控制服务质量。

6.时间性

所有消费者都不希望自己所接受的结果遥遥无期,因而有时间上的明确要求,可以从几方面显现出来。

(1)服务作用时效。人们外出旅游时间有限,不允许无限期地等待。服务的使用价值和交换价值会随着时间流逝而逐渐消失。

（2）服务产品的完整。旅游服务不是某个时间点的活动结果状态，它突出表现为一段时间内完成的整个活动过程。其中也包括旅游者没有看见的先期准备、管理和后勤保障等工作，它是连贯性的整套服务过程。虽然服务有其客观标准和规定的程序，但每一次服务的提供都是一个崭新的服务过程或服务产品。

（3）价值无法储存。许多服务都具有边生产边消费的特点。它是一个时间段内的总体劳动。旅游服务不像物质产品那样必须等到完全生产好后才能交付使用，它是根据旅游需求的随机提出而即时提供的劳动。

三、旅游服务的分类

旅游服务既包括食、住、行、游、购、娱六大核心服务，又包括其他一些边缘服务（既为当地居民服务，又为旅游者提供服务的行业）。因此简单地把旅游服务归类于服务分类的哪一类显然是不合适的。最为科学的做法是将旅游服务的具体类型划分为不同的种类，以便我们更为清晰地对旅游服务的概念体系进行认识。

（一）根据蔡斯的观点对旅游服务进行分类

1981年美国亚利桑那大学蔡斯（Richard B. Chase）教授根据顾客和服务体系接触程度将服务体系划分为纯服务体系、混合服务体系和准制造体系。接触程度是指服务体系为顾客服务的时间与顾客必须留在服务现场的时间之比。这个比率越高，在服务过程中，顾客与服务体系之间的接触程度也越高。在接触程度高的服务行为中，顾客参与服务过程，会影响服务需要的时间、服务的性质和服务质量。因此，这里服务行为较难控制，较难提高生产效率。在接触程度低的服务行为中，顾客与服务体系之间的相互交往很少发生，或相互交往时间相当短暂。在服务过程中，顾客对服务体系几乎没有什么影响，因此，这类服务行为可实现与工业企业类似的生产效率。

根据蔡斯的观点可以将旅游服务分为3类：高接触旅游服务、中接触旅游服务、低接触旅游服务。旅游服务从总体上说属于高接触旅游服务，如导游服务、娱乐服务、交通服务、旅游教育服务等。中接触旅游服务主要包括客房服务、餐饮服务、购物服务、银行外汇服务等。低接触旅游服务主要包括旅游信息服务中心、各种旅游咨询中心、邮电通信服务等。

（二）根据科特勒的观点对旅游服务进行分类

1980年，美国西北大学教授科特勒根据提供服务工具的不同、顾客在服务现场出现的必要性大小、个人需要和企业需要以及服务组织设计的目的和所有制不同将服务划分为4类，按照科特勒的观点也可以将旅游服务划分为4类。

（1）根据提供旅游服务的工具不同划分。它可以分为以机器设备为基础的旅游服务，如自动旅游查询服务；以人为基础的旅游服务，如导游服务、客房服务、餐饮服务、娱乐服务、旅游交通服务、旅游购物服务。

（2）根据旅游服务的特性划分。根据旅游服务的特性，所有核心旅游服务都属于顾客必须亲临现场的服务。由于顾客亲临现场，旅游企业在服务营销过程中更为注重服务现场的有形展示，这是有效传递服务质量信息的合理途径。

(3)根据使用服务的主体不同划分。根据使用服务的主体不同,旅游服务也会有个人需要和企业需要的差别,但大多数旅游服务都是向个人提供的,但一些奖励旅游或者是我们国家的福利旅游是较为典型的向企业提供的旅游服务,这会形成价格或折扣方面的差别。

(4)根据旅游服务组织设立的目的和所有制不同划分。它可以分为盈利性和非盈利性。旅游企业提供的服务一般属于盈利性服务,而行业组织或者是政府提供的服务一般为非盈利性的服务。另外,私人服务主要是指旅游企业提供的服务,公共服务是指政府机关提供的某些服务。

(三)根据罗夫洛克的观点对旅游服务进行分类

瑞士洛桑国际管理发展学院教授罗夫洛克关于服务的分类较具代表性。他将服务分类同管理过程结合起来,认为简单地提出一些服务分类是远远不够的,最为重要的是要使管理人员从服务分类中发现自己企业与其他可比企业的各自优势,并进行必要的改善。他从服务活动的本质、服务组织同顾客的关系、服务供需双方选择余地的大小、服务供应与需求的关系、交付服务方法5个角度对服务进行了分类。由于罗夫洛克对服务的分类较有代表性,因此对旅游服务分类也更有借鉴意义。根据他的观点可以从5个角度对旅游服务进行分类。

(1)根据旅游服务活动的本质划分。根据旅游服务活动的有形性和无形性以及旅游访问对象是人还是物两个维度,将旅游服务分成4类:作用于人的有形服务,如客房服务、民航服务、餐饮服务、娱乐服务等;作用于物的有形服务,如旅游物品的邮购服务等;作用于人的无形服务,如导游服务、旅游教育服务、旅游信息服务等;作用于物的无形服务,如旅游保险、银行外汇服务等。

(2)根据旅游服务组织同顾客的关系划分。根据旅游服务组织同顾客的关系是间断的、还是连续的以及是正式的、还是非正式的可以分为连续性、会员关系的服务,如旅游保险服务、银行服务等连续性、非会员关系的服务,如旅游报纸、杂志等间断性、会员关系的服务,如客房预订服务、航空公司客票预订服务等间断性、非会员关系的服务,如邮政服务、出租车服务等。

(3)根据在旅游服务过程中服务供需双方的选择余地划分。根据旅游服务过程服务提供者选择访问方式自由度的大小以及旅游服务本身对顾客需求的满足程度两个维度进行划分。旅游服务过程标准化程度较高,服务提供者和服务接受者的限制较大,如火车服务、公共交通服务顾客的满足程度高,而旅游服务提供者选择余地小,如酒店服务、航空服务、高质量的餐馆服务等旅游服务提供者选择的余地大,但顾客满足程度不高,如快餐服务等服务提供者和服务接受者都有较大的发挥空间,如导游服务等。

(4)根据旅游服务供应与需求的关系划分。它可以进行这样的分类,旅游服务总体上来说,由于旅游服务的综合性和脆弱性,旅游需求的波动性较大,在一定条件下,供给难以有效满足需求,所以此项的分类只能在旅游服务的边缘服务基础上进行,对旅游服务分类的帮助不大。旅游服务整体上可以划分为需求波动大、超过服务供给能力的服务。

(5)根据旅游服务机构和顾客的相互作用划分。根据旅游服务机构和顾客的相互作用的方法以及旅游服务可能发生的地点可以分为,在单一地点顾客主动接触旅游服务组织,如地方性餐厅、娱乐场所等;在单一地点旅游服务组织主动接触顾客,如导游服务、旅游出租车服务等;在单一地点顾客与服务组织远距离交易,如信用卡、旅行支票等;在多个地点顾客主动接触旅游服务组织,如连锁酒店、公共交通服务、快餐店等;在多个地点服务组织主动接触顾客,如旅游购物、邮寄服务等;在多个地点顾客和服务组织远距离交易,如国家互联网、预约服务系统等。

第二节 旅游服务系统与旅游服务管理

案例引导

丽思·卡尔顿酒店:每天为顾客创造独特难忘的亲身经历

丽思·卡尔顿酒店对于崇尚奢侈品的人来说是一个传奇,这个传奇有着无数名流为其背书,其中最为有名的故事来自可称得上时尚代名词的可可·香奈尔,从1934年到1971年,可可一直住在巴黎的丽思酒店,酒店专门为她安装了私人专用电梯,电梯从她的豪华套房一直延伸到酒店后面的康朋街大门,方便她只需穿过康朋街就到达办公室。

这些富豪与名流对这家酒店的态度可以用依恋、依赖、依靠来形容,很多人将其当成了自己的家,而酒店的服务人员某种程度上就是其家人,他们对客人直呼其名。无论岁月怎样流逝,你遇到的始终是同样的楼层服务生和侍者,他们个个都对你的"怪癖"了如指掌,无论是从客人最喜爱的长圆形小甜糕的味道,最讨厌的格子床单,还是客人生了病的小狗需要吃什么样的食物。这一切构成了这个被称作商业服务业最为经典的案例。

丽思·卡尔顿酒店的高级领导力总监 Brian Grub 说所有的丽思员工都知道,只要做到"我能及时对客人表达和未表达的愿望及需求做出反应",以及"我得到了足够的授权为我们的客人提供独特难忘和个人化的体验"这两条准则,来酒店的每一位客人都有可能成为终生顾客。

在丽思酒店,全体员工每天必须参加小组晨会,主要内容就是分享全球各地丽思人每天为顾客创造的独特难忘的经历。

一个家庭在周末抵达萨拉索塔丽思酒店,其中,有三个小男孩。在他们入住的最后一晚,他们在酒店的餐厅进餐。餐厅打烊时,服务员发现椅子坐垫下面隐藏着一个毛绒小狗。服务员立刻意识到,三位小男孩中的某一位落下了它。由于时间太晚了,服务员们计划在第二天以一种有趣的方式归还那个小狗玩具。他们将小狗玩具摆放在餐厅中,做出进餐、弹奏钢琴以及在厨房中烹调美食的样子,并为其拍照,然后为每一张照片配上故事情节。他们打印了所有的照片,为小宾客创建了一个名为"小狗历险记"的图集。

第二天上午9点,他们将图集和毛绒小狗玩具一起送至宾客的房间内。当小男孩看到他丢失的小狗时,欣喜雀跃;在这个孩子和他的家人心中,这段美妙的经历是不会被忘怀的。

丽思的员工每时每刻都用心创造着独特的体验,上述故事被公司印成小报,在全球每个丽思的角落中反复传播。每名员工都在试图创造这样美妙的服务。当这成为一种每天都无数次地用各种故事演绎的文化时,终生顾客只会是必然结果。正因为不知道谁是下一位终生顾客,所以,每一位享受丽思服务的客人都得到了最衷心的照顾。

(资料来源:http://money.163.com/12/1209/09/8I997APF00253B0H.html。)

一、旅游服务系统

旅游服务系统是服务系统和旅游系统双重作用下的特殊产物,是一个复杂的边缘概念体系。基于这种认识,我们从旅游(宏观角度)和服务(微观角度)两个角度来考察旅游服务系统。

(一)宏观旅游服务系统模式

旅游服务以旅游活动为基础,存在于旅游系统之中,是旅游系统的核心内容。对旅游系统的认识,无疑有助于对旅游服务系统的把握。吴必虎认为旅游是一个开放的、复杂的系统,包括4个部分,即客源市场系统、目的地服务系统、出行系统、支持系统。旅游服务就渗透在旅游各个子系统之中,只是表现形式有所差异,有的表现为旅游核心服务,有的表现为旅游边缘服务。以旅游系统论为基础,可以构建宏观旅游服务系统模式——客源地旅游服务系统、出行服务系统、目的地旅游服务系统、支持服务系统(见图2-1)。

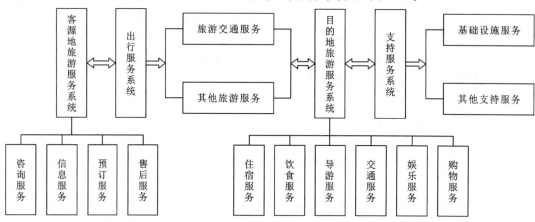

图2-1 宏观旅游服务系统模式

1.客源地旅游服务系统

客源地旅游服务系统是指为方便顾客出行,由相关旅游部门或旅游企业所提供服务的总和,主要包括以下几个部分。

1)咨询服务

顾客在产生旅游动机之后,一般会向相关旅游部门或旅游企业,如旅行社、饭店或者旅游咨询中心等进行咨询。一方面获得必要的出游信息,为自己的出行决策提供依据。另一方面还可以得到必要的建议和支持。例如,顾客在出游之前,首先需要了解旅游产品(线路)的价格、内容、交通、吃住、娱乐等信息,然后了解一些旅游的相关事项,如旅游保险、旅游信贷等,并对交易的细节问题进行咨询。同时顾客还期望得到出行的建议,为自己的出行提供决策依据。

2)信息服务

旅游咨询的过程必然会涉及信息服务,但这并不是顾客获得信息的唯一途径。顾客获取旅游信息是为了更好地进行出游决策,并为出游做好充分准备。通常情况下,顾客获得的信息充分与否会影响他们的决策;同时影响他们对服务质量的评价。顾客得到信息服务的途径包括旅行社、饭店、旅游景点等旅游企业提供的信息服务,如旅游广告、旅游宣传材料等;政府或者旅游专业组织、协会提供的信息服务,如旅游信息中心、旅游报纸杂志等;由旅游企业或者政府设置的无人看管的信息摊位;旅游交易会或博览会等。另外,随着计算机信息网络技术的发展,互联网成为非常重要的信息源。

3)预订服务

旅游服务的不可储存性是预订服务产生的内因,而信息技术的发展,则成为促进预订系统大规模发展的外因。由酒店集团、航空公司、大型旅游公司、国家旅游局等单独或者联合开发的中央预订系统(CRS)、全球分配系统(GDS)以及旅游信息数据库可以实现跨地区、跨国家的客房、机票、汽车、餐厅、剧院、娱乐场所等旅游服务预订。除此之外,网络技术的迅猛发展,也为顾客实现网上购买和预订提供了便利,通过互联网可以实现旅游企业与顾客异地的双向沟通和交流,提高了预订服务的效率,并产生了良好的效果。

4)售后服务

旅游服务的售后服务是指顾客与旅游企业或相关旅游组织在正常的服务关系结束后,所发生的进一步互动关系,目的是保持与顾客良好的关系或者实现服务补救。旅游服务的无形性使顾客的购买存在很大的风险,而且任何服务企业也不能保证让顾客百分之百满意,因此旅游服务的售后补充服务是十分必要的。通过售后服务,一方面可以弥补服务失误所带来的损失,让顾客重新认识企业的服务,给顾客重新评价服务质量的机会,避免顾客用"脚"投票,将消费转向竞争对手。另一方面,可以实现企业与顾客的有效沟通。一是发现旅游服务系统中存在的问题,进行必要的改进,以提高系统的输出质量;二是获得顾客需求的信息,通过内部的数据库进行处理,为提供个性化服务奠定基础。

2.出行服务系统

出行服务系统是指顾客从客源地到旅游目的地的空间转移过程中,所发生的互动服务的总和。顾客往往把出行服务系统作为旅游过程的一部分,因此也是顾客评价旅游服务质量的重要内容。

1）旅游交通服务

旅游交通服务包括航空交通服务、铁路交通服务、水路交通服务、公路交通服务，下面主要介绍前3种。

（1）航空交通服务。航空交通服务舒适、效率高，适用于长距离顾客，但服务价格较为昂贵。目前国际上的航空交通服务一般分为三种：一是计划服务，即按照规定的时间表和路线进行飞行服务，这也是最为常见的一种航空交通服务；二是租赁服务，即将服务产品全部包租给中间人的服务形式；三是空中出租车服务，即为4—18人提供私人包机服务，是专为商务旅行者提供服务的一种形式。

（2）铁路交通服务。铁路交通服务的灵活性较差，而且在其他替代交通服务的冲击下，呈现出萎缩的态势。但其载客量大、价格便宜的特点在发展中国家长距离旅行中仍占主导地位。目前，磁悬浮列车在许多国家已经采用，其时速可以达到400公里/小时以上。例如，上海的磁悬浮列车，时速可以达到430公里/小时。同时列车内部服务设施和服务条件的改善也有利于铁路交通服务的重新兴旺。

（3）水路交通服务。水路交通服务有5种形式：远洋班轮服务、游船服务、短程海船（或渡船）服务、内陆水道短途游船服务、私人游艇服务。远洋班轮的服务形式目前已经很少运用，只进行季节性的营运。游船服务的稳定增长是建立在对原有服务形式创新基础之上的。包价游船旅游可以为游客提供综合性的服务，包括豪华的住宿和餐饮服务、商品服务、休闲娱乐服务等。短程海船（或渡船）服务主要为私人汽车旅行者提供便利的服务形式。内陆水道短途游船服务是水上旅游形式的拓展，丰富了旅游产品的内涵，例如尼罗河、多瑙河、莱茵河、密西西比河以及我国长江、漓江上的游船服务。私人游艇服务是体现个性化服务的一种旅游服务形式，受到越来越多中高层人士的欢迎。

2）其他旅行服务

在顾客出行的过程中，还可以享受一些便利性和保障性的辅助旅游服务。

（1）旅游保险服务。为顾客在出行中人身或财物发生意外而采取的一种保障性服务形式，包括医疗和住院保险服务、行李丢失或延误保险服务、钱款丢失保险服务以及其他意外事件保险服务等。

（2）外汇服务。外汇服务是将本国货币换成外币的一种辅助服务形式。但在此基础上的创新形式却应用更为广泛。例如，旅行支票为世界各地的银行或商业机构所接受，并给顾客带来安全保障，在丢失后可以得到补偿。此外，信用卡也得到了极大范围的应用，而且安全性能良好。

（3）免税购物服务。免税购物服务是在机场、轮船、飞机等一些特殊的地点向顾客提供的一种优惠购物服务，出售的商品经常是烈性酒、香烟、香水等小件物品。

3. 目的地旅游服务系统

目的地旅游服务系统主要向顾客提供基本的旅游服务，也就是平常我们所说的食、住、游、行、娱、购六大要素服务，是旅游服务系统的核心。

1）住宿服务

住宿服务是凭借有形的设施、设备和无形的服务为顾客提供休息和接待服务的总称。

根据顾客旅游出行目的的差异,住宿服务的内容、档次、价格、服务方式也有很大的差别。例如,有为商务旅行者提供服务的商务饭店、会议饭店等;有为度假顾客提供服务的度假中心、别墅饭店、公寓型饭店、分时度假系统等;有为背包顾客提供服务的青年旅社、野营地等;还有为特殊目的提供住宿服务的形式,如汽车旅馆、机场饭店、水上流动饭店、游艇酒店等。住宿服务应体现家的环境和氛围——舒适、清洁、安全。

2）餐饮服务

餐饮服务是将物质产品、专业人员的技术与服务人员的服务技能有机结合的旅游服务形式。餐饮服务主要分为两种:一种是宾馆、饭店、度假村等系统中附带餐饮服务,如中西餐厅、咖啡厅、自助餐厅、风味餐厅、酒吧等,另外一种是独立经营的餐饮系统,如餐桌服务式餐厅（提供点菜、上菜、派菜等围绕餐桌的服务）、柜台式服务餐厅（饮料站、小餐馆、茶点室咖啡屋等）、自助式餐厅、快餐厅、外带式餐厅等。顾客在消费餐饮服务时,不仅关注菜肴的质量,也会留意就餐的氛围,以及服务人员的服务态度、服务技能技巧、应变能力等。因此餐饮服务是一种综合性的服务形式。

3）导游服务

导游服务是指引导顾客完成一条线路的活动所提供的专业性服务。导游服务要求导游人员具有丰富的知识,并且要善于表达,同时具有较强的应变能力。导游不仅要善于引导顾客进行审美活动,而且要善于与他们进行沟通,把标准化服务和个性化服务结合起来。同时导游人员要体贴关心每一位顾客,使整个团队成为一个整体,避免团队成员之间对服务质量评价的相互干扰。

4）交通服务

这里的交通服务是指城市内和旅游景点之间的小空间转移服务。顾客对交通服务的要求是安全、舒适、快速、便利。另外,在旅游景点内还存在一些特种的交通服务,包括缆车、电瓶车、滑竿、轿子、雪爬犁、冰爬犁等。特种交通服务工具要与旅游景点的整体环境相一致,并要体现娱乐性。

5）娱乐服务

娱乐服务是指在旅游活动中为顾客提供的放松精神、平衡身心、增长知识或有益健康活动的总称。娱乐服务本身可以成为一种旅游服务产品,例如,深圳的世界之窗、民俗文化村,无锡的唐城、三国城、水浒城等,也可以渗透在旅游活动中,成为顾客游览活动的重要补充,例如,北京的老舍茶馆、梨园剧场、西安的唐乐宫等。娱乐服务要突出地方性、文化性、时尚性与参与性。

6）购物服务

购物服务是旅游活动中的重要组成部分,有时也成为重要的旅游吸引物,如香港是著名的购物天堂。购物服务的内容主要包括旅游工艺品、文物古玩、旅游纪念品、土特产品、旅游食品、旅游日用品等。购物服务在旅游消费中属于富有弹性的部分,若产品开发力度不够,就会影响旅游购物服务的整体发展。在开发旅游购物服务时,要突出商品的地方特色、文化品位以及鲜明的档次,同时要注意配套服务。例如,旅游购物服务需要考虑对易碎物品的包装服务和邮递服务。

4.支持服务系统

支持服务系统主要是为满足旅游目的地居民的生产和生活需要而提供的服务。虽然这些服务不是直接面向顾客,但却是旅游部门、旅游企业和顾客不可缺少的边缘性旅游服务。

1)基础设施服务

顾客在旅游目的地停留,和当地居民一样需要基础性设施服务。它们虽然不是旅游服务消费的核心内容,但是基础设施服务发生问题,将会给顾客带来极大的不便,影响顾客对目的地旅游服务总体质量的评价。这些基础性的服务包括水、电、热、气的供应系统,废水、废物、废气的排污处理系统,邮电通信系统,物资供应系统,交通运输系统,安全保卫系统,环境卫生系统,以及城市市容的绿化、美化、路灯、路标、停车场等。

2)其他支持服务

其他支持服务包括两类:一类是直接为顾客或旅游企业提供的服务,如政府旅游部门、各类旅游院校或有关旅游行业组织提供的旅游教育和培训服务,以及面向旅游业或者顾客的专业性或信息性的报纸、杂志、书籍、旅游地图等;另一类是不仅顾客需要的服务,目的地居民的生活也离不开它们,如海关服务、公共安全服务、医疗服务、保险服务、外汇服务、咨询服务等。

(二)微观旅游服务系统模式

旅游服务系统是服务系统的一个特殊领域,从服务的角度来认识旅游服务系统,同样有助于我们从另一个层面来把握旅游服务系统的本质。综合国内外学者的观点,我们认为旅游服务系统一般包括3个部分:服务运营系统、服务传递系统和服务营销系统。其中,有些子系统与顾客直接接触,是顾客评价服务质量的核心部分,即平常所说的前台服务系统。有些子系统不直接与顾客接触,但它们对服务质量起支持作用,即后台服务系统。我们建立如图 2-2 所示的微观旅游服务系统模式。

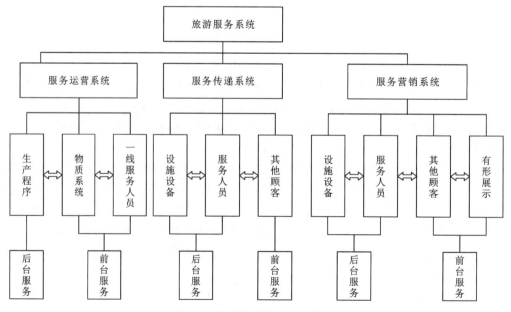

图 2-2 微观旅游服务系统模式

1. 旅游服务运营系统

运营一词来源于英文"operation",有时也译成"运作"。J·赫兹(Heizer)和 R·雷达(Render)在他们的著作《生产与运营管理》(第四版)(1995)认为"运营是将资源转化成产品和服务的活动,这些活动发生在任何组织结构中"。因此,旅游服务运营是指旅游企业将资源转化成产品和服务的过程,在这一过程中涉及组织和有效使用资源,并最终使产品和服务得以实现的问题。旅游服务运营系统可以分为旅游生产程序(将设施设备、技术、人员等资源进行组合与排列)、支持性物质系统(服务过程中的建筑、场地、布局、设备、辅助物品等)、一线服务人员。格罗夫(Grove)和菲斯克(Fisk)在《服务交易的戏剧化:一个服务营销的分析框架》(1992)中认为"根据服务系统是否与顾客接触分为前台部分和后台部分"。顾客对服务系统的后台部分并不感兴趣,他们只对可以感知的服务过程要素和最终的服务结果作出评价。但是,若后台系统对前台系统支持不够,将对顾客的感知质量造成影响。例如,顾客在餐馆用餐,会发现菜单上列出的菜不能提供。这就是后台系统对前台系统支持不够造成的。

旅游服务前台系统的比例取决于服务的特征,即服务接触的程度。高度接触的服务形式需要顾客的直接参与,前台系统的比例越高,其生产功能和营销功能关联度越大,例如,导游服务、娱乐服务、饭店前厅服务、旅游交通服务、餐饮服务等。而对于中度接触的服务形式,其后台系统的比重越重,而顾客参与程度也相应减少。例如,客房服务、购物服务、银行外汇服务等。低度接触旅游服务将顾客和旅游企业之间的接触程度降至最低,使大部分的服务运营系统都放置于后台,使前台只限于邮递和电信联系。例如,旅游自动查询服务、邮电通信服务等。

2. 旅游服务传递系统

旅游服务传递系统是指旅游企业在何时、何地,以何种方式向哪些顾客提供旅游服务。这个系统不仅包括旅游服务运营系统中的可见部分(支持性物质系统和服务人员),还包括同其他顾客所发生的接触。

首先,旅游服务表现了顾客与旅游企业之间一种紧密型的接触,这种接触决定了顾客对服务质量的评价。旅游企业出于提高生产效率或者方便顾客的考虑,通过采用新技术或者使服务系统标准化来减少员工与顾客接触的时间,即降低前台系统的比例,如一些自助型服务。这直接降低了旅游服务有形化的程度,使顾客对服务质量难以作出有效评价。但是还有另外一种趋势——增加服务后台系统的透明度,让顾客有更多评价服务质量的依据。例如,餐馆中增加厨房操作的透明度,一方面顾客可以欣赏厨师的高超技艺;另一方面增加了有形展示的内容,可以降低顾客购买的风险。

其次,旅游服务过程伴随着顾客的参与,顾客成为旅游服务系统的重要组成部分。这一方面增加了旅游企业服务管理的难度。另一方面,旅游企业为了平衡旅游服务供给和需求的矛盾,经常需要提高顾客参与服务的程度。但是,顾客并不一定愿意参与服务的过程,因为他们不能从参与中得到可见的、明显的利益。然而如果顾客被看作旅游企业的部分员工,并依据顾客对服务过程的贡献最大来设计顾客参与的服务角色,可以有效地提供服务。也就是说,顾客经过旅游企业的指导,可以有效完成相关服务活动,可使旅游企业的生产能力得到提高。例如,凯悦酒店在1997年推出的"一分钟登记"系统。顾客把信用卡插入自动登

记系统,并根据提示确认自己想要的房间类型、住店人数和逗留时间,机器可以在不到一分钟的时间里完成住宿登记手续,并自动送出房间磁卡。大大提高了酒店的生产能力,并且减少了顾客等候的时间。

最后,在大多数旅游服务环境中,顾客和众多"其他顾客"同时接受服务。"其他顾客"会影响服务过程或服务结果的特征,从而导致增加或者降低顾客对服务质量的评价。例如,在饭店前厅抽烟的顾客和不守秩序的团队会干扰或破坏其他顾客的服务体验,同样在旅游景点拥挤的环境中,也会降低顾客感知的服务质量。但是,在某些特定的场所,如健康俱乐部、一些娱乐场所,顾客之间的相互交流以及沟通,反而有助于增强顾客的满意度。

3. 旅游服务营销系统

旅游服务营销系统是指由那些与目标顾客或潜在顾客发生接触或者可能让顾客了解旅游企业的所有承担营销职能的途径所构成的服务系统。主要包括旅游服务人员或设施与顾客的接触、营销部门或广告的沟通、收银部门的账单、顾客的口碑、营销调研以及大众媒体的新闻评论。对于不同类型的旅游企业,服务营销系统的范围和结构会有较大的差别,航空公司、大型连锁酒店、大型旅行社的服务营销系统较为发达;而一些规模较小的娱乐场所、旅游购物商场、家庭型旅馆、普通餐厅服务营销系统相对较为简单。旅游服务营销系统代表顾客经历和体验的全部信息,在一般情况下,顾客经常把旅游服务作为一个整体来理解。例如,到迪斯尼乐园游玩的顾客,要感受景观、娱乐活动、服务态度、活动创意、照明、卫生、员工职业素养等一系列的综合状况。旅游服务营销系统的内容如表2-1所示。

表2-1 旅游服务营销系统的内容

系统分类	具 体 内 容
有形物质系统	建筑物的外观、停车场、周边的环境状况 橱窗、门面、标志、字体 内部的装饰装潢、格调、氛围、布置 顾客使用的各项设施
服务人员	与顾客的互动可以是面对面的接触,也可以通过技术工具进行,如电话、传真、电报、电传、电子邮件、信函、特快专递等。服务人员主要包括: 纯粹的营销人员,如销售人员、公关人员 服务现场的服务人员 其他基本不与顾客接触的服务人员,如维修、清洁卫生 营销管理负责人(开具发票、支付)
媒介沟通	标准信件、电子邮件 服务目录、旅游手册、旅游地图 各种媒体广告 大众媒介的信息
与其他人员的接触	在服务过程中与其他顾客的接触 口碑宣传、亲朋好友的评论

另外,需要指出的是,明显带有生产职能的旅游服务运营系统、旅游服务传递系统以及旅游服务营销系统之间在范围方面会产生交叉。旅游服务传递系统包括旅游服务运营系统中的有形物质系统和服务人员。而旅游服务生产和消费的同时性,使旅游服务的生产过程和传递过程都不可避免带上营销职能。因此,旅游企业需要在涉及效率和控制成本的生产职能、传递过程以及涉及创造顾客满意的服务营销职能之间取得平衡。

二、旅游服务管理

(一)旅游服务管理的含义

旅游服务管理是指从服务管理的视角出发,对旅游目的地和旅游企业提供的旅游服务及其相关的经营过程进行管理的理念和方法。旅游服务管理强调以顾客服务为导向,以顾客感知服务质量管理为基础,以建立在顾客满意基础上的供应商长期发展和获利能力为目标。由于旅游目的地提供的旅游服务是各旅游企业和相关机构所提供的旅游服务的综合,所以这里将着重从微观层面,即旅游服务企业的层面对旅游服务管理的有关问题进行探讨。

(二)旅游服务管理的内容

旅游服务管理涵盖的内容非常广泛,它涉及旅游服务组织对旅游服务的设计和销售、对旅游服务的生产和传递以及对旅游服务的参与者及其之间的相互作用等方面所进行的管理活动。旅游服务管理主要包括对以下几个方面的管理。

1. 产品内容

任何旅游服务产品都是无形服务和有形因素的组合,也都是核心服务和一系列辅助服务的结合。旅游服务组织要通过管理整体旅游服务产品为顾客提供价值,通过辅助服务实现差异化竞争优势。

2. 促销与教育

旅游服务组织需要向消费者提供产品利益等方面的信息,提出建议并劝说其在组织所希望的时间内采取购买行动。另外,由于旅游服务的生产和消费需要顾客的参与,顾客的服务体验在很大程度上也受到其自身参与情况的影响,所以旅游服务组织还要教育顾客如何更加有效地参与服务过程。

3. 价格和其他使用成本

旅游者外出旅游不仅要支付旅游服务产品的价格,如酒店房价、航班票价、景点门票或者总体的线路包价,同时还要付出其他成本,如时间、精力及由认知风险所引起的心理负担等。旅游服务组织需要确定旅游服务的价格,并通过尽可能减少旅游者的其他非货币成本来增加其价值。

4. 地点和时间

旅游服务组织要确定向顾客传递服务的时间、地点和服务传递方式,通过服务传递系统的设计和管理保证顾客在需要的时间和地点方便快捷地获得服务。当前信息技术的发展为

旅游服务组织传递服务提供了更多的选择性,很多旅游企业用网络这一虚拟空间代替传统的服务地点,向顾客提供预订、咨询、投诉处理等辅助性服务。

5.服务过程

过程性是包括旅游服务在内的所有服务的一个重要属性。在服务过程中,顾客要与旅游服务组织的人员、设备、系统发生多方位的接触,服务程序、服务持续时间、等候服务时间、技术等诸多过程因素都影响着顾客的服务体验。

6.生产率和质量

对于诸如麦当劳等快餐企业以及美国西南航空公司等低价航空运营商来说,高服务生产率往往意味着高质量。但对于采取定制化服务战略的旅游服务组织来说,生产率和质量却经常表现为一对矛盾。提高生产率意味着花费在每位顾客身上的平均时间减少,意味着更少的个性化关注,意味着服务质量的降低。所以,这样的旅游服务组织需要在两者之间寻求平衡,既要满足组织对服务生产率的要求,又要满足顾客对服务质量的要求。

7.人员

服务人员、顾客等旅游服务的参与者,及其之间的相互作用都会对顾客的旅游服务体验和服务质量认知产生影响,因此旅游服务组织需要对人员这一最活跃、最能动的因素进行有效管理,通过员工的满意与留任实现顾客的满意与忠诚,最终实现组织长期发展的目标。

8.服务环境

服务环境也可称作服务的有形证据,通常包括服务设施设备、员工着装以及指示牌、文具、菜单、登记表、票据等其他有形物。旅游服务中往往存在着大量的有形证据,它们不仅是旅游服务生产所必需的物质基础,同时还作为整体旅游服务产品的重要组成部分以及与无形服务相关的有形线索,对顾客的质量期望和感知产生重要影响。因此,旅游服务组织有必要对服务环境因素进行管理,充分发挥其信息沟通的作用。

从上述旅游服务管理的8个主要对象我们可以看出,旅游服务管理主要涉及对旅游服务组织的成功至关重要的营销管理、运营管理和人力资源管理。有效的旅游服务管理就是要对这三者的规划和实施进行整合和协调。

(三)影响旅游服务管理的环境因素

除了旅游企业自身因素会对旅游服务管理的实施和效果产生影响之外,还有很多企业外部因素或者说环境因素会对其产生影响。

1.政府政策

这类因素主要包括对旅游服务组织的经营管理产生影响的政策、法规、协议,如服务贸易的新协议,保护消费者、从业人员和环境的新规定等。例如,中国加入世贸组织(WTO)对旅游业影响深远。根据入世协议,2005年是限制外资进入中国旅游业的最后一年,那么2006年外资旅游企业全面进入内地与国内旅游企业抢占资源、分流入境市场客源,势必会给国内旅游企业造成巨大冲击。国内旅游业从初期的数量型扩张向质量型、效益型转化成为必然选择。又如,为保护旅游者利益而推出的旅行社质量保证金制度,在促使旅行社采取多种管理手段努力为顾客提供令其满意的优质服务方面发挥了一定的作用。

2.社会变化

顾客期望的提高以及体验型消费的增加都会对旅游服务管理产生影响。一方面,竞争对手的服务创新和高质量服务会提升顾客的服务期望,顾客希望能得到相同甚至是更好的服务;另一方面,如果有一个行业提供了某种服务,顾客就会希望其他行业也能这么做。例如,如果顾客在进餐时不必排队等候,那么他们就会希望在旅馆也能得到相同的服务。顾客期望的提高使得服务创新和服务质量管理的难度加大。

美国两位著名学者约瑟夫·派恩和詹姆斯·吉尔姆指出,体验经济时代已经来临。旅游从本质上讲就是人们离开惯常的生活环境到其他地方去寻求某种体验的一种活动。如何通过旅游服务管理让游客获得一个美好的体验,从而留住顾客,培养旅游服务企业的核心竞争力,成了急需研究的重要课题。

3.信息技术

信息技术在旅游业中的运用已经在很大程度上改变了原有的旅游服务交互过程。信息技术的发展表现为远程通信设备、计算机、互联网、软件的发展,信息传递、预订、付款方式的变革,以及顾客通过自助设备更多地参与服务的生产等。旅游电子商务的普及正在改变着旅游的消费方式。旅游业相对于电子商务中的其他行业而言,有着得天独厚的优势。电子商务涉及信息流、资金流与物流的协调与整合问题,而旅游业却不涉及复杂、费力的物流配送问题。人们可以在网上根据自己的需要迅速获得相关信息并据此作出旅行计划,可以在网上完成酒店、机票、景点门票的预订,并通过网上结算的方式直接付款,免去了传统的旅游消费模式中办理各种手续的麻烦。

对旅游服务供应商而言,信息技术的发展使他们能够更好地了解顾客的个性化需要,从而在服务设计、服务质量管理、信息沟通、销售、决策制定以及内部管理等方面更加经济和高效,同时也改变了某些旅游企业传统的运作模式。可以说,信息技术的发展及运用影响到旅游服务管理的方方面面。

4.全球化

旅游企业的全球化经营对旅游服务管理提出了挑战。例如,企业需要对具有不同文化背景的顾客进行了解,需要对具有不同文化背景的员工进行管理,需要根据地区和文化差异对所提供的服务内容、服务标准、服务程序和服务品牌进行必要的调整等。

5.业内趋势

旅游业都是在发展中逐渐走向成熟的。近些年来,我国政府和旅游业界都在积极努力,构筑行业诚信,提高产品质量,关注理性消费。从政府方面看,国家和地方旅游主管部门相继出台了行业指导和推荐性的合同文本,如北京市旅游局出台的《北京市国内旅游合同》范本,使旅游者和旅游经营者明确了自己的权利和义务。另一方面,政府与行业合作,客源地与目的地合作,共同构建诚信来切实保障旅游消费者的权利。例如,北京市向社会公布诚信旅行社推荐名单和诚信旅游产品名单,中泰两国联合推出"安心泰国游"活动,这都将促进旅游服务质量的提高。

(四)旅游服务管理的基本方法

旅游服务管理的基本方法通常有以下五种。

1. 经济方法

经济方法是指采用经济手段,利用经济组织,按照客观经济规律的要求来管理旅游企业和服务组织。其中,经济手段是指价格、工资、利润、利息、税收、奖金和罚款等经济杠杆以及经济合同、经济责任等手段;经济组织是指旅游企业内部的各层组织机构以及与旅游企业经济息息相关的外部机构,如交通、邮电、医院、政府行业管理机构等;经济规律的要求对旅游企业而言,则是要求旅游企业在提供服务经济活动时必须遵循社会主义基本经济规律,必须按照市场规律和价值规律,实行等价交换原则,必须根据按劳分配原则,实行多劳多得。

2. 行政方法

行政方法是依靠旅游服务组织及管理者的权威,用指令性的计划手段和行政法规、命令以及各种具体规定等强制性的手段,按民主集中制的原则来进行旅游服务管理。行政方法包括制定旅游服务运作和服务管理的方针、政策、规章、制度,颁布行政命令、指示,下达指令性计划、任务等。该方法由旅游组织内各行政机构来进行。它是以权威和服从为前提,具有强制性、无偿性和直接性等特点。行政方法在动员旅游企业所有员工为完成旅游企业的服务运作与经营目的而奋斗,贯彻国家有关服务性企业的方针政策,坚持旅游业的发展方向,组织、指挥和监督各服务部门的服务运作场所,解决旅游服务运作过程中存在的问题等方面起着不可忽视的作用。

3. 法律方法

法律方法是把旅游服务管理中比较稳定、成熟、带有规律性的经验或事务用立法的形式规定下来,以保证旅游服务组织的各项经济政策、制度、方法的实施,并用于调整旅游服务组织内外部之间的经济关系。法律方法主要通过经济法制对旅游服务组织的管理活动和旅游企业组织的活动进行调整。旅游服务管理中用立法形式规定下来的各项规章制度必须具有三个方面的内容:第一,明确规定其针对的对象和范围;第二,明确规定允许做什么,不允许做什么;第三,明确规定在违反制度时应负的责任。法律方法的特点是具有高度民主的权威性、明显的强制性、相对的稳定性和确切的规范性。

4. 宣传教育方法

宣传教育方法是通过政治思想工作来激发旅游企业员工的劳动热情,从而达到经营、管理旅游企业的目的。国外称此方法为"伦理学法"。旅游企业的伦理学与人们的道德观念有关,它指导着旅游企业各部门和所有员工的行为,它要求教育员工要有良好的职业道德和品行,能自觉处理好自己的工作。例如,不说竞争对手的坏话,对顾客彬彬有礼,以自己的职业为荣等。

宣传教育方法的主要内容是加强旅游企业员工的政治思想工作。它采用远大理想教育、思想抱负品行教育、职业道德教育、爱我企业教育、榜样标兵宣传、好人好事宣传等手段,培养员工的事业心和责任感。事业心和责任感是员工持久的激励因素,这种激励因素所产生的效果远远超过经济手段所产生的效果。宣传教育方法的特点是具有灵活性、针对性和持久性,不同的问题有不同的宣传教育方法,正确的立场、观点和方法需经过反复的教育和实践才能为广大员工所接受。

5.数学方法

数学方法是通过对管理对象数量关系的研究,遵循数量的规律性进行管理的方法。它具有准确可靠、经济实用、能够反映本质等特点。经济方法、行政方法、法律方法、宣传教育方法和数学方法是旅游服务管理中最基本的方法,五者相辅相成,相互制约。不同的问题采用不同的处理方法,特殊的场合有特殊的处理方法。正常、日常的管理中则应5种方法同时并进,相互兼顾,才能起到较好的效果。

本章小结

本章对服务及旅游服务进行了介绍。服务是指通过使用一定的设备(工具)、知识(技能)和方法(手段)来满足客户需求的一系列活动。服务具有无形性、不可分割性、异质性和易逝性的特征。旅游服务是接待旅游者过程中所提供的各种服务,主要包括导游服务、饭店服务、交通服务和组织管理方面的劳务活动。具有综合性、无形性、同步性、不可储存性、不可控制性和时间性的特征。旅游服务既包括核心服务又包括边缘服务,所以在进行分类时,本章根据蔡斯、科特勒和罗夫洛克的观点将其分为不同的类型。

旅游服务系统是服务系统和旅游系统双重作用下的特殊产物,是一个复杂的边缘概念体系。因此,从旅游(宏观角度)和服务(微观角度)两个角度来分析旅游服务系统。旅游服务管理是指从服务管理的视角出发,对旅游目的地和旅游企业提供的旅游服务及其相关的经营过程进行管理的理念和方法。其涉及的内容非常广泛(产品内容、促销与教育、价格和其他使用成本、地点和时间、服务过程、生产率和质量、人员及环境),除了旅游企业自身因素会对旅游服务管理的实施和效果产生影响之外,还有很多企业外部因素或者说环境因素会对其产生影响。在进行旅游服务管理时,可采取经济、行政、法律、宣传教育、数学等方法。

关键概念

服务　旅游服务　旅游服务系统　旅游服务管理

复习思考

1. 旅游服务的含义和特征是什么?
2. 列举旅游服务的分类。
3. 简述旅游服务系统的两种模式。
4. 旅游服务管理的内容是什么?

□ 思考题

假如你是某家旅游企业的负责人,你将如何对你的企业进行服务管理?在具体的管理过程中,会受到哪些因素的影响?如何进行服务的创新?

案例解析

2018年1月初,一位驴友在网上吐槽和家人去黑龙江雪乡旅游的经历:提前半个月订了两晚房间,因当地人气火爆,店主嫌房间卖便宜了,要求他们第二天就退房,顺带说到了物价高企、强迫消费等问题,引来不少网友讨论。事发后,雪乡旅游管理部门主动联系上这位驴友,并及时对涉事旅馆进行了检查。因为确实存在价格欺诈行为,店家被处以5.9万余元的罚款。主管部门的态度和行动,无疑是对雪乡旅游名片的最好维护。

10多年前,杭州西湖在全国率先尝试免费开放,倒逼自己升级开发和加强保护,在做好管理、优化服务上深入探索,成功激活"吃住行游购娱"全方位的旅游休闲消费,培育出不少新的经济增长点。这样的模式中蕴含的发展思路和改革经验,值得所有景区借鉴。

(部分资料来源:http://chizhou.offcn.com/html/2018/02/43616.html.)

问题:
上述两个景区的成功经验给你什么启示?

分析提示:
(1)分析问题产生的原因。
(2)旅游服务管理的方法。

第三章

服务质量与旅游服务质量概述

学习目标

了解不同的质量定义及两种基本的质量观,掌握服务质量的定义、特征和评价方法,熟悉旅游服务质量的定义和构成,了解旅游服务产品整体质量顾客观。

第一节　质量与服务质量概述

案例引导

海尔的质量之路

海尔创世界名牌,第一是质量,第二是质量,第三还是质量。

"海尔集团以'砸冰箱'为开端,长期重视质量管理与创新,形成了特色鲜明的海尔质量文化,探索建立了'人单合一双赢'管理模式,依靠质量管理实现企业的发展壮大。"2013年12月16日,国家质检总局局长支树平在"首届中国质量奖"颁奖仪式上这样评价海尔集团。海尔集团荣获"首届中国质量奖",成为两家获奖组织之一。

多年来,海尔集团从一个濒临倒闭的集体小厂发展壮大,成为在国内外享有较高美誉的跨国企业,其质量之路经历了产品质量到体系质量、到市场链质量、到"保证期"质量的质量管理变迁之路。

质量文化深入人心

"海尔创世界名牌,第一是质量,第二是质量,第三还是质量。"早在创业之初,海尔集团首席执行官张瑞敏就旗帜鲜明地提出了这一理念。

"对产品质量的尊重就是对消费者的尊重、对自己的尊重","优秀的产品是优秀的人干出来的","有缺陷的产品就是废品","高标准、精细化、零缺陷","绝不从我手中放过一个缺陷","第一次做好就是最佳质量成本",海尔从未放松对质量的要求,这些质量文化早已深入海尔人心。将质量视为生命的海尔人,将"提供有全球竞争力的产品,最大限度地满足顾客和相关方的需求,成为世界名牌"作为自己的质量目标。

海尔集团有三个质量理念。第一个质量理念是"有缺陷的产品就是废品"。20世纪90年代初期,中国不少企业将产品分为一等品、二等品、三等品和等外品,而且这些产品最终都能出厂。但是,海尔认为如果让有缺陷的产品出厂,这个产品就不可能有竞争力,而且也对用户不负责任。第二个质量理念是"谁生产不合格的产品,谁就是不合格的员工"。第三个质量理念是"质量改进是个没有终点的连续性活动,停止就意味着开始倒退"。

正是这样的企业质量文化,带领海尔走向了一条追求卓越的质量之路。

质量管理毫不马虎

打开电脑、输入密码、填写表格……每个海尔人每天都要填写自己的"日清"表格,这种工作方式是海尔质量管理的一种模式——OEC 管理模式。

O 代表 Overall(全方位),E 代表 Everyone(每人)、Everything(每事)、Everyday(每天),C 代表 Control(控制)、Clear(清理)。OEC 的汉语意思是每天的工作每天完成、清理,并且每天都要有提高。海尔人将其提炼为"日事日毕,日清日高"八个字。

此外,海尔集团还在内部推广了质量改善室模式。质量改善室是海尔集团各产品事业部的质量信息中心和质量改进总调度室,同时又是质量改进、培训等质量活动的基地,通过质量改善室的运行,实现了对质量信息的及时分析、处理,对涉及质量的一切过程进行持续改进,不断减少用户抱怨,实现用户最大程度的满意。

质量改善室是海尔基于"用户永远是对的"这一理念建立起来的。每天每个海尔的事业部,都有专人专门处理分析用户因不满意而抱怨的问题,将这些问题分门别类,转到相关的质量、技术部门处理,对处理过程进行监控,使用户不满的感受最终成为海尔工作的动力。作为教训,避免以后的产品生产、设计等出现用户不满的因素,提高海尔品牌的美誉度。质量改善室模式,还针对某个质量问题成立项目小组,进行问题承包。这个小组中有组长、组员,项目小组中的人员来自不同的部门,担负不同的工作。这样的组织机构使质量改进保持了较高的效率,各项目小组也富有活力。

另外,海尔还使用"产品质量跟踪单"和"质量责任价值券"来管理质量工作。海尔建立了零缺陷的设计系统、模块化制造网络和质量保证系统,每件产品、零部件都有质量跟踪单,据此对所有的质量问题追溯员工责任,同时组织员工开展质量问题案例分析和每日产品质量自我评价。

此外,海尔制定了一套以"价值券"为手段的质量考核与奖惩系统,实施"质量否决权",即根据每道工序质量责任的大小编制"质量责任价值券",工序出现质量问题当场撕券,奖优罚劣,即时兑现。

在服务质量方面,海尔集团也不放松管理。例如,在监控终端服务质量上,请用户担任海尔的监督员,对海尔的服务进行主动监督。

家住深圳市福田区的刘先生表示,近日他购买了一台海尔空调。安装前,服务人员递上了一张"海尔终端服务监督卡",请刘先生对自己的服务进行监督,如果自己对服务承诺内容没有执行到位致使刘先生对服务不满意,可以拨打海尔售后监督电话,查实后海尔还会给予现金奖励。海尔这种勇于让用户监督,主动为自己服务"找茬"的态度,打动了不少消费者。

质量目标不断提升

张瑞敏鲜明地提出:"在海尔,对质量的要求已经从满足标准转变为满足不同消费者的需求。"

例如,针对印度经常停电的现象,海尔设计出停电 100 小时也不会化冻的冰箱。针对巴基斯坦一个家庭平均 12 口人、男士穿大袍子的实际情况,海尔设计了可以一次性洗 32 件大袍子的洗衣机。这些产品在当地都受到消费者的欢迎。

开展这种个性化的产品设计,必须克服产品质量保障难题。在海尔集团监测中心,设有大量的实验室,模拟一些特殊市场的使用环境,用来检测产品质量。在噪声实验室外走廊的墙上,挂着一张题为"用户不能接受的噪声频谱分析"的表格。

监测中心李传增说:"海尔生产的产品,除要满足相关标准要求外,还要考虑到用户的实际感受。比如这张表,我们分析了冰箱、洗衣机、电脑等产品在运行时发出的噪声,哪些是用户不能忍受的,我们在产品设计的时候,就会把这一点考虑进去,将噪声频谱控制在用户可以接受的范围之内。这就是我们平时所说的'把用户需要转化为质量要素'。"

质量目标的提升,不仅体现在产品质量满足不同消费者的需求,服务质量也要做到星级。"产品质量再好,也不是完整的质量。产品质量再怎么提升,也不是完整的质量提升。"海尔人要求自己做到"把质量的提升延伸到用户家里去"。

"星级服务"、"无搬动服务"、"无尘安装"、"一站式服务",海尔质量的提升不仅靠产品,更靠全过程、全方位地满足用户需求。

例如,一位北京用户在装修时,为了使自己的家具匹配协调,需要一台门体是蓝天白云图案的冰箱,可是国内没有这样的产品。当时,他听说海尔有个网站做电子商务,就发了一条定制冰箱的信息。7 天后,海尔准时将这台画门冰箱送到了他手上。惊喜之余,他对海尔的服务质量赞不绝口。

质量文化是渗透在海尔人体内的"血液",质量管理为海尔人的发展提供了强劲的"筋骨",质量提升则是海尔人不断攀登的动力。海尔的质量之路从未停止,海尔的质量水平必将不断攀升!

(资料来源:中国国门时报。)

一、质量的定义

质量的内容十分丰富,随着社会经济和科学技术的发展,也在不断充实、完善和深化,同样,人们对质量概念的认识也经历了一个不断发展和深化的历史过程。美国著名的质量管理专家朱兰博士从顾客的角度出发,提出了产品质量就是产品的适用性,即产品在使用时能成功地满足用户需要的程度。美国质量管理专家克劳斯比从生产者的角度出发,曾把质量概括为"产品符合规定要求的程度";美国的质量管理大师德鲁克认为"质量就是满足需要";全面质量控制的创始人菲根堡姆认为,产品或服务质量是指营销、设计、制造、维修中各种特性的综合体。国际标准 ISO 8402-1994 对质量的定义为:质量是指"反映实体满足明确和隐含需要的特性总和"。定义中的特性概念对有形产品比较明确,一般包括性能、可靠性、安全性、适应性、经济性、时间性以及售后服务等方面。服务质量则是一个比较模糊、难以量化的概念。顾客对服务不仅评价其结果,还要对提供服务的过程进行评价。因此,从广义上理解,产品或服务质量是指满足或超过顾客需要的能力,质量意味着顾客得到与所支付的对等的价值。

美国学者卡文全面探讨了有关质量的五种观点。

第一种观点认为,不同的产品由于构成成分和特征的差异,质量也会存在差异,其给出了一个客观的质量评价标准。这种观点的缺陷在于没有将顾客的个人品位和偏好区别对待,而是认为所有的顾客对产品属性的要求都是一致的。

第二种观点认为,质量与需求是一致的。要想更好地满足顾客的需求,就要更多地了解顾客的需求和偏好,并以此来作为检验质量的标准。否则,企业生产出来的产品质量就会与顾客需求相去甚远,质量则会成为企业内部控制的问题。

第三种观点认为,质量只能是人们从多次实际经历中得到经验才能对其进行识别。质量没有一个统一的解释,不能对其进行界定。理论最终要为实践服务,根据这种观点,管理者和消费者只有在消费过某种产品后,发现这种产品的使用效果不佳时才能识别质量。显然这种观点并不具有现实意义。

第四种观点认为,质量是顾客满意度的最大化,强调质量的适用性,对质量的定义是从单个顾客的角度来概括的。这种观点存在两个问题:其一是保证质量和保证满意度的两种属性是如何进行区分的;其二是如何解决产品或服务的属性从而吸引最大量的顾客。

第五种观点认为,价值是定义质量的基础,从价值出发以价值与价格的定义来对质量进行界定,将价值与价格融为一体。

以上这些对于质量的不同观点表明企业中由于部门的差异对质量所持有的观点也存在差异。对质量的多元化解释对于企业是有益处的,它可用来说明企业的部门之间产生质量问题的矛盾与冲突。然而,每种观点都各自有它没有涉及的盲点,在实践中可以针对不同的产品采用不同的质量观点,根据企业运作状态的变化而转变质量的观点。

二、两种基本的质量观

质量观是人们对质量的认识。在人类质量管理发展历程中,出现了两种基本的质量观:

符合性质量观和适用性质量观。两种质量观都有其典型代表人物，他们分别是克劳士比和朱兰。克劳士比和朱兰是20世纪两位知名的质量大师，二人对质量管理的理论和实践都做出了突出贡献。在长期的实践中，两位大师分别形成了各自的质量理论体系，对现代质量管理产生了重要的影响。

（一）克劳士比的质量观——符合性质量观

克劳士比在质量管理中最突出的贡献是提出了"零缺陷"的思想。所谓"零缺陷"就是"第一次就把事情做对"，即一次就做到符合要求。因此，企业必须树立对工作的要求，否则没有"要求"可循。克劳士比认为，要实现"零缺陷"首先要在组织内对质量进行界定。这个界定要将质量管理、可靠性、质量工程、供应商质量、检验、产品合格编制、培训、测试、消费者投诉、质量改进等系统和质量的观念涵盖其中，并将这些工具运用在整体问题上。"零缺陷"思想的提出是质量管理的一次重大革命，在此之前人们基于不确定性原理认为质量缺陷是不可避免的。而在这一思想提出后，人们知道了质量也存在边界和范围。只要事先界定好边界和范围，质量缺陷就可以避免，使得质量控制由被动预防转变为主动出击。

（二）朱兰的质量观——适用性质量观

朱兰质量管理中最突出的贡献是提出了"质量管理三部曲"，即质量计划、质量控制和质量改进。质量计划即通过发现质量差距，制定质量改进的目标和步骤；质量控制即制定和运用一定的操作方法，以确保各项工作过程按原设计方案进行并最终达到目标；质量改进则是通过打破旧的平稳状态而达到新的管理水平。质量管理三部曲的重点是认知质量差距开始。现实中的质量差距，主要有以下几个方面：第一类是理解差距，也就是对顾客的需要缺乏理解；第二类是设计差距，即使完全了解顾客的需要和感知，还是不能设计完全一致的产品或服务；第三类是过程差距，由于创造有形产品或提供服务的过程不能与设计相符，许多优秀的设计遭遇失败；第四类是运作差距，也就是运作和控制过程的手段在产品或服务的提供中会产生副作用。

（三）两种质量观的比较

从两位大师的观点不难看出，符合性质量观认为：质量就是符合要求或规范，符合就是有质量，不符合就是没有质量。符合性质量观要求企业首先识别相关方对产品或服务的要求，然后再使用各种技术手段满足这些要求，实现产品的质量。适用性质量观认为：质量是产品和服务在适用过程中满足需求的程度，满足程度越高则质量越好。适用性质量观要求企业首先发现质量差距，通过持续地改进，提升产品质量。因此，在符合性质量观看来：质量是一种标准，只能界定有无，不可评估好坏。适用性质量观则相反：质量是一种状态，可以评估优劣，不能判断有无。在某些情况下，这两种质量观的判断可能会完全相反，最经典的例子就是AK-47步枪。

AK-47步枪是一款世界名枪，与绝大多数俄罗斯工业品一样，AK-47步枪存在设计简陋、做工粗糙的毛病，不像同时代的西方枪械那样做工精良。然而，正是由于相对"毛糙"的做工，AK-47的战场适应性极好、故障率极低。反观西方制造的精良武器，精密的做工使其

异常娇贵,难以适应严酷的战场环境。

按照适用性质量观,AK-47步枪简陋、粗糙、射击精度不足,是一款质量低下的产品。但从符合性质量的角度看,AK-47步枪能适应各种战场环境,符合军队对枪支的要求,是一款有质量的产品。AK-47作为世界名枪,其质量是毋庸置疑的。然而,除了这款经典名枪以外,俄罗斯却鲜有具备国际竞争力的优秀枪支产品,这与其低劣的产品质量不无关系。可见,在判断产品质量的时候,选择合适的质量观非常重要。

(四)选择质量观的依据

符合性质量观和适用性质量观从不同角度向我们介绍了质量的定义,从定义中可以看出这两种质量观有其各自的优缺点,那么我们在实际管理中应采用哪种质量观?选择质量观的依据是什么呢?在回答这两个问题前,我们首先回顾一下两种质量观产生的背景。符合性质量观产生于20世纪50—70年代,当时全世界刚刚走出二战的硝烟,各国经济亟待恢复。此时,大规模的基础设施建设是经济的主要增长模式。在这种条件下,新建的设备设施是否能满足生产需要是关注的重点,判断产品质量好坏的标准就在于是否符合生产规范。

20世纪70年代后,发达国家的经济进入产能过剩时代。由于选择余地的增加,消费者不再满足于基本的衣食住行,而是更加看重个性化的消费。能否满足消费者不断变化的需求成为企业新的关注点,判断产品质量好坏的标准也就从原先的满足规范延伸到在多大程度上满足需求。由此可见,经济环境的变化导致质量判断标准的变化,是造成了两种质量观产生并发展的主要原因。

因此,选择哪种质量观来判断产品质量关键要看产品的使用目的。如果产品的使用目的是满足专业人员开展工作的需要,那么就应当选择符合性质量观。因为专业使用者会比较重视产品性能能否满足使用要求,不太在乎使用是否方便。这些产品包括机床、厂房、燃料等生产资料。

相反,如果产品的使用者是关注产品体验的消费者,那么就应当选择适用性质量观。因为普通消费者不太关注产品本身,而只关心使用是否方便。这些产品包括电脑、智能手机、家用轿车等日常消费品。

三、服务质量的内涵

(一)服务质量的定义

服务质量是一个具有多属性的复杂构念,其概念是由列维特(Levit)于20世纪70年代初首次提出的,当时,服务质量被定义为服务是否能达到预设的标准。在随后的四十多年时间里,服务质量一直是服务营销领域探讨的热点变量之一。学者们前赴后继地对服务质量展开研究,取得了大量的研究成果,但对于服务质量的内涵界定一直存在争论,至今未形成一致的看法。比较有代表性的服务质量定义有以下几个。

Levit(1972):服务的结果符合所设定的质量标准的程度。

Swan & Combs(1976)：顾客对产品绩效的感知，包括机械性绩效和表达性绩效两部分。心理感知视角具有开创性。

Mayner(1976)：消费者主观的态度反应，不能根据实体物品的特性予以量化衡量。

Sasser, Olsen & Wyckoff(1978)：从材料、设备和人员三方面提出服务质量不仅仅包括最佳的结果，也包含提供服务的方式。认为服务水平和服务质量是相似的概念。

Gravin(1983)：一种主观的感知质量而不是客观的质量。

Lewis & Booms(1983)：一种衡量企业服务水平能否满足顾客期望程度的工具。

Grönroos(1984)：首次提出了感知服务质量的概念，它取决于顾客的服务预期和绩效感知的对比。服务感知低于服务期望，说明顾客评价服务质量较低；服务感知高于服务期望，说明顾客评价服务质量较高。

Parasuraman, Zeithaml & Berry(1985)：顾客对服务期望与服务感知的差距，服务质量＝服务期望－服务感知。差值的正、零、负分别代表服务质量的低、中、高。

Lehtinen(1991)：消费者的主观感知，由消费者实际感知的服务与主观设定应接受服务的对比得出。

Liu Chunmei(2005)：一种具有多维度和多层次的结构。

尽管在以往研究中，学者们对服务质量的定义各式各样，但大部分学者都认为服务质量的内涵应包含如下几个方面：① 服务质量是顾客感知的对象；② 服务质量可以依靠客观方法加以界定和衡量，但更多地要按照顾客主观的认识加以衡量和检验；③ 服务质量发生在服务生产和交易过程之中；④ 服务质量是在服务企业与顾客交易的真实瞬间实现的；⑤ 服务质量的提高需要内部形成有效管理和支持系统。

综上所述，定义服务质量是一件非常困难的事情，因为不同的人对服务质量的理解和感知是不同的。即使某一定义成为大家一致认同的标准而被普遍接受，这种标准化的定义也会随着情境而改变，不同行业、不同文化下的服务质量定义都会发生变化。

(二)服务质量的特性

顾客的需求可分为精神需求和物质需求两部分。评价服务质量时，从被服务者的物质需求和精神需求来看，可以归纳为以下6个方面的质量特性。

(1)功能性。功能性是企业提供的服务所具备的作用和效能的特性，是服务质量特性中最基本的一个。

(2)经济性。经济性是指被服务者为得到一定的服务所需要的费用是否合理。这里所说的费用是指在接受服务的全过程中所需的费用，即服务周期费用。经济性是相对于所得到的服务质量而言的，即经济性是与功能性、安全性、及时性、舒适性等密切相关的。

(3)安全性。安全性是指企业保证服务过程中顾客、用户的生命不受危害，健康和精神不受到伤害，货物不受到损失。安全性也包括物质和精神两方面，改善安全性重点在于物质方面。

(4)时间性。时间性是为了说明服务工作在时间上能否满足被服务者的需求，时间性包含了及时、准时和省时三个方面。

(5)舒适性。在满足了功能性、经济性、安全性和时间性等方面的需求的情况下,被服务者期望服务过程舒适。

(6)文明性。文明性属于服务过程中为满足精神需求的质量特性。被服务者期望得到一个自由、亲切、受尊重、友好、自然和谅解的气氛,有一个和谐的人际关系。在这样的条件下来满足被服务者的物质需求,这就是文明性。

四、两种服务质量评价维度

(一)北美 PZB 的服务质量评价维度

为了对服务质量进行科学有效的评价,西方学者开发了很多评价方法,其中最为著名、影响最为深远的是美国三位学者 Parasuraman、Zeithaml 和 Berry(PZB)于 1985 提出的服务质量评价的 10 维度,分别是可靠性、响应性、胜任力、接近性、礼貌性、沟通性、信赖性、安全性、了解性和有形性。后来在 1988 年,他们将以上 10 个维度缩减为 5 个维度,即有形性、可靠性、响应性、保证性、移情性。五个维度的具体含义如下。

有形性(Tangibility):有形的物理实施、设备以及服务人员的着装等。

可靠性(Reliability):能够可靠、准确地执行允诺的服务。

响应性(Responsiveness):愿意帮助顾客并提供及时快速的服务。

保证性(Assurance):员工的知识和礼貌,以及获得顾客信任的能力。

移情性(Empathy):迎合顾客,给予顾客个性化关怀与人性化服务。

(二)北欧 Grönroos 的服务质量评价维度

在格罗鲁斯先生 2000 年提出的顾客感知服务质量评价模型中指出,服务质量有两个维度,即技术质量和功能质量,并指出顾客是从这两个方面来评价服务质量的。此外,顾客心目中的企业形象发挥着调节器的作用,以帮助顾客评价企业的服务质量水平。

技术质量(Technical Quality),指服务结果的质量,表明顾客在服务中得到了什么,又称结果质量。

功能质量(Functional Quality),指服务过程的质量,表明企业是如何为顾客提供服务的,又称过程质量。

形象是影响顾客感知服务的重要因素。如果在顾客心目中企业形象是好的,那么当顾客遇到不满时,都会由于形象的感觉起到某些程度的抵消作用。当然,如果问题连续出现,企业形象最终会受到伤害。如果企业形象不佳,质量问题也很容易被感知为比实际更糟。

五、服务质量的特征

根据学者们对服务质量的研究,我们认为,服务质量具有如下特征。

（一）服务质量是一种主观质量

由于有消费者的介入，服务产品的质量跟有形产品的质量相比，它具有很强的主观性，不同的顾客可能对同一种服务产品的质量产生不同的感知。即使是同一顾客，在不同阶段，对质量的要求也可能会发生变化。因此，服务质量是顾客感知的对象，而不是设计者和操作者所感觉的质量，它更多地要按顾客的主观的认识加以衡量和检验。这是企业在进行服务质量管理的过程中必须注意的一个问题。

（二）服务质量是一种差异性质量

服务提供和消费过程都涉及"人"的作用因素，包括顾客、服务人员、管理人员等。人是复杂的个体，存在差异性和多变性，因此在不同的时间，不同的服务提供者所提供的服务是不同的，即使是同一个服务提供者，其在不同时间提供的服务质量也会存在差异；不同的顾客，乃至同一顾客在不同的时间对服务质量的感知也会存在差异。此外，顾客的素质如文化素养、审美观点、兴趣爱好、价值取向、情绪等，直接影响着他们对服务的需求和评价，因而服务质量是一种具有极强差异性的质量。

（三）服务质量是一种互动质量

由于服务具有生产与消费的同时性特征，因此，顾客所感知到的服务质量是服务提供者与服务消费者（即顾客）在互动过程中形成的，互动性是服务质量与有形产品质量的一个非常重要的区别。如果没有顾客的积极参与和紧密配合，或是顾客无法清晰地表达服务期望，那么，服务过程将会失败，服务质量将是低下的。正是由于这个原因，有些学者将服务营销称为互动营销。

（四）过程质量在服务质量构成中占有重要地位

正因为服务质量是一种互动质量，所以，服务过程在服务质量形成过程中起着异常重要的作用。服务过程质量是服务质量构成中极其重要的组成部分。对于顾客来说，无论接受什么服务，能够让顾客对交易过程有深刻印象的是服务过程。当然，结果质量同样重要，服务结果是顾客购买服务的根本目的所在，如果没有服务结果，或者服务结果很差，那么，再好的服务过程也无法弥补。同样，即使服务结果很好，但服务传递过程很糟糕，最后形成的顾客感知服务质量也可能是低下的。服务结果质量（技术质量）与服务过程质量（功能质量）是相辅相成、不可或缺的，无论忽视结果或忽视过程，在服务质量管理中都是错误的。

第二节 旅游服务的整体产品质量观

充满奇迹的日本西餐厅

还在感叹海底捞的极致服务？这家餐厅才是真的好"变态"，还年入15亿！

在中国，说到极致的服务，人们第一个想到的一定是海底捞。但是日本有一家西餐厅Casita，单从服务来说，简直"完虐"海底捞。

这家餐厅2001年开业，需要提前一个月预订，去过的顾客很多表示"感动到哭"。

客人到店时，服务员早已站在门口迎接。一进店店员就亲切地叫出你的名字。如"×××好久不见，已经有4年零11个月没见到你了，很高兴与你再次相遇。"离开的时候，有服务员帮你穿上衣服。

闺蜜聚餐，打开餐巾时，发现上面绣着自己的名字。这可是由餐厅负责缝纫的员工完成。

一名男士想要在此求婚。事先得知女友喜欢夜景和花瓣的店员们，不仅安排了靠近窗户的座位，并在餐桌上撒上花瓣。咖啡的拉花也是参照女主的狗狗特别定制。当求婚成功后，服务人员在楼下举着"祝福你们，婚姻美满，永远幸福"的牌子。离开时，为他们服务过的店员站在门口相送，并表示祝贺。怎么样？这服务"完虐"海底捞了吧！

接下来，我们就一起来追寻其背后的秘密吧！

这家餐厅细致入微的服务从客人打电话预订时就开始了。每个预订其实都是一次小型采访！

仅仅是接顾客的预约电话？当然不是，更重要的是店员需要和顾客沟通，了解顾客的详细情况。例如，顾客的姓名、生日、口味、喜好、对食物热量要求，甚至连顾客宠物的信息等，都要了解清楚。Casita的电脑系统里录入了大约15万名顾客的信息。有了这些详细的信息只是基础，员工们还会在营业前3个小时，对每一位晚上来就餐的顾客进行详细的了解和分析，以便对顾客进行精准的服务。

因此，Casita比起其他餐厅，更加了解自己的顾客，能提供更加精准的服务，并让每一桌顾客都感觉自己很特别。

例如，一位顾客离开时在自己口袋里发现了一个写着"感谢"的暖宝宝。原来当天夜间气温骤降，于是Casita的店员就准备了大量的暖宝宝，并悄悄地放到女顾客的口袋里。

除了服务于用餐顾客,Casita还为很多企业服务！这是怎么回事？

原来是对Casita服务理念的认可,每年很多企业会申请来学习Casita的极致服务。

每年有超过70家企业申请Casita的服务培训,培训后大家开始就餐,体验Casita的整体服务水平。每次培训费用加餐费约30万日元。

Casita晚间餐8400日元起,从不宣传却门庭若市,2011年度,营业收入达到15亿日元,按照当时的汇率,约为人民币1.2亿元。通过口口相传,Casita受到很多当地媒体的关注,还给这家餐厅起了一个别称,叫"充满奇迹的西餐厅"。

只要是人,就有真情,只有实体店真正地开始运用这些真情服务,无论销售方式如何改变,都不会被时代淘汰。

"我喜欢做这种服务,相信顾客也会喜欢。"Casita的老板坚信作为人本来的需求,人与人的那份情,才是实体店和线上最大的差异化。

在这个唱衰实体店的时代,我们应该反省,是互联网冲击了实体店,还是实体店从来没有满足过顾客的需求？

(资料来源：https://www.sohu.com/a/127405506_505873。)

一、旅游服务质量的构成

在前一章中,我们认为,旅游服务是接待旅游者过程中所提供的各种服务,主要包括导游服务、饭店服务、交通服务和组织管理方面的劳务活动,它是用提供活劳动的形式,保证旅游者在整个旅游活动期间对各种旅游环境、设施、设备及活动项目获得充分利用和享受权益的综合性服务活动。通过旅游服务活动,创造一种满足人们旅游需要的特殊使用价值。

旅游服务质量是旅游企业所提供综合性服务活动(特殊使用价值)满足顾客需求的程度总和。旅游服务产品的过程性,决定了旅游服务质量是在旅游企业与旅游者之间的行为接触和情感交流中生成的。旅游服务质量包括旅游服务结果质量和旅游服务过程质量两个部分。

(一)旅游服务结果质量

结果质量是旅游者在消费结束之后的"所得",具体地说,是指旅游企业提供的服务项目、服务时间、设施设备、环境气氛等满足旅游者需求的程度。如：酒店顾客在规定的时间内得到一间客房和酒店设施设备的使用权；黄山三日游会给旅游者带来一种登山体验；旅行社的客车会把旅游者从一个地方运到另一个地方。所有这些都是旅游服务的结果,旅游者对服务结果的满意程度形成结果质量。结果质量与旅游企业的"硬件"有关,比如酒店客房的宽敞程度、旅游景点的设施特征、旅行车的豪华程度等都取决于旅游企业的技术能力,因此,结果质量又称为技术性质量,旅游者对技术性质量的评价相对比较客观。

(二)旅游服务过程质量

过程质量衡量旅游者对获得服务结果的过程的满意程度。旅游服务的生产和消费具有同步性,服务的生产过程就是旅游者的消费过程,服务人员的行为举止必然影响到旅游者对服务质量的感知。过程质量不仅与服务人员的仪表仪容、服务态度、服务程序、服务方法以及工作效率等因素有关,还受到旅游者心理特点、知识水平、行为偏好的影响。如:正走出酒店大门的张先生会对门童"张先生,请慢走"的问候感到惊喜;旅游者感觉在投诉处理过程中,服务态度恶劣、手续繁琐、费时费力;同一个旅游团中,旅游者对服务质量的评价会干扰其他旅游者对服务质量的感知,所有这些都和旅游者感知的过程质量有关,过程质量是旅游企业的"软件",它说明旅游企业是如何提供服务的,因此旅游过程质量又称功能性质量。与技术性质量不同,功能性质量一般不能用客观标准来衡量,旅游者通常会采用主观的方式来感知功能服务质量。

二、旅游的整体组合产品

美国著名营销学家肖丝丹克(Shostack.G.Lynn)女士曾根据市场供应的商品中有形成分和无形成分所占的比重大小不同,将市场供应品分为纯粹的实体产品、附带服务的实体产品、伴有产品的服务和纯粹的服务四大类,并提出了产品/服务谱系图。她认为,在现实生活中,企业向市场推出的供应品很少是纯粹的有形产品(实体性)或纯粹的无形服务(非实体性),而绝大多数是由有形要素和无形要素组合而成的统一体。服务谱系图如图 3-1 所示。

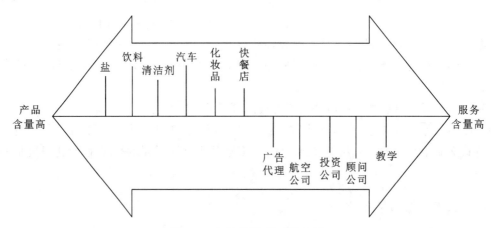

图 3-1 产品/服务谱系图实例

(一)整体组合产品的内涵

肖丝丹克女士在产品/服务连续谱系图的基础上,进一步提出了产品和服务的整体销售概念,她认为,消费者总是购买产品成分和服务成分组成的整体产品。根据这一观点,我国学者汪纯孝首先提出了产品和服务整体组合的概念,其内涵如下。

1. 在现实生活中,顾客购买的总是产品和服务的整体组合

这是因为:① 顾客在购买产品时,也购买了某些服务。例如,顾客到商店买笔记本电脑,最终所买到的笔记本电脑是有形产品,而电脑销售店所做的广告、促销等属于售前服务,店员的讲解介绍、现场演示及结账等属于售中服务,上门维修是售后服务。② 顾客在购买服务的同时,也购买了产品。这种情况包括以下两种情形。

第一,顾客在购买服务时,同时购买了某些产品。例如,顾客入住酒店,享受了酒店的接待与住宿服务,同时也消费了酒店的食品、卫生洁具等;在美容院,顾客在购买美容师美容服务的同时,也购买了美容院的美容产品;在餐馆,服务人员提供的是服务,而顾客品尝的菜肴则是产品;在医院,医生和护士提供的是服务,药品则是产品。

第二,服务提供方需要购买某些产品。某些企业表面上看没有向顾客销售产品,但由于企业本身要购买产品以便为顾客提供服务,因此顾客在享受服务时,也间接地购买和消费了这些有形产品。例如,电器维修店虽然没有更换零配件,但使用了仪器如电压计、焊接棒、螺丝刀等;理发店需要购买理发用品和工具。

2. 消费者购买产品和服务的最终目的并不是获得产品或服务本身,而是希望通过购买产品和服务获得它们所能提供的利益或价值

例如,顾客要买钻头,不是为了获得钻头本身,而是需要用钻头来打孔;顾客购买电视机,不是为了消费一台电视机,而是希望通过电视机享受电视台的各种服务,达到娱乐、获取信息、打发时间等目的;顾客购买美白面膜,不是为了获得面膜本身,而是希望通过使用该面膜能够达到美白肌肤的功效。

依此可知,产品往往是服务的化身。汽车为消费者提供交通运输服务,电磁炉为消费者提供饮食服务,洗衣机为消费者提供洗衣服务,电视机为消费者提供休闲娱乐服务,电脑为消费者提供上网获取信息、娱乐等服务。与购买服务行为(如到餐厅吃饭、到酒店住宿、到景区游玩)相比较,消费者购买这些产品所提供的服务,往往更方便、更省钱。

3. 虽然产品和服务存在区别,但在整体组合中,两者却是紧密相连的

两者之间的联系具体表现为以下几个方面。

顾客购买越复杂的产品,往往需要越复杂的服务。例如,顾客到商店购买食盐、酱油等相对简单的产品,需要的服务相对较少;但购买电脑的情况就完全不同了,电脑属于比较复杂的产品,顾客不仅要购买电脑这个产品,而且还需要获得培训、安装、维修、保养、操作说明等一系列辅助服务。因此,企业要想满足顾客的需要,不仅要高度重视产品质量,还要高度重视服务质量。

产品销售与服务销售是相互促进的。服务销售的好坏会直接影响到产品销售的好坏,而产品销售的好坏也会影响到服务销售的开展。例如,大多数顾客认为电视机是一种产品,但是并不是消费电视机,他们消费的是电视台的服务,而要收看电视节目,顾客必须消费供电公司的服务。电视台提供广告服务,广告费收入用于制作和播放电视节目。电视广告刺激消费者购买产品和服务,包括刺激消费者购买更多的电视机。可见,这是一个相互促进的链条。因此,企业要想创造高销售业绩,实现高额利润,需要同时关注相关产品和服务的销售,有效发挥两者的相互促进作用。

产品和服务都是满足顾客需要的手段,因此许多产品和服务可以相互替代。例如,教学录像带可以取代学校教师的现场教学服务;电影 DVD 可以取代电影院;自动柜员机可以取代银行营业员的服务。现代科学技术的发展为产品和服务的相互取代提供了更多的机会。对此,企业管理人员应有充分的认识,充分地利用各种先进技术手段,不断地向市场推出更多能满足顾客需要的新产品和新服务,以满足顾客多样化、动态化的需求,拓展市场范围,提供市场占有率,增加企业经济效益。

(二)旅游整体组合产品

对于旅游服务产品而言,在整个旅行过程中,消费者要接受的旅游服务包括导游服务、酒店服务、交通服务和团队组织管理方面的劳务服务,显然,旅游服务是一个综合服务,旅游产品是一个由多种服务构成的整体组合产品。并且,就单项旅游产品而言,无论是导游服务、交通服务、景区服务等等,它们也都是以既有有形实体又有无形服务构成的整体组合产品。以旅游服务中的酒店服务为例,根据产品/服务谱系图的整体组合产品构建模式,我们可以绘制出酒店服务的产品/服务谱系图,从中,可以看出整个酒店服务就是一项综合的整体组合产品。具体如图 3-2 所示。

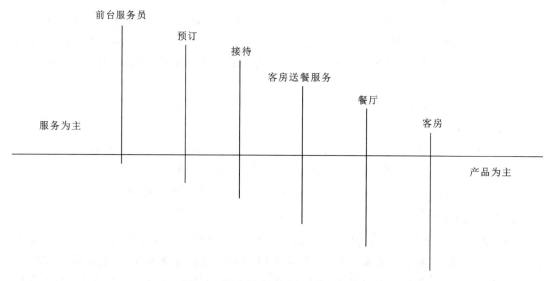

图 3-2　酒店服务的产品/服务谱系图

(三)整体组合产品的四种形式及其管理

根据组合产品中有形程度高低和定制化程度高低的不同,温碧燕(2010)将整体组合产品划分为以下 4 种类型:有形的标准化产品、无形的标准化服务、有形的定制化产品和无形的定制化服务。其中,产品是有形的,服务是无形的。而定制化是区别于标准化而言的,它指企业以"顾客"导向为核心,为单个顾客或小批量多品种市场定制任意数量的产品或服务,以满足顾客个性的多样性的需求。这 4 种类型的组合产品见表 3-1。

表 3-1　整体组合产品的 4 种形式

整体组合产品的 4 种形式		无　形　性	
		低	高
	定制化 高	有形的 定制化 产品成分	无形的 定制化 服务成分
	定制化 低	有形的 标准化 产品成分	无形的 标准化 服务成分

下面以旅游酒店为例,就这 4 种形式的组合产品来探讨对它们的管理。

1.有形的、标准化产品成分的组合产品

有形的、标准化产品成分可采用"符合规格"的质量定义。具体工作包括:① 事前确定标准,例如,餐厅管理人员会制定菜单上的菜肴、餐具的数量和摆放等质量标准,酒店管理人员会确定客房卫生用品的数量、床铺规格、清洁卫生等质量标准;② 做好售前质量检查工作,管理人员可在顾客消费之前检查这类产品成分是否符合标准,解决质量检查工作中发现的问题;③ 管理人员还应根据行业规定的变化、企业发展的需要或顾客需求的变化,及时地修改这类产品成分的标准。

2.无形的、标准化服务成分的组合产品

要提高无形的、标准化服务成分的组合产品质量,管理人员可采用"服务工业化"措施:① 制定标准化操作程序,要求员工严格按照程序办事,例如,酒店管理人员规定预订、登记入店、结账离店等服务工作的标准化操作程序,餐厅管理人员会规定顾客等待点菜、上菜、撤盘、结账等服务工作的时限;② 由于服务与消费的同时性,管理人员对无形的服务成分无法进行事前的检查,因此,管理人员应精心设计服务程序,尽量减小差错发生的可能性;③ 制定比竞争对手更高的质量标准,用高标准要求每位员工,如果本企业的质量标准比竞争对手企业的质量标准更符合顾客的要求,而且本企业有能力按更高的质量标准提供这类标准化服务,那么本企业就能有效地提高竞争力,扩大竞争优势。

3.有形的、定制化产品成分的组合产品

针对有形的、定制化产品成分的组合产品的质量管理,酒店可以对定制化产品的各个组成成分采用"符合规格"质量定义,而整体采用"符合期望或符合适用"质量定义。例如,对顾客定制的菜肴必须做到符合或超过顾客的期望。但是,菜肴的烹调方法、食品原料、配料都必须符合规格。对酒店客房消费者来说,有些客人要求加床,增加枕头、被单、毛毯、卫生用品,这些产品成分都是标准化产品成分,都应符合规格。然而,客人的满意程度却是由整个客房在多大程度上满足他们的期望最终决定的。可见,各个产品成分符合规格是保证定制化产品整体质量的必要条件。定制化产品整体质量应根据顾客的期望进行评估。

4.无形的、定制化服务成分的组合产品

无形的、定制化的服务成分只适用于采用"符合期望或符合适用性的"质量定义。管理人员很难确定这类服务的规格,更难保证每次服务工作都符合规格。在这类服务工作中,服务人员与顾客高度接触,需满足不同顾客的不同需要,顾客引起的不确定因素较多,服务工作相当复杂。要提高定制化服务质量,管理人员必须做到:① 加强服务文化建设,形成优质服务的企业氛围,如有的酒店会开展"服务周"、"最优服务之星评选"活动等,以提高员工的服务质量;② 做好培训工作,使员工掌握优质服务必需的知识和技能;③ 授予员工服务工作的决策权,以便员工灵活地决定服务方法,满足顾客的特殊需求,从而避免服务效率低下导致的顾客不满;④ 管理人员应在顾客消费之后采用跟踪调查、服务访谈等手段来了解服务实绩是否符合或超过顾客的期望来评估这类服务产品的质量。

(四)整体组合产品概念对服务质量管理者的启示

根据学者汪纯孝对整体组合产品的论述,我们认为,整体组合产品强调企业提供给消费者的是整体组合产品的利益或消费价值,而不是产品和服务本身,消费者购买的也正是这种产品和服务整体组合提供的利益价值。每个消费者只购买那些能特别满足其需要、愿望、要求、希望、抱负和梦想的产品和服务。因此,企业必须激发消费者的购买意图,尽最大努力满足消费者特别的、具体的、动态变化的需要和要求。

1.根据顾客追求的不同利益或目的,设计不同的产品和服务组合

顾客进行购买,不是为了获得产品和服务整体组合中的某一个成分,而是为了获得某种利益或消费价值。对于不同顾客来说,相同的产品意味着不同的利益,不同的利益追求也就意味着顾客对产品和服务的要求也不同。企业需要通过深度访谈、专题座谈会、问卷调查等方法从顾客那里获得需求信息,再结合企业销售记录,分析不同细分市场的主体特征,将其按照一定标准划分为不同利益主体,然后从不同的利益主体出发,有针对性地设计出合适的产品或服务,并制定相应的推广策略。例如,中国移动针对不同的顾客群,推出了不同的手机卡:大众卡,价格便宜,适合一般客户;动感地带,属于娱乐类,适合年轻逐乐群体;全球通,功能全面,提供尊贵服务和许多附加服务,适合商务客户;神州行,属于短期使用或间隔使用类,适合使用不频繁且使用量不多的客户。酒店企业的服务产品也正是按这样的思路来设计的,如客房有不同类型的房间以满足不同顾客群体的需要,餐厅的食品配置也可以针对不同市场需求设置不同价位和规格的套餐、零点餐、团队餐等以满足消费。

2.在强调产品和服务质量的同时,增加附加产品或服务,以提高整体组合的总体价值

在21世纪的信息化服务经济时代,产品和服务整体组合的概念已渗透至各行各业。在这一观念的指导下,越来越多的企业,无论是生产性企业还是服务性企业,为了满足顾客的需要,提高产品和服务所能提供的利益和消费价值,都致力于向市场推出优质的产品和服务的整体组合。例如,一个顾客购买了一台电脑,电脑本身质量很好,性价比也很高,但如果因为企业的服务不到位,顾客不会用或不能正确使用,以致许多功能未能加以运用并且经常出现故障,顾客就会认为其没有获得预期的利益,就会认为该产品质量不好,即使产品本身很好。同样的道理,对于旅游服务企业来说,在顾客购买的旅行消费中,在保证游玩地点、游玩

项目、饮食住宿等产品质量的基础上,对顾客在游玩过程中的关爱、及时处理并满足顾客的特殊需求可能会更让顾客有整体价值感。因此,企业更加需要明确顾客需要的并不是产品或服务本身,而是其所能带来的利益和消费价值,顾客会据此而判断企业所提供的服务质量的高低。这也是大多数企业都开始采用产品和服务的整体组合策略,尽力为顾客提供各种售前、售中、售后的"一条龙"服务,以使顾客获得其期望得到的利益,从而提高顾客感知质量的原因所在。

三、旅游服务整体组合产品的管理

服务经济时代,旅游企业必须做好产品和服务整体组合的质量管理工作,才能提高顾客感知的整体质量。对于整体组合产品的质量管理,可以从以下几个方面着手。

(一)同时做好产品成分和服务成分的质量管理工作

对不同的企业来说,在产品和服务整体组合中,产品成分和服务成分的重要性会有所不同。但是无论哪一个企业,其产品成分和服务成分的质量都会影响顾客感知的服务质量和满意程度。因此,管理人员必须做好整个产品和服务组合的质量管理工作。

(二)做好顾客整体消费过程的质量管理工作

管理人员必须深入了解顾客整个消费过程,并根据顾客消费过程中的各类活动,做好服务体系设计工作和服务质量管理工作,解决顾客整个消费过程中面临的一切问题,提高顾客的消费效果。在顾客消费过程的各个阶段,旅游企业都必须以由优质产品和优质服务组成的整体组合为顾客创造更大的消费价值,发展双方之间的长期合作关系,增强顾客对本企业的信任感和忠诚度。

(三)必须从关键时刻入手

关键时刻是指服务消费中顾客与企业服务提供者互动和接触过程中的企业向顾客展示自己服务质量的重要时刻,关键时刻是服务质量展示的有限时机,一旦时机过去,服务交易结束,企业也就无法改变顾客对服务质量的感知,如果在这一时刻服务质量出现了问题就很难补救。因此,关键时刻对于顾客感知服务质量的形成起着决定性作用。服务质量的计划和设计必须从服务接触的每一个片段即关键时刻入手,将与顾客接触的部门都纳入其中,否则,任何良好的计划都会落空。

(四)以提供优质服务作为所有职能部门和每个员工的核心任务

旅游企业所有职能部门和每个员工都要自觉行动团结起来,为顾客提供优质服务。传统的质量管理部门不应包揽服务组织所有的质量管理工作,因为这样反而会降低员工对质量的责任心,使之轻松地将质量事故的责任推让给质量管理部门。旅游企业组织的质量管理部门,主要应负责设计质量系统体系、保证和监督工作,而大部分的服务质量工作必须由所有的职能部门共同投入,相互协调配合完成,并且企业的每个员工都应将提供优质服务看成是自己的职责,全身心地投入优质服务传递工作中。只有这样,才能保证顾客感知服务质

量的不断提高。在旅游企业里,生产职能、营销职能、人力资源管理职能、财务管理职能等之间应相互联系,不可分割。要从整体上做好质量管理工作,优质服务应成为所有职能部门的核心任务和全体员工的自觉行动。

(五)必须重视提高内部服务质量

旅游企业管理人员不仅要重视外部服务质量管理,而且应高度重视企业内部的服务质量管理。由于顾客感知服务质量取决于一线服务人员与顾客之间面对面的接触,服务人员的服务知识、服务技能、服务意识、服务行为等都会对顾客感知服务质量产生极大的影响,因此,必须非常重视内部服务人员的工作满意情况,企业各级管理人员、后台职能部门工作人员、服务运营系统和流程都必须全力支持一线服务人员的工作。只有提高内部服务质量,才能保证旅游企业的服务人员为顾客提供优质服务,从而确保外部服务质量的美誉。

(六)从生产效率和营销效果两方面全面考虑服务质量管理工作

要在激烈的市场竞争中取得长期优势,旅游企业必须同时提高服务质量和生产效率。一方面,企业需要利用高新科学技术成果提高企业的生产效率,从而实现优质服务质量;另一方面,企业也需要通过各种营销推广手段扩大产品市场占有率,打造企业品牌,树立优质服务形象。另外,旅游企业还应根据市场环境的不确定程度和变化情况,对服务质量管理工作的目标作出调整,例如,在稳定的环境中,企业质量管理工作的主要目的是控制;在多变的环境中,企业质量管理工作的主要目的则是学习。通过对服务质量管理目标的修正与调整,兼顾控制的需要和学习的需要,从而提高整体组合产品的服务质量管理的有效性。

本章小结

本章对服务质量和旅游服务质量进行了介绍。质量的定义五花八门,不同的学者从不同的角度给出了不同的质量定义,但是在人类质量管理发展历程中,出现了两种基本的质量观:以克劳士比为代表的符合性质量观和以朱兰为代表的适用性质量观。尽管不同的人对服务质量的理解和感知不同,但服务质量的特征通常包含功能性、经济性、安全性、时间性、舒适性和文明性。其中最为著名、影响最为深远的是美国三位学者 Parasuraman、Zeithaml 和 Berry 于 1988 年联合开发的 SERVQUAL 量表(差异比较法)。SERVQUAL 将服务质量分为 5 个层面:有形性、可靠性、响应性、保障性、移情性。

旅游服务质量是旅游企业所提供服务的特性和特征的总和。旅游产品的过程性,决定了旅游服务质量是在旅游企业与旅游者之间的行为接触和情感交流中生成的。旅游服务质量包括结果质量和过程质量两个部分。

本章还介绍了旅游服务产品整体质量顾客观,该观点由我国学者汪纯孝首先提出,该概念包括以下4个观点:① 在现实生活中,顾客购买的总是产品和服务的整体组合;② 我们往往是通过比较企业所销售的整体组合产品和服务所占的比重,来判断企业究竟是属于生产性企业还是服务性企业;③ 消费者购买产品和服务的最终目的并不是获得产品或服务本身,而是希望通过购买产品和服务获得它们所能提供的利益或价值;④ 虽然产品和服务存在区别,但在整体组合中,两者却是紧密相连的。

关键概念

质量　服务质量　过程质量　结果质量　产品和服务整体组合

复习思考

□ 复习题

1. 简述符合性质量观和适用性质量观。
2. 服务质量的特征是什么?
3. 如何使用 SERVQUAL 量表对服务质量进行评价?
4. 旅游服务质量中的结果质量和过程质量分别如何解释?
5. 旅游服务产品整体质量顾客观的概念是什么?

□ 思考题

试举例对某一酒店的服务质量中的过程质量和结果质量进行分析。

案例解析

冰激凌的故事

卡门·瑞费拉一家在迪斯尼神奇王国有一次难忘的经历。当他们一家四口来到太空山前时,家里的小女孩格洛丽因为手上拿着冰激凌,无法搭乘这个游乐设施,当时全家很为难,不知如何是好,小格洛丽急出了眼泪,这时现场工作人员墨非先生出现了,他告诉小格洛丽,他愿意在她游玩的时候帮她拿冰激凌。小格洛丽把冰激凌交

给墨非,因而有了一次快乐的太空山游乐之旅。当一家人走出出口时,她的"新朋友"正拿着冰激凌在出口等她。要知道在加州的夏天,冰激凌最多只能放置20分钟左右。其实就在一家人出来的30秒之前,墨非在附近的商店买了一支新的冰激凌送来,当然小格洛丽并不知道。

问题:
根据案例,你是如何理解旅游服务质量的?

分析提示:
(1)旅游服务应该以谁为中心?
(2)什么样的服务才会让顾客满意?

第四章

顾客期望、顾客感知与沟通管理

学习目标

了解顾客期望的含义,理解顾客期望的分类,掌握不同条件下的顾客期望管理手段。了解顾客感知的层次,理解顾客感知服务质量的内涵,掌握影响顾客感知的相关因素及顾客感知管理的主要方面。了解服务接触的含义与三元组合,了解服务交互的特点、影响因素及服务交互管理的主要内容。理解服务中的"关键时刻"与"考验时刻",掌握服务沟通的内容及其管理策略。

第一节 顾客的服务期望管理

案例引导

快捷酒店与高档酒店的顾客服务期望对比

随着酒店行业日渐兴盛,提供可靠的房间住宿以及为顾客提供优质服务已难以形成独特的竞争优势,顾客满意已成为企业竞争的重点。通过对快捷酒店和高档酒店顾客的比较发现,不同类别的顾客对服务的期望和感知存在很大差异。

整体色彩:简约与华贵

对于快捷酒店的顾客而言,他们对酒店色彩的关注度不高,通常干净即可,因此,快捷酒店客房内部整体装饰色彩与外部一致,色彩纯正,无强烈视觉冲击感,搭配力求淡雅简约,符合心理学精神调节原则。快捷酒店装饰整体感强,形成较强归属感,形象装饰利于提升品牌可信度。高档酒店的顾客期望酒店营造出一种庄重华贵的感觉,高档酒店的顾客对整体色彩的期望要高于快捷酒店的顾客,这导致高档酒店在房间装饰上多选用深色调。

家具陈设:节约与高档

一般而言,快捷酒店的顾客期望得到便利的服务,这就要求快捷酒店在设计上应精巧,如选用可折叠衣架,不使用时可以收起以节省空间,选用性价比高的小尺寸彩电,屋内桌柜精致小巧,无衣柜及储物间,利用电视柜或置物架下方空间放置行李,不占用屋内活动空间,使用起来贴心方便。床具宽大舒适,被单选用与屋子整体颜色搭配的浅色系。高档酒店的客户则期望获得高层次的服务,因此高档酒店进门设有衣柜和小吧台,方便旅客更衣置物,卫生间设有浴缸等洗浴设施,一般陈设两个沙发于床侧,力求凸显服务的层次感。

细节设置:周到与惊喜

快捷酒店的顾客对细节的要求并不是很苛刻,通常来说,他们并不期望快捷酒店能够满足他们尽可能多的要求,但是必须满足基本需求。针对这一点,快捷酒店备有洗漱用具、小贴士、茶杯托盘等器具,插销、宽带端口的位置以方便实用为原则,不以美观为首选。另外,快捷酒店还常将标识绘于小器皿之上,突出酒店的品牌。高档酒店的顾客期望能够获得尽可能优质的服务,因此,高档酒店在细节方面需要做得更好,比如需要考虑客人的不同需求,在门口小吧台放置开水壶、饮料以供顾客享用,提供小型电器、地区黄页及服务指南满足旅客需求,床侧一张小桌和两个单人沙发供接待客人使用,尽可能想顾客之所想,满足顾客所需,体现酒店的人文关怀和优质服务理念。

软件配置:需要与必要

顾客对酒店服务的优劣认知波动很大,受到很强的主观态度的影响。比如一个酒店的服务质量与另一个酒店的相差无几,但是顾客对于服务的细节不甚满意,便造成了主观评价的极大差异。对于快捷酒店而言,顾客对一些外加服务的期望不是很高,如前台服务、客房服务等,如果快捷酒店为了节约成本而没有设置,顾客也可以接受,这些对顾客来说是需要的,但不是必须存在。对于高档酒店而言,如果仅有基本的服务,不能达到顾客的期望,还必须在此基础上提升服务质量,才能获得顾客的认可。

(资料来源:马征.快捷酒店赢在哪里?——快捷酒店与中档传统酒店之比较[J].经济与管理,2012.)

随着社会经济的发展,人们的收入、闲暇时间的不断增加以及社会、文化、价值观念的不断变迁,人们对各类旅游服务的期望值也在不断提高,因此,研究顾客期望、调整服务策略,向顾客传递其所期望的旅游服务、提升其服务感知价值和旅游体验,与顾客进行良性的服务沟通,对旅游服务企业来说具有重要意义和挑战。

满足顾客对旅游服务的期望是旅游服务企业生存的基本要求,服务期望也是顾客评估服务绩效或服务质量的标准和参考点,它是顾客感知服务质量的比较基础,对顾客感知价值产生影响。旅游企业员工在向顾客传递高质量服务时,了解顾客的期望是首要的也可能是最关键的一步。

一、顾客期望的含义

尽管大多数人都对服务期望的含义有一个直观的理解,但是作为旅游服务组织必须对服务期望进行全面和清晰的定义,以便更好地理解、评估和管理好服务期望。

服务管理中期望(Expectation)的概念最初是用"预期"(Predictive Expectation)来表示的,是从制造业管理中借用过来的。许多学者以工业产品为对象,对期望与感知问题进行了大量的研究,如卡多佐(Cardozo,1965)、奥尔舍夫斯基和米勒(Olshavsky and Miller,1973)以及安德森(Anderson,1973)等,他们研究的主要是产品(圆珠笔和录音机)期望与产品实际使用效果的比较。此后,丘吉尔和索普里纳特(Churchill and Suprenant,1982)对一种VDP产品(Video Disc Player)进行了研究。研究结果表明,顾客根本不进行所谓期望与绩效的比较,由绩效决定的顾客满意程度达到88%。这些制造业研究的成果对服务业中期望概念的开发和探讨,起到了积极的催化作用。Parasuraman、Zeithamal和Berry(以下简称PZB)(1988)在最初对期望概念做出界定时,认为"期望是顾客的愿望(Desires)或需求(Wants),即他们认为服务提供者应当(Should)而不是将要(Would)提供的服务"。1993年,PZB首次对期望给予了较为明确的界定:顾客在购买产品或服务前所具有的信念或观念(Pretrial Beliefs),以此作为一个标准或参照与实绩效进行比较,从而形成顾客对产品或服务质量的判断。这是一个较为权威,也基本上被学者们接受的期望概念。

二、顾客期望的分类

不同的学者,对期望进行了不同的分类。其中比较经典的是PZB对期望的层次分类和奥加萨罗的动态性分类。这些分类对了解顾客服务期望的特性,进而深化对服务质量的研究,有着重要的意义。

(一)PZB期望分类

PZB的研究认为,顾客的期望不是一个单一的变量,而是一个"区域",这个区域被PZB称为"容忍区域"(Zone of Tolerance)。根据这一观点,他们将顾客服务期望分成两部分——理想服务和适当服务。理想服务和适当服务是从顾客期望的层次进行研究的。

1. 理想服务(Desired Service)

理想服务是顾客服务期望的上限,它是顾客希望得到的理想中的服务水平。即顾客认为服务"最好是"、"希望是"怎样的。如果服务水平处于理想层次,那顾客可能会满意。

影响理想服务的主要因素有以下几个方面:个人需要、持久性的服务强化因素(包括引致期望和个人服务观念)、服务承诺、口碑和顾客过去的服务经历等。

个人需要:个人需要是顾客服务期望形成中那些对顾客生理的或心理的健康十分必要的状态和条件,是形成理想服务水平的关键因素(Zeithaml,2000)。个人需要有多种类型,包括生理的、心理的、社会的和功能性的。例如一个又饿又渴的人,会希望贩卖食品和饮料者出现在面前;一个对社交有较高需要的顾客对饭店的辅助服务可能会有相对较高的服务期望,希望酒店有一个播放充满活力的音乐和有舞蹈表演的酒吧。

持久性的服务强化因素:持久性的服务强化因素是相对独立和相对稳定的因素,该因素决定了顾客对服务的敏感性。持久性的服务强化因素包括两类。一是引致期望,即由于其他顾客的需求或期望间接作用于服务接受者,使其对服务期望的水平产生提高或降低的变化。如一个顾客带着一个非常重要的客户去就餐,他的服务期望的形成就不仅取决于他自己,而且还要受到那位客户期望和价值观的驱动。二是顾客个人服务的认知或理念,即顾客对服务的意义和服务提供者正确行为的根本态度。个人对服务的认知或理念受到顾客本人曾经的服务消费经历和个人在社会中所处的阶层与职业的影响。例如,如果一个顾客曾经做过酒店的大厨,那么,他对于菜品的烹饪技艺水平(服务)就会比其他顾客(没有做过大厨的顾客)有更高的要求(期望),一个经常出入五星级酒店的商务顾客比非商务顾客对商务服务的需求与期望更高。个人服务理念和引致服务期望提高了理想服务的水平。

服务承诺:承诺是企业通过广告、公共关系和人员销售等对顾客做出的明确的或隐性的许诺。如企业通过广告向顾客承诺最低价格、限时服务等。明确的服务承诺是企业可以控制的影响顾客期望的少数几个因素之一,它直接影响理想服务期望和预测服务期望的形成。对顾客做出承诺时,企业应准确地描绘出最终能够实现的服务内容,以免顾客形成过高期望。过高的承诺会使顾客对理想服务水平及预测服务水平都较高。而隐性的服务承诺则是指企业虽然没有明确说明或标示,但顾客可以通过价格、服务等有形要素加以感知,即与服务有关的暗示,它可以使顾客推断出服务会是什么和将是什么。例如,一家价格昂贵的酒店,在顾客看来,意味着与高价相匹配的服务水平,而一家装潢得富丽堂皇的专卖店,顾客有理由相信会在这家商店购买到优质的产品,同时接受优质的服务。

口碑:口碑同样会对顾客期望的形成产生重要的影响。由于服务是无形的,服务质量是一种感知的质量,顾客在接受服务前,其他相关人员的口碑对其期望的形成起到强化或弱化的作用。口碑是企业的不可控因素之一,它完全取决于顾客体验之后的评价与感受。如果口碑过高,而感知服务绩效却很低,这会对顾客感知服务质量起到严重的负面影响,即名不符实。如果口碑很差,则企业服务会在顾客心目中形成较低的服务期望或适当期望。由于口碑不是由旅游服务组织发表的,因此被认为是没有偏见的、透明的,它们会传递服务将会是什么的信息,并影响预期服务和理想服务。

服务经历:是指顾客过去所体验过的消费经历,它也会对顾客理想的服务期望产生影响。顾客过去的服务经历包括顾客以前接受过同类服务的经历和顾客曾接受过本企业服务的经历。因此,顾客的理想服务期望会有两个,如果顾客以前接受过本企业的服务,而同时又没有接受过其他企业的服务,那么,他在本企业所接受的服务经历中,最好的一次将成为理想服务的参照系;反之,如果该顾客接受过其他企业的服务,也接受过本企业的服务,那么,顾客就有可能采取品牌标准乃至最优品牌标准作为对本企业服务期望进行度量的"标杆"。例如,顾客曾经住宿某旅馆并得到了良好的服务体验,那么,当他再次入住时,就会对其产生较高的期望,并且,当他入住其他旅馆时也会受到上述体验的影响。

2.适当服务(Adequate Service)

适当服务是顾客服务期望的最低限,它是顾客认为可接受的最起码应该具有的服务水平,即顾客认为服务"至少必须是"怎样的。它源于米勒(Miller,1977)所提出的"最低可容忍服务"(Minimum Tolerable Service)这一概念。他认为,所谓最低可容忍服务就是服务的最低限度(Better Than Nothing),它所表明的是顾客认为企业的服务必须是什么样的(Must Be)。实际服务水平超过最低可容忍服务,顾客不一定满意,但如果服务水平处于最低可容忍服务之下,顾客一定不满意。

影响适当服务的因素包括临时性强化要素、感知服务选择(替代物)、顾客服务角色自我认知、随机环境因素和服务预期。

临时性强化因素:临时性强化因素是指一些与顾客期望相关的短期的和个人的因素,这些因素会在短期内强化顾客对服务的需求,从而降低或提升适当服务的水平,缩小或放大顾客容忍区域。例如,一个顾客在住店期间心脏病突然发作,那么,他对于酒店医疗急救服务的需求会在瞬间得到放大。同理,游客在旅游过程中若出现交通事故就会对旅游保险和急救服务的需要更加迫切。他们此时的适当服务水平也会提升,服务的容忍区域会缩小。

感知服务选择(替代物):感知服务选择(替代物)是顾客所面临的可供选择的同类服务提供商的数量。如果顾客感知到服务替代物较少时,对服务的绩效就会有较大的宽容度;反之,如果顾客感知服务选择多,那么,他的适当服务水平会上升,宽容度较低。例如,在同一地点,如果有很多家饭店(不同类型、不同等级),那么,即使一个顾客很饿,他也会对服务提供者进行选择,而且会对所接受服务的企业提出较高的服务期望,否则,这个顾客就有可能会转换服务提供者。所以,顾客感知服务选择(替代物)越多,适当服务水准就越高,从而容忍区域也就越小,反之亦然。因此,对旅游服务企业而言,必须全面发现顾客认为可以比较的选择(替代物),而不仅仅只是本企业竞争者提供的服务系列。

顾客服务角色自我认知:服务角色的自我认知是指顾客对所接受的服务施加影响的程度。如果顾客认为自己在服务中的参与度很高,对服务水平高低的影响很大,那么,他们会倾向于提高适当服务水平;反之,当顾客感觉到他们没有履行自己的角色时,则会降低服务水平,其容忍区域会扩大。

随机环境因素:随机环境因素指的是在顾客接受服务前所遭遇的无法由顾客本人和企业控制的因素,如天灾、人祸等。一般来说,随机环境因素会降低顾客适当服务的水平,从而放大顾客服务质量容忍区域。因为,顾客会认为产生服务问题是由服务企业不可控的随机环境因素所致,会容易接受既定环境下的较低的服务水平。

服务预期:服务预期是顾客对即将接受的服务的一种理性的预期,它是顾客对一次单独服务交易中将要接受的服务的估计和考虑,而不是对旅游服务组织总体服务水平的估计。

例如,在饭店服务低峰期(非就餐时间),顾客有理由相信当他们就餐时,他们等待的时间应当比高峰期要短,服务态度也应当比高峰期要好。这种预期会提高适当服务水平,缩小质量的容忍区域。

3.容忍区域(Zone of Tolerance)

由于服务具有异质性,不同的旅游服务组织,或是同一旅游服务组织的不同服务人员,甚至是相同的服务人员,在不同的服务环境和服务心理下,服务绩效会有所不同,因此,服务水平具有一定的波动性与差异性。顾客承认并愿意接受该差异的范围叫做容忍区域,它是指一种对服务的接受跨度,介于理想服务和适当服务之间。在容忍区域内,顾客一般不会注意服务绩效。超过理想服务,顾客会非常高兴;低于适当服务,顾客会非常不满意或气愤,它反映了顾客对服务质量波动的可容忍范围。服务期望的层次如图4-1所示。

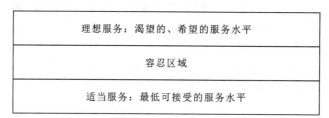

图4-1 服务期望的层次

(资料来源:温碧燕.服务质量管理[M].广州:暨南大学出版社,2010.)

容忍区域是顾客对服务期望的介于理想服务水平和适当服务水平之间的区域。对于一位顾客来说,容忍区域既可以扩大也可以缩小。由于服务的竞争,顾客的最低容忍水平在逐步提高。影响容忍区域的因素有以下几种。

(1)不同的顾客有不同的容忍区域。

由于顾客个人的需要以及自己感觉到的服务角色不同,一些顾客的容忍区域较窄,使得服务商提供的服务范围也较窄。例如,繁忙的顾客有可能时间紧迫,因此一般不愿意排队等待。此时,他对服务的效率非常敏感,容忍区间窄。而对于不赶时间的顾客而言,显然其对服务效率的容忍区间要大得多。

(2)不同重要程度的服务维度导致不同的容忍区域。

服务因素越重要,容忍区域就越窄。与不甚重要的因素相比,顾客有可能更不放松对重要因素的期望,使最重要的服务维度的容忍区域缩小,理想服务和适当服务的水平提高。

(3)初次服务与服务补救使容忍区域不同。

初次接受服务的容忍区域宽,补救时容忍区域窄。

(4)明确的服务承诺导致容忍区域不同。

明确的服务承诺可以降低顾客的风险,但同时使服务的容忍区域变窄。

容忍区域反映了顾客对服务质量波动的可容忍范围。在服务消费过程中,顾客将对服务的期望和实绩进行比较,可能产生以下三种满意水平。一是满足,如果顾客感知的服务实绩处于容忍区域内,顾客会接受这一服务结果,认为服务质量是合格的。此时,顾客的心理状态是满足。二是失望或愤怒,如果顾客感知的服务实绩低于适当服务期望水平,即处于容忍区域,此时顾客会从无意识状态中清醒过来,并感到不满、失望或愤怒。三是惊喜,如果顾客感知的服务实绩超越了理想服务期望的水平,顾客也会对服务质量从不敏感变为敏感,为此感到惊喜,并对企业的服务质量产生较高的评价。图 4-2 所示为顾客感知服务后的三种质量水平。

图 4-2　顾客感知服务后的三种质量水平

(资料来源:温碧燕.服务质量管理[M].广州:暨南大学出版社,2010.)

单个顾客容忍区域的变化更多是因为适当服务水平的改变,这种变化由于环境的影响而上下波动,而理想服务水平受积累经验的影响逐渐向上移动。与适当服务相比,理想服务相对而言比较个人化和稳定,它上下移动并对竞争和其他因素做出回应。容忍区域的波动大部分来自适当服务水平的变动,而不是理想服务水平的变动。综合以上所述内容,构成了顾客期望的完整模型和影响因素,如图 4-3 所示。

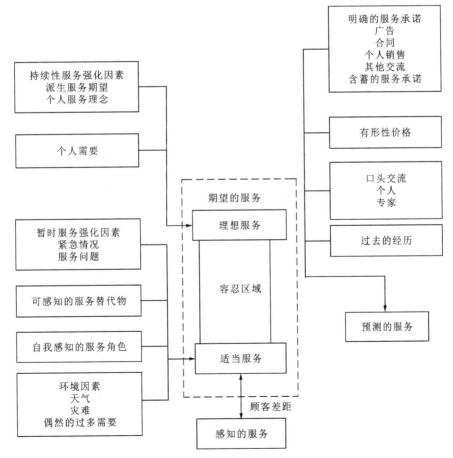

图 4-3　顾客期望模型

(资料来源:王丽华.服务管理[M].3 版.北京:中国旅游出版社,2016.)

(二)奥加萨罗分类

奥加萨罗(Ojasalo,1999)虽然只针对专业服务对服务期望进行了研究,但他所揭示的顾客期望的动态性,对各类服务企业发展与顾客的良好关系都具有指导意义。按照奥加萨罗的观点,顾客期望可以分为模糊期望(Fuzzy Expectation)、显性期望(Explicit Expectation)、隐性期望(Implicit Expectation)。这三类期望各自的特性如下。

1. 模糊期望

模糊期望是指顾客期望服务提供者为其解决某类问题,但并不清楚怎样解决。在有些情况下,顾客意识到他们有必要接受某种服务以改变他们的现状,但又无法表达。他们不知道应当做什么、怎样去做才能达到这个目的。因此,对于服务提供者来说,了解顾客的模糊期望是非常必要的,因为尽管顾客无法表达他们的模糊期望或者无法准确地说出这些期望是什么,但这些期望仍然对顾客的质量感知产生影响,决定他们对服务质量是否感到满意。模糊期望实际上是一种真实的期望,因为顾客确实期望得到某种改变,只不过没有很准确地表达而已。如果服务提供者不去发掘并满足顾客的模糊期望,那么,顾客会感到失望,他们会意识到他们所接受的服务是不完美的,虽然不知道他们不满意的原因,但这些模糊期望会继续存在下去。

2. 显性期望

显性期望是指在服务过程开始之前就已经清晰地存在于顾客心目中的期望,它们又可以分为现实期望和不现实期望两类。通常,顾客会主动和有意识地向企业和服务人员表达他们想要得到什么、想要得到怎么样的服务。顾客之所以主动和有意识地表达出其服务期望,是因为他们假定这些期望应该而且能够实现。但是在顾客的显性期望中有一些是非现实期望。例如,一个客户会认为他的财务顾问总是能够有效地管理他的资金,这笔资金会不断地增值;又或者他认为他所购买的股票会因为股份公司的有效管理而达到不断增值的目的等等,如果他抱有这种想法,那么,有一天他肯定会失望,因为任何管理都不是完美的,都是存在风险的。因此,对于服务提供者来说,帮助顾客将非现实期望转化成现实期望,是一件非常重要的工作。如果能够做到这一点,顾客所接受的服务就会远远地超过他的期望。在关系建立的初期,当然也包括关系发展的整个阶段,服务提供者对他们所做出的承诺应当非常小心。承诺越含糊,顾客产生非现实期望的可能性就越大。这种模糊的承诺是非常危险的,因为顾客有可能被误导,认为服务提供者有能力实现那些实际上根本无法实现的诺言。在沟通过程中,模糊和故意含混的信息是导致无法实现承诺的原因,也是顾客产生非现实期望的重要原因。

3. 隐性期望

隐性期望是指有些服务要素对于顾客来说是理所当然的事情,顾客认为没有必要考虑这些问题,而只是将其视为一种约定俗成的东西。顾客在购买服务的过程中,有时往往会想当然地认为服务提供者会实现其隐性期望,他们认为这些期望是非常明确的,没有必要加以表达。由于这个原因,服务提供者可能会忽视这些期望,在提供服务的过程中不满足这些期望。如果这些期望被满足了,顾客不会刻意地去琢磨这些问题,也不会不满意服务。但如果这些期望没有被满足或者顾客处于不满足的状态时,这些期望就会影响顾客的服务质量感知。服务提供者必须注意那些隐性期望有没有被满足,以采取措施,满足顾客所有的预期服务,而不仅仅是显性的预期服务。

4.三类期望的相互转化

奥加萨罗认为,顾客对某一企业的服务期望并不是固定不变的,在企业与顾客关系的动态发展过程中,顾客的三类期望会发生相互转化。他提出了期望的两种动态过程:有意识的动态过程和无意识的动态过程。

有意识的动态过程是指服务性企业主动对顾客的期望进行管理,促使顾客的期望类型发生转变的过程。无意识的动态过程则是指服务性企业无法施加影响的期望发展过程。这个过程是顾客自我学习的过程。显性期望到隐性期望的转化过程往往就是无意识的动态过程。如果顾客已经习惯了某一特定水平的服务,那么,顾客下次再接受同样的服务时,他们可能并不会向服务提供者表达他们的服务期望,而将其视为理所当然的、不言而喻的事情。这样,顾客的显性期望就转变成了隐性期望。例如,一位旅客向酒店要求入住的房间内不可摆放任何植物,酒店服务人员记住了旅客的要求并满足其要求,几次以后,这位旅客在预订房间或办理入住手续时就不会再专门提出这个要求,他会想当然地认为酒店会主动满足他的要求。如果顾客接受的服务和以前一样,没有什么变化,也没有出现服务失误,顾客对此可能连想都不想。如果酒店某次没有提供这些服务,或新员工以与老员工不同的工作方式来为顾客提供服务,顾客可能会产生不满意的心理,那顾客又会提出这一要求,此时,隐性期望就又转化成显性期望了。图4-4表明了奥加萨罗的顾客期望分类及其动态转化的基本模型。

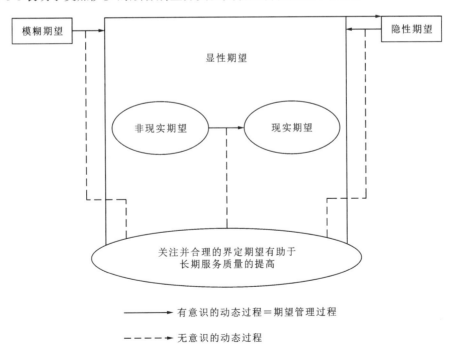

图4-4 奥加萨罗顾客期望分类及其动态转化基本模型

(资料来源:王海燕,张斯琪,仲琴.服务质量管理[M].北京:电子工业出版社,2014.)

三、管理顾客期望

根据格鲁努斯的总体感知服务质量模型,顾客感知的服务质量是服务实绩与服务期望相比较的结果,可见服务期望是影响服务质量的重要因素。企业要提高顾客感知的服务质量,就必须了解顾客的期望,并采取有效措施对期望施加影响。尽管服务期望是顾客对服务的主观信念,由顾客自身决定,但并不等于说企业对管理和改变顾客期望无能为力。

（一）根据不同顾客的不同容忍区域管理顾客期望

PZB提出了容忍区域的概念,认为每个顾客对服务都有一个容忍的范围,在此范围内,顾客会承认并接受服务绩效的差异。容忍区域概念告诉我们,只要企业的服务水平在容忍区域内,不低于顾客认为适当的服务水平（适当期望）,顾客也不会不满意。但企业管理人员必须认识到,不同的顾客其容忍区域有所不同。例如,网络公司技术人员上门安装网络线路时,顾客必须留在家里,有的顾客由于工作繁忙而不希望长时间等待维修人员上门,而时间充裕的顾客（如家庭主妇）则不在乎要等多久。因此,后一种顾客的容忍区域比前一种顾客的容忍区域要宽。此外,通常情况下,接受补救性服务的顾客的容忍区域要比接受初次服务的顾客的容忍区域窄。企业应对顾客的容忍区域进行调查分析,以了解不同类型顾客容忍区域的大小,确保企业的服务实绩在容忍区域之内,满足不同顾客的不同容忍区域。

（二）根据不同服务质量维度的不同期望特性管理顾客期望

国外学者的研究表明,对服务质量的不同维度,顾客的期望特性并不相同。在PZB提出的5个服务质量维度,响应性维度是一个"向量"特性的质量维度。对于向量特性的质量维度,顾客感知的服务质量水平（SQ）会随着服务绩效水平（P）的提高而不断提高;同样,当服务绩效下降时,顾客感知服务质量水平也会随之下降。因此,对这类质量维度,企业的可取做法是寻求一种适当的服务水平,努力把期望控制在适当期望水平以上、可容忍的质量范围之内,而不是千方百计地去超越顾客的期望。因为顾客的期望是无限的,在很多情况下,企业根本无法逾越。如对办理银行存取款业务、餐厅等待就餐和机场等待登机的顾客而言,顾客通常期望等待服务的时间越短越好,而实际上提供服务是需要一定的时间的,企业根本无法超越顾客无需等待的服务需求期望。

对于顾客对移情性质量维度（指在服务消费过程中,服务人员对顾客给予的关心和特别关照）的预期,顾客对这种关心或特别关照的期望是有限度的,如果过度,不但不会获得顾客的好感,甚至还很可能会引起顾客的反感。因此,对这类维度,企业应当把服务绩效努力控制在理想点水平,而不是越多越好。

对于保健性质量维度而言,这些服务质量维度对于特定的服务来说是必需的,但对这些维度的改进却无助于顾客感知服务质量的提高,例如,对航空公司来说,可靠性意味着要保证将乘客准时送达目的地。如果飞机晚点,将会对乘客产生严重的负面影响,但如果提前到达,对乘客感知的服务质量的影响则非常有限。因此,对于保健性维度,如果企业的服务绩效水平超过顾客期望,不会对顾客感知服务质量水平的提升有多大的影响,但如果低于顾客期望,则会对顾客感知的质量产生严重的负面影响。

对于促进性质量维度而言,当企业的服务绩效水平超过顾客的期望时,提高服务绩效水平会带来顾客感知服务质量的大幅度上升,相反,当企业的服务绩效水平下降时,顾客感知的服务期望也会下降,但下降的幅度不大。对于促进性维度,如果企业的服务绩效水平高于顾客期望,服务水平的提高会大大提高顾客感知服务质量。但当企业在这些方面的服务绩效水平下降时,尽管顾客感知的服务水平也会下降,但两者之间是一种弱的正相关关系。因此,旅游企业应认真分析顾客对本企业质量维度中各类维度的期望与绩效之间的关系,区分保健性维度和促进性维度并分别进行管理。

(三)根据服务期望的动态变化规律管理顾客期望

奥加萨罗的研究表明,顾客的期望分为模糊期望、显性期望和隐性期望三类。在企业与顾客关系的动态发展过程中,顾客的三类期望会发生相互转化。企业对顾客的期望进行管理,可促进三类期望之间的相互转化(有意识的动态过程)。根据奥加萨罗的顾客期望动态模型,企业应从以下三个方面管理顾客期望。

1.将顾客的模糊期望显性化并加以满足

服务提供者应当认识到模糊期望的存在并努力使这些模糊期望显性化。服务提供者只有在确信顾客所有的模糊期望都已经显性化且都得到了满足时,才有理由相信自己为顾客提供了优质的服务,顾客才能满意。否则,顾客就可能不满意。在专业服务领域,人们早就意识到了这种模糊期望的存在。在旅游服务组织中同样也会存在这样的问题,如游客想购买旅游景区纪念品,但他没有必要非常清楚如何才能提供完美的产品。景区为顾客提供了各种丰富的旅游纪念品,但顾客也许感觉这些产品并不是他们想要的,尽管从景区的角度来看,他们提供的产品已经非常完美了。同样,到旅游饭店吃饭的顾客知道自己想要度过一个美好的夜晚,但不知道究竟怎样才能达到这种完美的状态。如果在这个晚上,他所接受的服务没有达到他来之前的预期,那么,顾客会非常失望地离开这家饭店。在上面的例子中,模糊期望都是存在的。如果服务提供者能够将顾客的这些模糊期望显性化并加以满足,那么,就可以使顾客更加满意。

2.帮助顾客将不现实期望转变为现实期望

顾客的显性期望中有一些期望是现实的、企业可以实现的,但有一些期望却是不现实的,是企业不能也不可能实现的。对于服务性企业来说,帮助顾客将非现实期望转化为现实期望是一项非常重要的工作。企业应加强与顾客的沟通,发现顾客对企业的不现实期望,通过宣传引导或顾客培训等方式,使顾客意识到自己的期望是不现实的。例如,银行在电视和宣传材料中告诫广大投资者,股票投资是有风险的,不要期望买股票只赚不赔而盲目投资。

3.关注顾客期望的"无意识动态过程",持续满足顾客的隐性期望

如果顾客已经习惯了某一特定水平的服务,那么,顾客下次再接受同样的服务时,他们可能并不会向服务提供者表达他们的服务期望,而将其视为理所当然的事情。这样,顾客的显性期望就转变成了隐性期望。但是,如果在以后的服务消费过程中,企业未能满足顾客的这些隐性期望,那么顾客的隐性期望又会重新转变为显性期望,这时顾客会对企业服务质量产生不良印象。因此,企业应关注顾客期望的"无意识动态过程",持续满足顾客的隐性期

望。企业应建立顾客档案,详细记录每位顾客的每次消费经历和特殊殊要求,以便准确识别顾客的隐性期望,保证服务质量水平的稳定性和一致性。

(四)根据影响顾客期望的可控因素和不可控因素管理顾客期望

在影响顾客期望的众多因素中,有些是企业可以直接控制的,有些则是企业不可控制或是不可直接控制的。前者如企业对服务的承诺,不管是明确的还是隐性的,企业都可以在经营过程中加以控制。后者如顾客的个人需要、过去的服务经历、持续性和临时性服务强化因素、可感知的服务替代物、自我感知的服务角色、环境因素等。在服务期望管理过程中,企业可以直接控制的因素很少,但这并不等于说企业无法对这些因素施加影响。表4-1列出了对影响期望的各因素的管理策略。

表4-1 影响顾客期望的管理策略

因素分类	影响因素	管理策略
可控因素	明确的服务承诺	做出现实而准确的承诺 了解顾客对广告、人员销售中承诺的反馈 避免加入竞争对手的价格或广告战 通过保证使服务承诺正式化
	隐性的服务承诺	确保服务有形环境能正确传递有关服务信息 对支付高价格的顾客提供高水准的服务
不可控因素	个人需要	告诉特定顾客自己的服务可满足其需要
	持续性服务强化因素	研究确定衍生服务期望的来源 通过调研了解顾客个人服务理念,并依此设计和传递服务
	暂时性服务强化因素	在需求高峰期或紧急情况下增加服务提供者
	可感知的服务替代物	充分了解竞争者,在可能与适当之处与其竞争
	自我感知的服务角色	培训顾客理解和遵循其角色的行为方式
	口碑	设计模拟口头交流的推荐式广告 确定意见领袖,将营销努力集中在其身上 激励现有顾客,使其表达对服务的积极理念
	顾客过去的服务经历	通过市场研究描述顾客以往类似的体验
	环境因素	通过服务承诺向顾客保证,不管环境如何,都能得到补偿
	预计服务	告诉顾客何种情况下企业的服务水平会比较高或比较低,避免顾客过高地预期未来的服务

(资料来源:温碧燕.服务质量管理[M].广州:暨南大学出版社,2010.)

在表4-1列出的针对各因素的管理策略中,通过管理服务承诺对顾客期望进行管理,可能是最直接的一类策略。格鲁努斯认为,管理者应当适当承诺,将顾客的期望控制在一个相对较低的永平。正如总体感知服务质量模型所示,顾客期望对顾客感知服务质量水平具有决定性的影响作用。如果服务提供者过度承诺,那么,顾客期望服务水平就会被抬得过高,感知的服务质量就会相对低下。尽管从客观的角度来看,顾客实际接受的服务质量可能很高,但由于他们期望的服务质量更高,两者会形成偏差,由此降低了感知服务质量水平。过度的承诺、过早的承诺,会毁掉企业质量改进的空间。因此,在进行外部市场沟通时,营销人员必须十分注意,避免做出不切实际的承诺。从营销实践来看,将顾客期望控制在一个相对较低的水平,企业营销活动的余地就会大一些,从而有利于提高顾客感知服务质量水平。顾客对符合他们期望水平的服务质量一般是不会表示异议的。同时,为控制顾客期望,企业可以根据具体情况提供超越顾客期望的服务,使顾客产生愉悦感,这对于提高顾客忠诚度可以起到事半功倍的作用。总之,从营销的角度来说,适当地控制所作的承诺,企业就可以轻而易举地实现承诺并超越顾客期望,是一种非常好的策略。

第二节　顾客的服务感知管理

案例引导

泰国的东方饭店几乎天天客满,不提前预订很难有机会入住,而且客人大都来自西方发达国家。泰国的经济在亚洲算不上特别发达,但为什么会有如此富有吸引力的饭店呢？答案的秘密就藏在饭店对顾客的体贴入微的服务之中。

一位姓于的顾客因公务经常出差泰国,并下榻东方饭店,第一次入住时良好的饭店环境和服务就给他留下了深刻的印象,当他第二次入住时几个细节更使他对饭店的好感迅速升级。一天早上,在他走出房门准备去餐厅的时候,楼层服务生恭敬地问道:"于先生是要用早餐吗？"于先生很奇怪,反问"你怎么知道我姓于？"服务生说:"我们饭店规定,晚上要背熟所有客人的姓名。"这令于先生大吃一惊,因为他频繁往返于世界各地,入住过无数高级酒店,但这种情况还是第一次碰到。

于先生高兴地乘电梯下到餐厅所在的楼层,刚刚走出电梯门,餐厅的服务生就说:"于先生,里面请。"于先生更加疑惑,因为服务生并没有看到他的房卡,就问:"你知道我姓于？"服务生答:"上面的电话刚刚下来,说您已经下楼了。"如此高的效率让于先生再次大吃一惊。于先生刚走进餐厅,服务小姐微笑着问:"于先生还要老位子吗？"于先生的惊讶再次升级,心想:"尽管我不是第一次在这里吃饭,但最近的一次也有一年多了,难道这里的服务小姐记忆力那么好？"看到于先生惊讶的目光,服务小姐主动解释说:"我刚刚查过电脑记录,您在去年的6月8日在靠近第二个窗口的位子上用过早餐。"于先生听后兴奋地说:"老位子！老位子！"小姐接着问:"老菜单？一个三明治,一杯咖啡,一个鸡蛋？"现在于先生已经不再惊讶了,"老

菜单,就要老菜单!"于先生已经兴奋到了极点。上菜时餐厅赠送了于先生一碟小菜,由于这种小菜于先生是第一次看到,就问:"这是什么?"服务生后退两步说:"这是我们特有的某某小菜。"服务生为什么要先后退两步呢,他是怕自己说话时口水不小心落在客人的食物上,这种细致的服务不要说在一般的饭店,就是美国最好的饭店里于先生都没有见过。这一次早餐给他留下了终生难忘的印象。

后来,由于业务调整的原因,于先生有三年的时间没有再到泰国去,在于先生生日的时候突然收到了一封来自东方饭店发来的生日贺卡,里面还附了一封短信,内容是:亲爱的于先生,您已经有三年没有来过我们这里了,我们全体人员都非常想念您,希望能再次见到您。今天是您的生日,祝您生日愉快。于先生当时激动得热泪盈眶,发誓如果再去泰国,绝对不会到任何其他的饭店,一定要住在东方,而且要说服所有的朋友也像他一样选择。于先生看了一下信封,上面贴着一枚六元的邮票。六块钱就这样买到了一颗顾客的心。迄今为止,世界各国约20万人曾经入住过那里,用他们的话说,只要每年有十分之一的老顾客光顾,饭店就会永远客满。这就是东方饭店成功的秘诀,他们用体贴入微的服务提高了顾客对饭店服务质量的感知,从而使饭店永立世界一流饭店的潮头,享誉世界。

(资料来源:根据百度文库资料整理。)

服务业竞争的焦点是服务质量和感知价值的竞争。顾客是如何感知服务的,如何评定自己是否享受了优质的服务以及是否满意?影响顾客感知的因素又有哪些?如何管理并提升顾客感知价值?弄清楚这些问题对服务行业来说,具有重要意义。

一、顾客感知的含义与层次

顾客感知,即顾客在接受某项产品或服务时的心理感受,也就是顾客对自己所接受的产品或服务是否满意的一种认知与感觉。顾客根据服务的质量及其体验到的总体满意程度感知服务。顾客对服务的感知包括4个层次:对单次服务接触的感知;对多次服务经历的感知;对某一家旅游服务组织的感知和对某业务行业的感知。不同层次的服务感知之间是相互影响的。比如,顾客某次去肯德基餐厅用餐时,对该次服务接触质量的感知,会影响其对该店整体服务质量的感知;顾客对肯德基服务质量的感知,会引起他对整个西式快餐业的感知。

二、顾客感知服务质量

由于服务的生产和消费的同时性特点,因此,服务质量是在服务生产和服务消费的互动过程中形成的。因此,服务或多或少是一个主观体验的过程。如果顾客实际体验到的服务绩效高于服务期望,感知质量就好,反之亦然。顾客体验到的服务质量由技术质量和功能质量两个部分组成。

技术质量涉及服务的结果,它表明顾客在与旅游服务组织的互动过程中得到了什么。比如,在饭店就餐的顾客得到了他想要的饭菜,银行客户得到了一笔贷款等,所有这些都是服务的结果。顾客对服务结果质量的衡量通常是比较客观的。

功能质量涉及服务的过程即服务传递给顾客的方式以及顾客对服务过程的体验。服务的功能质量与"顾客——旅游服务组织"互动的关键时刻紧密相关,并影响顾客对服务质量的感知。功能质量反映的是"如何"得到服务。功能质量一般难以用客观标准来衡量,顾客通常会采用主观方式来感知功能质量。

另外,企业形象也会影响顾客感知服务质量的形成。在服务业中,旅游服务组织无法躲到品牌或分销商背后,由于顾客参与服务生产过程并与旅游服务组织产生互动关系,在多数情况下,顾客都能看到旅游服务组织、服务资源以及服务运营方式。企业形象(并非品牌形象)非常重要,我们可以将企业形象视为顾客对服务质量感知的过滤器。如果在顾客心目中企业形象糟糕,服务的失误对顾客感知服务质量的影响就会很大。如果企业形象良好,那么即使服务当中出现了一些小的失误,顾客也会予以原谅,但若失误频频发生,那么旅游服务组织的良好形象就会受到损害。

三、影响顾客感知的因素

顾客服务感知就是顾客将所接受的服务同优质服务的一种对比。这种感知不是在服务结束后的最后一瞬间产生的,它不仅发生在服务提供阶段,也发生在顾客接受完服务后的阶段。顾客对服务的感知是通过自己的全部经验获得的,其中包括企业无法影响的因素、企业可以影响的因素和企业必须管理的因素。认清这些方面有利于企业对顾客期望和感知的管理,是服务质量管理的前提。

(一)企业无法影响的因素

1.经历前的事件

经历前的事件包括顾客对服务的期望、感知和理解。这些受顾客的个人经历和需要等因素的影响。一个有服务管理或相关经验的人,对服务的期望会更高。

2.顾客情感

积极或消极的情感或心情,会直接影响顾客对服务过程的体验和感知,并对服务的满意感造成正面或负面的影响。如在旅游中顾客由于心情不好,就会对美景视而不见,并容易对服务质量的任何小小问题都反应过度或感到失望。

3.顾客对服务的重视程度

对服务重视程度高的顾客会对服务的预期相应较高,对服务的容忍区间相对较窄。一个重视服务的人,对服务人员的每个服务细节都会给予关注,有时会明确提出自己的意见。

4.同伴的影响

对平等或公正的感知。顾客满意感还受到对平等或公正的感知的影响。例如,顾客会

自问:与其他顾客相比,我是不是被平等对待了?我为此项服务花费的金钱合理吗?等等。公正感是顾客满意的核心成分,不公正的待遇是顾客投诉和顾客流失的重要原因。

5.经历后的事件

顾客对服务的评价对服务企业的市场形象有很大的影响,而这种评价可能会受到其他顾客和其他相关组织服务的影响。比如,游客常常会把经历过的不同的旅行社服务进行比较。

6.环境因素

环境因素指顾客认为在服务消费过程中不由服务提供商控制的外部条件。如果一位旅客在搭乘飞机时遇到了暴风雪天气,此时,旅客通常能够理解航班的延误和长时间的等待,对航空公司的不满意程度会大大减轻。

(二)企业可以影响的因素

1.顾客的需求水平

顾客的需求水平,直接影响到顾客对服务的满意度评价。对服务需求低的顾客往往会获得较高的服务满意度。

2.对服务属性的评价

顾客对服务属性的评价会直接影响其对服务的满意感。如一家度假旅馆的重要服务属性包括餐厅环境、房间的舒适度、服务人员的礼貌、价格等。顾客对上述服务属性的评价会影响到顾客对该度假旅馆的满意感。

3.对原因的评价

加强与顾客的市场沟通,找出服务成功或失败的原因。当顾客被服务结果(服务比预期的要好太多或差太多)震惊时,他们总是试图寻找原因,对原因的界定能够影响其满意感。例如,参加健美班的顾客在寻找健美效果不好的原因时,究竟是健美计划不合理还是自己没有严格地执行计划?对原因的评定会影响顾客的满意程度。

4.顾客感知到的风险

顾客对服务的预期风险对顾客满意度有很大影响,连锁经营的品牌往往有助于消除顾客的这种潜在风险。

(三)企业必须管理的因素

1.供给要素

服务的技术质量和功能质量、服务的环境、服务人员的技能和态度等,这些都会直接影响顾客的满意度。

2.服务提供过程

服务过程越复杂,公司同顾客的接触越多,出错的可能性就会越大。酒店和航空公司是高接触频率的服务行业,发生服务失误和顾客不满意的概率也就更大。企业对顾客所做的培训和引导,有助于顾客更好地认知企业服务,形成更好的服务接触,提高顾客的满意度。例如,旅行社出团前对游客所做的关于目的地的风俗习惯和游客须知等方面的介绍,会帮助游客更好地完成行程。

3.成本与价格

服务定价的高低,会通过顾客的期望对顾客满意感产生影响。服务定价的提高,会引起服务期望的提高,特别是服务容忍区域的变窄,从而对服务质量更加挑剔,使顾客满意的难度提高。

4.形象价值

尽管不同行业的顾客满意存在诸多差异,但是也存在这样一个事实:某一行业的顾客期望值受到其他行业所设定的服务标准的影响,顾客会根据其他类似服务行业的标准来评估某一家旅游服务组织所提供的服务质量。例如,同在表现卓著的联邦快递公司做业务的人,会把他们从联邦快递获得的服务体验作为参照标准,并用它来衡量快递业务或其他旅游服务组织的服务表现。

四、顾客感知管理

旅游服务组织可以针对服务的内容以及影响客感知的因素,设计增强顾客感知的战略,来管理顾客感知。主要包括市场研究、服务接触管理、服务证据管理、企业形象和价格管理等。

(一)市场研究

旅游服务组织应该通过市场研究,持续评估和监测顾客满意感和服务质量,寻找顾客感知的具体影响因素,并将其作为员工培训、制度建设、组织结构、财务管理等其他战略的依据。

(二)服务接触管理

服务接触的每一个接触点或环节对顾客感知都是关键的,尤其在旅游服务这样接触点很多的服务行业,只要有一个接触点产生负效应,就可能破坏顾客对服务的整体感知,甚至造成顾客流失。因此,旅游服务组织必须管理好服务接触的每一个环节,追求"零失误"或100%顾客满意。为了达到这个目的,首先,应清晰地确定和记录旅游服务组织和顾客在服务过程中的所有接触点。其次,要了解顾客对每一个接触点的服务期望。再次,要根据顾客期望,设计相应的服务接触技巧。最后,要根据服务质量维度(可靠性、响应性、保证性、移情性和有形性),对每一个接触点的接触技巧进行管理。对客满意或不满意影响极大的服务接触技巧有以下几种。

1.补救技巧

补救技巧指员工对服务传递系统的服务失误,以何种方式反映。服务补救的要素包括诚恳地道歉和迅速对客做出相应的补偿等(服务补救将在后面的内容中讨论)。

2. 适应技巧

适应技巧指员工在与顾客接触中,对于顾客个性化、差别化的需要,是否重视和如何适应。

3. 自发性

自发性指服务人员积极地、创造性地、自发地提供某些"额外服务"。顾客存在对这类服务的潜在需要,却并未意识到或不好意思提出。这种自发行为让顾客感到服务者对自己的尊重和关怀,产生惊喜和愉悦的感觉。

4. 接触问题顾客

问题顾客指不愿与旅游服务组织合作、不愿使其行为与其他顾客和公共规范保持一致的顾客。服务人员一要提高警惕,意识到顾客不是个个都愿意合作的;二要加强培训,事先掌握遇到问题顾客时的应对原则和方法;三要尽量冷静,不要被问题顾客的情绪所影响;四要通过赞许那些合作良好的顾客行为,来抑制潜在问题顾客的行为。

(三)服务证据管理

旅游服务组织可以利用服务的证据(参与者、有形展示和服务过程)来影响顾客感知。服务场所选址,室内的空气、温度、灯光、音乐、指示牌,服务人员仪态及顾客举止言谈等,是影响顾客服务感知的证据。服务证据管理要与服务接触点的管理整合起来。

(四)企业形象和价格管理

旅游服务组织的形象影响顾客的服务感知。形象指旅游服务组织的理念和行为在顾客心目中留下的印象或记忆。旅游服务组织为树立形象,可以进行广告、人员推销、公关活动和宣传报道,但是要追求真实,避免做出过度的承诺。此外,旅游服务组织的形象更多是通过顾客对服务消费过程中每个关键时刻的体验点点滴滴积累起来的。因此,旅游服务组织要加强对服务环境、服务接触细节、服务人员技能和态度、服务流程这些服务体验要素的管理。服务的价格也影响顾客感知,并且向顾客暗示着服务的质量。

第三节　顾客服务接触与沟通管理

案例引导

服务接触点是赢取客户的关键——简·卡尔松与北欧航空公司

在北欧航空公司陷入可怕的困境时,公司的前任总裁简·卡尔松就是使用"关键时刻"这一短语来鼓舞员工士气,从而使公司起死回生。卡尔松使公司员工们相信,他们与顾客之间的每一次接触都构成了一次"关键时刻",并且这些"关键时刻"还具有瀑布效应。卡尔松指出,就在这些短短的接触过程中,乘客就可以对北欧航空公司所提供的服务的总体质量做出判断。卡尔松(1987)告诉他的员工说,"我们的业务并不是一架飞机,而是满足大众的旅行需求"。卡尔松估算:一年我们为1000万名顾客提供了服务。每位顾客大约需要和我们的5名员工接触,每次与每名员工的接触时间平均为15秒。这样一年中有5000万次、每次15秒,顾客的脑子中会"创造"出SAS。这5000万次"关键时刻""真实的一刻"最终决定了我们公司的成败。这些重要的服务接触数目非常庞大,因此其中任何一个服务接触的失误都有可能给整个公司造成不可估量的损失。我们必须在这些时刻向顾客证明,SAS是他们最好的选择。这样,卡尔松在不到两年的时间里成功地将濒临破产的航空公司扭亏为盈。他的故事成为转变服务与管理的经典案例。

美国饭店伙伴管理公司根据卡尔森的观点,研究并确定了顾客逗留饭店期间通常会有39个"关键时刻",他们把这39个关键点的每个接触看作一次服务机会,饭店员工可以利用这些机会,为客人创造一个良好的服务体验,使客人有宾至如归的感觉。这39个"关键时刻"指:饭店总机接到电话、客房预订部接到电话、销售部接到电话、提供信息或为客人订房间、客人到达饭店门前、客人走在大厅里、行李员向客人问好、销售经理向客人问好、客人登记入住、陪同客人去房间、客人进入房间、行李员巡视房间、客人打开电视、客人要求叫醒服务、客人要求送餐服务、送餐到房间、客人需要熨斗和熨烫衣服、客人阅读服务手册、客人给家人打电话、客人去酒吧、客人点饮料、客人付款、客人就寝、客人接到叫早服务、客人洗澡、客人给前台打电话询问信息、客人去吃早餐、领座员向客人问好、餐厅招待向客人问好、客人点餐、给客人上餐、客人用餐、客人付账、客人向前台询问信息、客人回到房间、客人打电话请求帮助拿行李、行李员帮助客人提行李、客人退房、客人索要账单收据。这些"接触点"成为顾客感知服务质量和价值的"关键时刻",也成为顾客评判服务质量好坏的"关键环节",当员工与顾客之间的"接触点"是良性互动的时候,员工就如同一张活名片,为饭店树立起了良好的形象和口碑,顾客认同了与员工的接触,也就认同了饭店行为,从而最终使饭店在顾客心中留下了良好的印象和形象。

(资料来源:王丽华.服务管理[M].3版.北京:中国旅游出版社,2016,薛秀芬,刘艳,郑向敏.饭店服务质量管理[M].上海:上海交通大学出版社,2012.)

一、服务接触

(一)服务接触的含义

苏普勒南特和所罗门(1987)将服务接触定义为"顾客与服务提供商之间的双向交流"。舒斯塔克(1985)则将服务接触定义为"顾客与服务企业直接互动的一段时间",它涵盖了顾客与服务企业所有方面之间的互动,其中包括与企业的员工、物资设备和设施以及其他一些有形要素,而并不仅仅局限于顾客与企业之间的人际互动。显然,这一定义认为服务接触可以在没有任何人际互动的条件下发生。这种界定对于服务组织来说提出了一个重大的挑战,即那些表面上看起来并不重要的外部因素,比如酒店的车位不足或是钥匙无法打开客房房门等都有可能成为顾客在酒店所经历的不愉快的"服务接触",无论顾客是否对与酒店员工之间的人际互动感到满意。因此,这要求服务企业管理者运用横向思维来理解"服务接触"的性质及其营销意义。

(二)服务接触三元组合

服务的特征之一是顾客主动参与服务生产过程。在每一次服务接触中,除了服务提供系统、有形展示等一些静态要素以外,能够起到能动作用的主体有三个:顾客、与顾客接触的员工以及旅游服务组织本身。服务接触中的每一个关键时刻都涉及这三种主体中的至少两两之间的交互作用,而这三个主体的利益和目标有可能是不一致的,这样就有可能发生冲突,如图 4-5 所示。

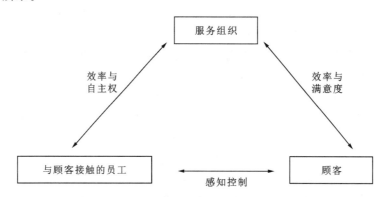

图 4-5 服务接触的三元组合图

因此,很多企业,尤其是实施成本领先策略的旅游服务组织,会致力于运用规定或程序来规范服务流程、提高服务效率,但这往往会限制与顾客接触的员工为顾客服务时的自主权和判断力。这些规定还有可能忽略不同顾客的不同要求,导致服务流程缺乏针对性,从而导致顾客不满意。在服务员工与顾客的面对面交互过程中,双方有可能都试图对交互过程实施感知控制:员工希望通过控制顾客的行为使其工作易于进行和轻松自如,而顾客希望通过控制服务进程来获得更多的收益和对自己的便利。因此,服务接触中的这三种能动主体有可能发生冲突,理想的情况当然是三种主体能协同工作。然而,在真实的情况中,常常是一个要素为了自己的利益来控制整个服务接触的进程。为此就需要分析在不同情况下,分别是哪一种主体在其中能够起到比较主要的支配作用。

1.服务组织占支配地位的服务接触

基于提高效率或者实施成本领先战略的考虑,组织可能通过建立一系列严格的操作规程使服务系统标准化,结果严重影响了员工与顾客接触时所拥有的自主权。顾客能从仅有的几种标准化的服务中选择,而不存在个性化的服务。例如,麦当劳通过一套结构化组织体系,使服务接触得到限制,从而告诉顾客其服务中不提供什么。顾客有时在接受服务时总感觉员工们的工作很"官僚",照章办事而不灵活,实际上并不是员工不理解顾客的感受,而是他们在工作中缺乏自主权而被迫执行相关"规定",这些员工的工作满意度也会因组织的支配地位而随之降低。

2. 员工占支配地位的服务接触

通常来讲,服务人员都希望通过降低其服务接触的范围来减少在满足顾客需求中的压力。如果与顾客接触的人员被赋予了足够的自主权,他们就会感到自己对顾客具有很大程度的控制力。由于服务提供者有一定的专业知识,所以顾客可能非常信赖他们的判断力。某些服务接触需要赋予与顾客直接接触的员工足够的自主权,在顾客提出服务要求之后,由员工而不是顾客控制整个服务的交互过程。例如,医生为病人诊断和治疗,律师为委托人进行辩护等,在这些情况下,由于提供服务的员工具有顾客所不具备的专业知识技能,顾客非常信赖他们的判断力和处置方法,这些员工的知识和技能水平的高低就在很大程度上决定了一个顾客对该企业的看法。此外,还需要员工具有能够设身处地为顾客着想的个人品质,这种品质有时比技能水平更重要。因此,对于这种类型的服务企业来说,具备高水平知识和技能的员工、对员工进行足够的培训以及适当的员工激励方法都非常重要。

3. 顾客占支配地位的服务接触

极端的标准化服务(如 ATM 柜员机)和定制服务是顾客在服务接触中占支配地位的典型代表。对于标准化服务来说,自助服务使顾客可以完全控制所提供的有限服务的选择。例如,在一个自动柜员机前,顾客可以不需要和任何人接触。这种高效的服务方式在无须提供"服务"的情况下就能够使顾客感到非常满意。自助缴费、自助购买车票、网购以及酒店设计的自助餐厅服务也都是出于同样的原因。在这种情况下,企业的最主要任务是设计顾客易于理解、易于操作的方便的服务提供系统。而在家庭保洁等高度个性化的服务中,虽然顾客要与服务员工有大量的信息交流,但是支配交互过程的是顾客,服务员工的最主要目标是最大限度地按照顾客的希望灵活地完成任务。

因此,满意和有效的服务接触应该保证三方控制需要的平衡。当提供服务的员工得到合适的培训与工作自主性,同时顾客的期望在服务传递过程中能够有效地得到沟通时,组织为了保持经济有效性而对效率的需求也就可以得到满足,从而实现服务组织、员工与顾客的"三赢"局面。

二、服务交互

(一)服务交互的含义

服务接触是顾客与服务组织的"广泛互动"过程,因而也可以称为"广义的服务交互"。而顾客与服务人员进行接触并得到关于服务质量的印象的那段时间或过程的服务接触可以理解为"狭义的服务交互",又被称为"真实的一刻",其含义是,顾客对一个服务企业的印象和评价往往决定于某一个瞬间或服务过程中某一件非常具体的事件(服务人员的一句话、一个动作等)。"真实的一刻"这个词最早由理查德·诺曼(Richard Norlriann)引入服务管理中,以强调顾客与旅游服务组织交互的重要性。必须强调,服务接触(交互)可以发生在任何

时间、任何地点。一些非常明显的服务交互是：一位顾客进入一个服务场所,要求服务人员提供向导,被递过来一张表格要求填写,或在服务过程中与服务人员发生其他接触。一位顾客看到一幅广告牌或企业在电视节目中所做的广告,或看到大街上的一辆公共汽车,或看到报纸上的一则新闻,或听到某人讨论某旅游服务组织的服务,或接到一份服务账单,也都会经历服务交互。服务管理人员需要牢记的最重要的事情是,在服务交互中,不管顾客是与组织中的什么人接触,顾客都会把该服务人员当作整个服务组织。换句话说,当顾客受到某名服务人员不好的接待时,他并不认为他是在与一个服务组织雇用的粗暴的员工打交道,而会认为他是在与一个粗暴的企业打交道。当一个顾客坐在一个不太干净的等候区等待服务时,他看到的是一个不太干净的公司,而不是仅仅认为该公司保洁人员的工作没有做好。当一个有线电视公司的技师没能够在约定的时间上门为顾客提供服务时,顾客会认为该公司是不可靠的,而不是认为该技师本人临时有什么情况。简而言之,绝大多数顾客将他所接受的一次失败的或质量不好的服务与该公司是失败的或质量不好的等同起来。

(二)服务交互的特点

顾客与服务人员的相互交往互动是人际交往的一种特殊形式,具有如下特点。

1.服务交互具有目的性

顾客与服务人员的交往并非偶然,是双方有目的的接触。服务人员出于商业的目的为顾客提供服务,服务提供者不是利他的(没有私心的)。对于服务提供者来说,服务交互是其日常工作的一部分。服务提供者的最基本目的是完成他为此才能得到报酬的职责。因此,对于他来说,服务交互只是一项"工作",他有可能对每一个顾客都重复地、机械地完成他的分内工作,而不考虑每位顾客的不同需求。顾客是出于满足自己需求的目的而与服务人员打交道。由于个人在服务双方交互活动中的目的不同,因此对服务的具体操作和评价也会有不尽相同的描述,但服务的互动应该是对服务双方均有利的。

2.服务交互属于陌生人交往

顾客与服务人员的交往关系是一种特殊的陌生人关系。人们通常不会跟陌生人交往。但是,在服务环境中,顾客会主动接触陌生的服务人员,服务人员也会主动接触陌生的顾客。同熟人交往相比较,陌生人之间的交往会受到更严格的限制。但是,在某些场合,陌生人的交往却更自由、随便。在绝大多数情况下,顾客和服务提供者互不相识。在很多情况下,即使没有互相进行介绍,在服务过程中双方也不会感到不舒服。例如在剧院窗口买票,公共汽车上乘客向司机问路,快餐店里顾客买一个汉堡包。这些服务交互通常不会产生长期结果。但是,也有一些服务交互不仅需要彼此之间的正式介绍还需要给予更多的信息,通常是由顾客给更多的信息。例如,一个牙科病人第一次去看病时,不仅需要告诉医生他的名字,还需要告诉医生他的住址、电话、年龄、过敏史、医疗保险公司、以往的牙科治疗情况等。结果病人和牙科医生不再是陌生人。

3.服务交互范围受到局限

顾客与服务人员的交往范围受服务性质和服务内容的限制。双方之间的交谈通常限于服务有关的内容,但在非正式服务环境中,顾客与服务人员之间的信息交流,可以与服务工作无关。顾客与服务提供者之间相互作用的范围取决于服务任务的性质。医生通常不会和病人谈论他的汽车如何修理。汽车技师在与他的顾客进行服务交互期间也不会提供有关治病的劝告。从重要性来看,与服务工作有关的信息交流占支配地位。在有些情况下,二者可能很难分离。例如,一个旅行社在为一对夫妇制订度假计划时,除了谈论有关度假地点等安排以外,旅行社的人员可能还会谈起自己以往在这些地方的度假情况。这些谈话可以被看作与任务无关的谈话,也可以看作为顾客提供了有用的信息。

4.服务交互可能受其他顾客的影响

许多服务是同时为很多人提供且同时由多人消费的。这些服务中的一部分可以由顾客坐在家中不与其他顾客接触就享受到,例如因特网服务、广播电视节目等。但是,另外一些服务,诸如航空和铁路旅行、游船度假、游乐园、体育赛事以及传统的教育等,都需要顾客在场,且与多个其他顾客一同在场。在这些情况下,一个顾客或一组顾客的行为可能会对其他顾客的服务互动结果产生影响。例如,飞机上一个醉酒的乘客可能会给其他乘客以及服务人员带来非常不愉快的体验;游船上一群志趣相同的顾客有可能因为相互结识而使旅行变得更加愉快。因此,对于服务管理者来说,必须设法使其中的每一个顾客的服务交互都变得愉快。

5.服务交互中的角色非常明确

陌生人之间的交往必须遵循一整套基本行为准则,扮演好双方的角色。顾客对面对面服务的人员有着非常相似的期望,他们期望柜台人员热情友好、举止文雅、微笑服务、尽快完成服务工作。在面对面服务中,顾客与服务人员的地位发生暂时的变化,双方必须暂时中止各自的"正常"甚至是引以为自豪的较高的社会身份或社会地位。例如,具有较高的社会身份的律师可能会为一个身份较低的人提供服务;一个法官在大街上可能因为交通违章被交警拦住。

(三)服务交互影响要素

服务交互是顾客与服务人员的有目的的相互交往,是人际交往的一种特殊形式。在这一点上,所有的服务是相同的。但是,顾客在不同服务环境中对服务人员的角色行为却有着不同的期望。同时,由于服务者自身特点、服务环境及服务的内容也都有差别的,因此,服务交互的影响因素是多样的。例如顾客对不同酒店服务有不同的期望,同一顾客和同一员工在不同的服务环境下对服务的认知也会有所不同,它们都会对服务交互产生影响。

1.顾客对服务特点的感觉

顾客对服务的期望与顾客对服务特点的看法有关,顾客的期望是由顾客的消费目的、消费动机、服务结果、服务重要性、服务参与程度等因素决定的。为了享乐目的消费的顾客的期望就高于为了实用而消费的顾客的期望。其他因素同理。代价大小是顾客的一种感觉,顾客消费某种服务需要付出的代价会影响顾客的期望。此外,在顾客的感觉中,不可复原的服务比可以复原的服务期望高,顾客感觉这类服务的购买风险较大,因此,在与服务人员的交往中会提出相应要求,服务差错容忍区域变窄,员工需要特别留意这种类型的服务。

2.服务者特点

服务人员对服务互动的影响是由服务人员的专业知识、技能和个人素养决定的。服务人员的专业知识和技能通常指服务人员接受过哪些培训,有哪些专业技能,也指服务人员的经验、洞察力、创造性和手艺。另外是否被授权也影响服务互动。服务人员的态度、性格以及基本人口统计特点都影响服务互动。

3.服务生产现实

顾客根据服务生产现实,对不同的服务进行比较,影响服务的互动和评价。服务生产的现实因素有时间因素、技术因素、地点因素、服务内容、服务复杂性、服务定型化程度及服务人数等,这些服务生产的现实条件都会影响服务交互的顺利进行。

时间因素:某种服务的消费率和每次消费所需要的时间都是服务生产实现的重要因素。经常消费、费时的服务与偶尔消费、快速的服务相比较,顾客和服务人员之间的相互交往要有所不同。

技术因素:服务过程中采用的技术会影响顾客和服务人员交往的性质。以人工为主的服务和以机械为主的服务会对双方交往产生不同的影响。

地点因素:顾客来店接受服务与服务人员上门为顾客服务是不同的。从行为、语言与时间等均有不同的要求。

服务内容:服务内容是指服务中的物质、精神、感情成分。物质成分为主的服务与精神成分为主的服务有很大区别。但在一些服务中,例如高星级酒店服务中物质、精神、感情成分都很重要。

服务复杂性:服务复杂性是由业务的活动数量和各种业务活动的相互关系决定的。复杂的服务可以是复杂的体力劳动,也可以是复杂的脑力劳动。有些服务性企业的后台操作过程非常复杂,而前台的服务过程却非常程序化,顾客和服务人员都习惯地、"无意识"地行动。

服务的定型化程度:定型化程度是指服务工作是否可以根据顾客的需要和服务的环境的变化而改变。越是标准化、程序化、规范化的服务就越定型。民航客舱服务就相当定型,因而其服务交互的复杂性程度较低。

服务消费人数:有些服务每次只能由一位顾客消费,另一些服务可以由若干顾客同时消费;还有一些服务却由大批顾客一起消费。无论哪种情况,服务消费人数不同,双方的交往也会不同。

(四)服务交互管理

服务交互主要由4个要素构成:顾客、服务员工、服务提供系统、有形展示。这4个要素构成了服务交互管理的主要对象。

1.顾客

顾客是服务交互中的最主要因素。服务交互的终极目标是顾客满意,顾客对服务质量的评价、对服务的整体满意度、是否下次再来的决定等,都极大地取决于他在服务交互期间的感受。因此,完善服务产品和服务提供系统的设计必须考虑以一种最有效和最高效的方式来满足顾客的要求。对于服务组织来说,首先要友善平等地尊重每一位顾客。作为社会个体的顾客,不仅希望得到礼貌待遇和受尊重,而且还希望得到和其他顾客相同的待遇和同等水平的服务,无论是什么性质的服务,这都是服务交互的最起码、最基本的要求。其次,服务交互中,顾客身处服务环境,这给了顾客很多机会观察服务提供情况并对服务质量做出评价。因此,顾客的舒适感、顾客的安全、顾客的整体感觉应该是服务组织的主要考虑因素。此时,服务组织的焦点应该放在高效运营上,以便给顾客带来最大的便利。最后,服务组织应该提供清楚的指导和说明,告诉顾客做什么和如何做,确保需要顾客自己使用的设备是完好的并易于操作。如果不能很好地指导顾客,有可能导致服务效率低下,以及不满意的服务交互。另外,如果顾客是一个"麻烦"的顾客,他有可能给服务提供者的工作带来很多困难,从而使服务交互中的双方,甚至其他顾客都经历不满意的过程。因此,在尊重顾客的基础上,为顾客提供服务指导,能提高服务效率,从而化解在服务交互中的顾客不友好行为。

2. 服务员工

这里的服务员工是指那些直接与顾客打交道的工作人员,他们是服务交互中另一个重要的人的因素。首先,他们作为社会个体,同样希望得到顾客和其他服务员工的礼貌对待以及服务组织管理者的好评;其次,他们必须拥有必要的知识和经过适当的培训以完成自己的工作任务;再次,作为保持服务系统正常运转的力量,员工在顾客面前是服务组织的代表,企业必须授权他们为顾客服务,解决顾客问题;最后,除了服务技能、服务效率,顾客对服务员工所表现出来的诸如友善、温暖、关怀和富有情感等人际交往技能也非常在意,它们往往是决定一次服务交互成败的重要因素。因此,管理者有责任帮助服务员工培养这些技能,使服务员工能够站在顾客的角度进行服务交往,让顾客对服务过程放心,这意味着他们必须有人际交往能力。另外,让员工满意,从工作、生活、家庭、职业、发展等角度关爱员工,对员工进行有效的管理,他们才会从根本上投入热情完成每一次成功的服务交互。

3. 服务提供系统

服务提供系统包括设施设备、各种用品、服务程序和步骤以及规则、规定和组织的文化。但服务提供系统影响服务交互的,实际上只是顾客能够看到、接触到的那一部分,这一部分也可称为可视部分或"前台部分"。这部分的设计和运行必须从顾客的角度出发。而在后台,服务系统的设计主要考虑如何支持前台的运营。一旦建立了这样的前提,就不会妨碍后台设计将焦点放在运营效率上。

4. 有形展示

有形展示包括一项服务和服务组织可能形成顾客体验的可接触的所有方面。后台设施和顾客不可视部分的设施不属于有形展示的部分,因为它们不会直接形成顾客的体验。有形展示包括服务企业所在的建筑物的外形设计、停车场、周边风景以及建筑物内的家具摆设、设备、灯光、温度、噪声水平和清洁程度等,还包括服务过程中使用的消耗品、使用手册、服务人员的着装等可触的东西。有形展示对于服务交互的成功是非常重要的,尤其是在顾客必须到场的服务类型中。在这些服务类型中,顾客满意与否通常都在在场的时间内形成。在此期间内,除了服务员工的服务技巧、服务态度以及服务提供系统以外,顾客所看到、接触到的有形展示也成为决定服务交互是否成功的关键要素之一。尤其是很多情况下,在顾客还未与服务员工接触、提出自己的服务要求之前,如果顾客一进门就看到一个脏乱的服务场所,这种有形展示可能一下子就决定了顾客对服务企业的印象。此外,一般来说,顾客在服务设施内停留的时间越长,有形展示的重要性越高。有形展示不仅影响顾客,还更长时间的影响服务员工的行为。服务员工要在服务设施内度过他们绝大多数的工作时间,因此他们的工作满意度以及工作动力和工作绩效也受有形展示的影响。有形展示的设计还应该考虑到如何能够使员工无障碍地执行任务,使顾客和所要执行的任务顺利地通过系统。例如,在类似综合性医院、机场、地铁站、游乐园等大型设施内,醒目的标示牌可以减少人们迷路的次数、问询的时间,避免拥挤,同时可以节省员工频繁为顾客指引方向所耗费的时间。

(五)服务交互的评价

服务人员、顾客和服务企业从各自的角度评价服务交互的结果。三方都希望有"优质的"服务,但三方对"优质的"含义却有不同的理解。全面理解三方的观点,有助于完善服务交互模式,如图4-6所示。

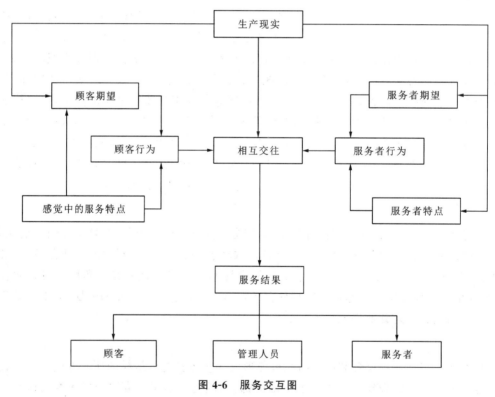

图4-6 服务交互图

(资料来源:王丽华.服务管理[M].3版.北京:中国旅游出版社,2016.)

1.企业评估

管理人员关心的是顾客评估结果对企业的影响。管理人员希望服务交互的结果能促使顾客反复购买本企业的服务,并为本企业做有利的口头宣传。同时,希望通过顾客的评估,激励服务人员努力工作,留住优秀的服务人员。

2.顾客评估

顾客对服务交互的满意程度来源于对功能性服务质量(服务过程质量)和技术质量(服务结果质量)的判断,顾客对这两方面的质量分别做出评价。例如,餐馆顾客会说"饭菜很好,但服务太差"或"服务很好,但饭菜太差"。

3.服务者评估

与顾客交往是服务人员的一项重要工作任务。服务人员不仅评估工作完成情况,而且评估与顾客相互交往的过程。服务人员对服务交互过程感到满意,就会产生工作满意感。服务人员能否克服个人情感冲动、个人的交际能力、服务环境以及顾客行为等都影响服务人员对顾客交往的行为和满意度。

三、服务中的"关键时刻"与"考验时刻"

虽然舒斯塔克对服务接触较为宽泛的定义具有实用价值,但是在服务接触过程中真正重要的问题是那些提供服务的重要时刻,即所谓的"关键时刻",处理好这种与顾客面对面的接触(互动)对旅游服务企业来说尤为重要。

(一)"关键时刻"的含义

自诺曼(1984、1991、2000)将"关键时刻"这一术语引入管理学文献之后,这一术语被用来说明各类服务企业的服务接触。"关键时刻"是指非常重要的人际互动,这些人际互动,既能够"营造"一次美好的服务体验,也可以"造成"一次不愉快的服务体验,它是决定顾客对服务质量的看法的最重要因素(PZB,1988),有可能决定着顾客对整体服务产品的看法,这些看法反过来又会影响消费者未来的购买意图(哈特林和琼斯,1996)。因此,对"关键时刻"进行研究对服务企业来说是极其重要的。

(二)"关键时刻"的"瀑布效应"

作为顾客或服务的接受者,我们都会对曾经所经历过的"关键时刻"记忆深刻。当服务人员或系统(或者两者同时)变得很不友好或无法提供帮助的时候,我们都会感到沮丧无助;但我们感觉受到尊重和关怀,并且真正地被视为贵宾的时候,我们会感觉到愉悦而美好。对于服务企业而言,发生在整体服务体验过程中最初阶段的服务接触尤为重要。如果最初的服务接触是积极并且令人感到愉快的,那么顾客往往就会抱着积极的态度来看待随后的服务接触,并且期望更多的善意和满足感。相反,服务接触过程最初阶段出现的失误将会导致顾客在随后阶段中产生不满情绪,因为顾客往往会认为失误是针对他们个人的行为,会把随后出现的失误理解为最初受到"怠慢"的进一步的证据。这种现象无论是令人感到愉快的还是令人不快的,都会对顾客在接受后续服务时产生"连锁反应",这些"连锁反应"就是所谓的"关键时刻"的"瀑布效应",如图 4-7 所示。

这种"瀑布效应"具有真正的实用意义。例如,迪斯尼公司估计,前来迪斯尼游乐园游玩的顾客平均每人会经历 74 次的服务接触。这是一个庞大的数字,足以说明瀑布现象在成为现实时是何等重要。如果在这 74 次服务接触过程中的任何一次接触,特别是一些早期的接

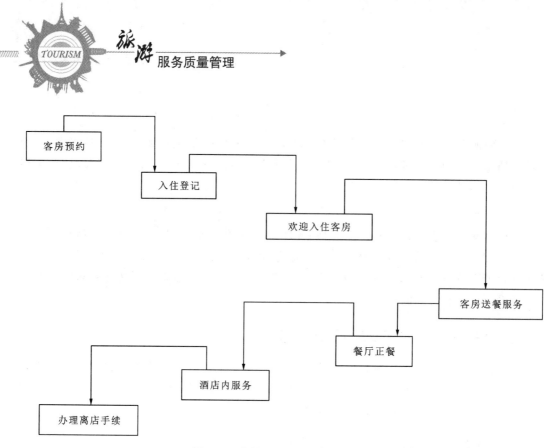

图 4-7 "关键时刻"的"瀑布效应"图

触,令顾客感到不愉快,那么这次不愉快的经历就会加大顾客对下一次服务接触感到不满意的风险。这将会极大地增加顾客对整体服务体验印象不佳的可能性。与此相反,如果每一次愉快的经历加大顾客认为下一次服务接触同样愉快的可能性,那么,他们就会认为整个服务体验是令人感到愉悦的。这对于服务企业尤其是旅游服务企业这种员工与顾客高频接触的行业来说,管理好与顾客最初的服务接触尤为重要,力争为顾客的消费体验留下良好的"第一印象"。

(三)服务"一线""前台""前线"在服务接触中"关键"作用

在理解服务接触的重要性时,我们必须认识到,代表服务企业"整体形象"的服务人员通常都是位于生产链中的最后一个环节,即直接面对顾客。因为服务产品的生产和供应基本上是同步进行的,服务产品生产线上的最后一个员工同时还要与顾客接触,服务质量是由员工创造的,但却是由顾客来加以判断和评说的。在顾客看来,在服务接触发生的那一刻,这些与他们接触的员工体现整个企业的形象(希纳纳,1989),因此这个员工在展示服务企业"形象魅力"方面担负着巨大的责任。事实上,与顾客频繁接触的员工就地位和薪酬而言往往没有得到服务企业最重视的程度。他们工资过低,并且缺乏培训,这使得他们工作积极性不高,对工作感到不满意,频繁变换工作,从而最终导致顾客的不满和营销的失败。

因此,基于"一线"、"前台"或"前线"员工在服务接触中的重要性,服务接触的有效管理应该首先充分了解上述员工的工作动机和工作表现,因为这些员工的工作表现决定着一次服务接触会让顾客感到满意还是感到不满意。此外,有效的管理还应该包括培训员工、激励员工和奖励员工,以使他们始终如一地展现理想工作表现(毕特纳、布姆斯和特特里奥特,1988)。简而言之,有效的服务管理应该包括真正地认识到那些在服务"前线"工作的员工们的重要性,以及真正注重他们的培训并关心他们的福利。真正一体化服务经营的管理必须将生产、营销以及人力资源整合在一起,而不是将其分开。

(四)服务的"考验时刻"

在接触的众多的关键时刻中,存在一些非常重要的接触时机,它们与服务成败休戚相关,与一些对顾客非常重要的事件相联系,与顾客接受服务并愿意再来有关,它需要给予特别的关注。这种接触可能会令顾客对旅游服务组织产生高度忠诚,也可能会让顾客永远离去,我们称这样的接触时刻为服务的"考验时刻"。这类接触的共同特点是,顾客正处于非常特殊和为难的境地,需要旅游服务组织超出服务规范满足顾客。此时,顾客对旅游服务组织的反应非常敏感,他们能清晰地感觉到旅游服务组织是否真诚地关心自己。如果真诚,顾客就会建立起强烈的信任;否则,顾客就会认为旅游服务组织只不过是唯利是图的企业,甚至对其彻底失望。旅游服务组织应该善于察觉和把握时机,给顾客留下美好而深刻的印象。相关研究表明,下列时刻是旅游服务企业在服务顾客时候的"考验时刻"。

1.买或不买的关键时刻

在每位顾客为买或不买犹豫时,关键时刻就发生了。当他们说"是"或"不"时,这是非常关键又宝贵的一刻。这一刻的决定在很大程度上受下列一些因素的影响:服务技术水平、服务质量、环境及大量其他关键时刻留给顾客的印象。顾客做出买与不买决定的时候,也是一个心理斗争的过程,甚至在他走进企业大门之前已经经过一番考虑了。如果一不小心,就有可能在顾客思考买或不买的时候给以误导或丧失机会。例如游客在动身前通过网络预订或电话预订就已经经历了选择的心理过程。因此,旅游企业若想要吸引和留住购买者,那就必须搞清什么时候是顾客买或不买的关键时刻。酒店的预订服务就是买或不买的关键时刻。

2.进行价值评判的关键时刻

所有的顾客在考虑购买前都会做出价值评判。即使你的服务比你的对手便宜,如果不是物有所值,顾客也不会购买。即使你的名声再好,如果顾客在你那里有不愉快的经历他也不会再去。在经过必要的了解之后,顾客要做的决定就是买或不买。显然,当顾客在对服务进行价值评判时,考验时刻就出现了。顾客进行价值评判的关键时刻受服务质量和技术质量的双重因素的影响。

3.决定再买的关键时刻

在进行价值评判的关键时刻之后的一个特殊的关键时刻就是决定再次购买的时刻。例如,你曾经在某一个饭店有过愉悦的消费经历,这家饭店服务背景适当,饭菜质量出色,员工服务温馨,就餐环境舒适,那你非常有可能在下次请客的时候再次选择这里消费:"下次请客,我还到这儿来。"所以当你和朋友下次选择外出就餐时,你就会想起上次愉快的经历,于是很容易做出再购买的决定。另外,当组织系统出问题时,员工的表现或引导会对顾客决定再来的关键时刻产生直接影响。在服务系统中如果在出错之后能够快速而准确地采取补救措施,企业将赢得信誉而不是失去信誉,采取快速补救的措施将吸引更多的回头顾客。

4.反馈的关键时刻

相关研究表明,大约90%的顾客在对某些服务不满意时不会直接抱怨或投诉,他们不只是静静地离开,他们还会向15个左右与之相关的朋友或同事等诉说他们不满意的遭遇或经历。而满意的顾客只会向6个左右的人诉说其经历。这就是反馈的关键时刻。反馈的关键时刻并不是可以控制和直接施加影响的,因为它发生在某些你并不知晓的地方。但是接触过程却可以对顾客思想产生持续影响,而且过后会决定是正反馈还是负反馈。

四、服务沟通

一般来说,顾客感觉服务糟糕的最主要的原因是旅游服务组织所承诺的服务与实际提供的服务有区别。顾客的期望是由可控因素与不可控因素形成。口头沟通、顾客需求、顾客对其他旅游服务组织的感受是旅游服务组织不可控的影响顾客感知的关键因素;旅游服务组织可控的因素有广告、个人销售和服务人员的承诺等。旅游服务组织可利用这些方式,影响顾客对服务的期望,这需要与顾客进行有效沟通。

(一)服务沟通的内容

服务沟通包括三个方面:外部沟通、内部沟通与交互沟通(见图4-8)。外部沟通指旅游服务组织与顾客之间的沟通,可通过广告、公共关系等方式进行。内部沟通指旅游服务组织与员工之间的沟通,包括管理者与员工的垂直沟通和部门之间的水平沟通。交互沟通指员工与顾客之间的沟通,它通过服务接触来实现。服务传递与外部沟通之间的差距,在很大程度上影响顾客感知的服务质量。产生这些沟通问题的原因有服务承诺管理不当、提高了顾客的期望、顾客教育不充分、内部沟通不当等。

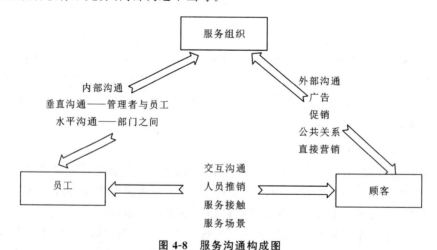

图4-8 服务沟通构成图

(资料来源:王丽华.服务管理[M].3版.北京:中国旅游出版社,2016.)

(二)服务沟通管理战略

服务沟通主要涉及顾客期望与服务企业员工之间的接触与互动,因此,有效地进行服务沟通管理,必须从以下4个角度来进行:管理服务承诺、管理顾客期望、管理内部沟通、改进顾客教育。

1. 管理服务承诺

首先,服务广告和人员推销要对运营部门负责,彼此需要更多的协调和沟通管理。营销的承诺应根据运营的实际情况来进行。其次,营销部门要向顾客承诺能提供准确而鲜明的服务信息;同时,营销部门的承诺应该是可行的,可以实现的,而不应仅仅是只用来增强吸引力而不可兑现的。因此,对营销和销售部门来讲,在服务承诺以前,必须了解服务的实际水平,必须精确地反映顾客在服务接触中的实际获得。另外,在营销沟通中要关注有形服务,利用与服务有关的有形物品的特征来提高沟通的效率;积极介绍满意的顾客是一种有效的口头沟通途径,员工对顾客的口头沟通比其他渠道的宣传沟通更加可信有效。此外,凡与顾客相关的交互活动——顾客服务、服务接触和电信沟通等所有沟通的内容必须一致,否则顾客会产生被欺骗感。

2. 管理顾客期望

在第一节中,我们对顾客期望管理进行了比较详尽的探讨。要管理好顾客期望,还可以有以下几种策略:① 提供选择,通过为顾客提供选项,重新设置期望,这样可以使顾客的期望固定下来;② 创造价值分级服务,根据顾客选择的服务水平,使顾客保持特定的服务期望,同时可以分辨出哪些顾客愿意为高水平服务支付高价格;③ 建立服务标准,并教育顾客用这些标准来评价服务。有时顾客会期望用较低的价格获得较高水平的服务,此时有必要跟顾客商谈不实际的期望,并应设法显示服务的价值而不仅仅是价格。

3. 管理内部沟通

内部沟通有垂直的和水平的。垂直沟通既包括从管理层到员工的向下沟通,也包括从员工向管理层的向上沟通,水平沟通是组织中各职能部门机构间的交叉沟通。在创造有效的垂直沟通方面,要使员工明确自己在做什么,也使顾客从员工处得到的信息与从外部得到的信息一致。在水平沟通上将所有功能整合起来,使得信息连续,缩小服务差距,特别是营销部门与运作部门之间以及销售部门与运作部门之间的沟通。同时,要创建跨职能团队,将各职能部门或支持部门(统称后台部门)的部分员工组织在一起,了解顾客需要,培训顾客服务技能,使后台员工与顾客需求保持一致,实现后台员工与外部顾客之间的联系。

4. 改进顾客教育

顾客教育就是使顾客能够恰当地扮演服务传递过程中的角色。如果顾客忘记扮演或扮演不当,就会导致失望。因此,在服务过程中,对顾客进行教育与引导十分必要。首先要对顾客进行服务过程的教育,告诉顾客,在服务过程中他应该做什么和何时做。其次,由于顾客没有经验,或是服务的技术性太强,使得顾客对服务的绩效不能充分认识与体验,此时要将服务行动转化为顾客能够理解的形式,使服务绩效符合标准和愿望。最后,明确售后期望,明确顾客期望有助于旅游服务组织在服务传递各方面与期望配合一致,避免让顾客将来失望。教育顾客避开需求高峰而选择需求低谷。由于服务能力相对固定,而需求具有不均衡性,常常导致排队等待现象的发生。在这种情况下,可以预先通知顾客什么时间是繁忙期,让顾客避开,降低其等待的消极影响。

本章小结

本章主要对顾客服务期望、顾客服务感知与顾客服务沟通三个方面进行了介绍。

顾客服务期望是顾客在购买产品或服务前所具有的信念或观念（Pretrial Beliefs），以此作为一个标准或参照与实绩效进行比较，从而形成顾客对产品或服务质量的判断。PZB将顾客服务期望分为理想服务和适当服务。奥加萨罗将服务期望分为模糊期望（Fuzzy Expectation）、显性期望（Explicit Expectation）、隐性期望（Implicit Expectation）。我们可以根据不同顾客的不同容忍区域管理顾客期望、根据不同服务质量维度的不同特性管理顾客期望、根据服务期望的动态变化规律管理顾客期望和根据影响顾客期望的可控因素和不可控因素管理顾客期望。

顾客感知即顾客在接受某项产品或服务时的心理感受，也就是顾客对自己所接受的产品或服务是否满意的一种认知与感觉。顾客对服务的感知可以从4个层次来进行：对单次服务接触的感知；对多次服务经历的感知；对某一家旅游服务组织的感知和对某业务行业的感知。不同层次的服务感知之间是相互影响的。顾客感知服务质量是顾客对服务感知的实际绩效与服务期望的比较的结果。顾客对服务实际绩效的质量感知由技术质量（服务结果的质量）和功能质量（服务过程的质量）构成，而服务形象起着"调节器"的作用。影响顾客感知的因素有企业无法影响的因素和企业可以影响的因素。企业无法影响的因素包括经历前的事件、顾客情感、顾客对服务的重视程度、同伴的影响、经历后的事件、环境因素。企业可以影响的因素包括顾客的需求水平、对服务属性的评价、对原因的评价、顾客感知到的风险。此外，在影响顾客感知的因素中，企业必须管理（或控制）的因素包括供给要素、服务提供过程、成本与价格、形象价值等。为了让顾客对服务企业有更好的感知，企业可以从市场研究、服务接触管理、服务证据管理、企业形象和定价策略等方面对顾客感知进行有效管理。

为了更好地提升顾客体验与感知质量，服务企业必须加强对顾客服务接触与沟通的管理。服务接触是顾客与服务提供商之间的双向交流。服务接触涉及顾客、直接提供服务的服务员工以及旅游服务组织本身。服务接触是顾客与服务组织的"广泛互动"过程，因而也可以称为"广义的服务交互"。而顾客与服务人员进行接触并得到关于服务质量的印象的那段时间或过程称之为"狭义的服务交互"，又被称为"真实的一刻"。服务交互中的角色非常明确，目的性强，它属于陌生人交往且交互范围受到局限，它也可能受其他顾客的影响。服务交互受顾客对服务特点的感知、服务者特点、服务生产现实等因素的影响，因此，对服务交互的管理主要从顾客、服务员工、服务提供系统、有形展示等角度来进行有效管理。在服务的接触与沟通中存在一些"关键时刻"与"考验时刻"，这些时刻往往决定着顾客对服务质量与服务价值的感知与评价。企业的服务沟通包括外部沟通、内部沟通与交互沟通。服务沟通主要涉及顾客期望与服务企业员工之间的接触与互动，必须从服务承诺、顾客期望、内部沟通和顾客教育与引导等角度进行服务的沟通管理。

关键概念

服务期望　服务感知　服务接触　服务交互　关键时刻　考验时刻　服务沟通

复习思考

□ 复习题

1. 如何理解顾客服务期望与顾客感知服务质量的内涵?
2. 影响服务期望的因素有哪些?
3. 旅游服务企业如何提供超越顾客期望的服务?
4. 哪些因素会影响到顾客对服务质量的评价?
5. 举例说明模糊期望、显性期望和隐性期望之间的动态转换关系。
6. 服务交互的影响因素有哪些?
7. 讨论服务关键时刻模型"人与人相互作用"这一特征有何深层含义。

□ 思考题

以你最近一次的服务消费为例,分析哪些影响期望的因素在你的消费决策中较为重要。企业形象在你的消费决策中起到了什么作用?你是从哪些方面来进行消费质量评价的?

案例解析

超越顾客期望——世界最受欢迎的航空公司

客户总是希望所花费的总体成本最少,而同时又希望获得的利益最多,从而最大限度地满足自己的需求。因此,企业必须根据自身的收益和成本指标,权衡客户的价值,在客户购买的过程中充分满足他们的需求,超越客户期望,提供令顾客难忘的服务体验。

以"世界最受欢迎的航空公司"著称的英国航空公司,从 20 世纪 80 年代就向员工灌输:你必须超越乘客的期待,将品牌承诺的重点放在优良的设计、服务和创新方面,特别是在保护乘客的隐私、给予足够的空间和弹性等硬件条件方面,比竞争对手提供得更多。在满足乘客的基础之上再给予超越他们所期待的服务,是一项十分艰难的挑战,但为了比竞争对手更能吸引顾客,英航一直不遗余力。

在一班由约翰内斯堡起飞的班机上，一名看起来经济条件不错的中年白人妇女，被安排坐在一名黑人旁边。她发现了之后马上把空服员叫来，并且抱怨不已。

"请问有什么问题吗？"空服员问道。

"你没看到吗？你们把我安排坐在这里，我可受不了坐在这种令人倒胃口的人旁边。再给我找个位子！"

"请冷静，女士。"空服员回答，"今天班机客满，但是我可以去为你查查看在头等舱还有没有位置。"

几分钟后，空服员带着好消息回来了，那名女士沾沾自喜地看着周围的乘客。空服员说："女士，很抱歉，经济舱已经客满了，我也向机舱服务长报告了这个消息，发现只剩头等舱还有一个空位。"不等那名女士说话，空服员接着又说："在这种情况下将乘客提升到头等舱，的确是我们从未遇见的状况。但是，我已经获得机舱长的特别许可。然而机舱长考虑到这个特殊状况，他认为要一名乘客和一个这么令人厌恶的人同坐，真是太不合情理了……"空服员接着转向那名黑人，说："因此，如果你不介意的话，我们准备好头等舱的位置，请你移驾过去。"

周围的乘客这时都起立热烈地鼓掌，那名黑人就在一片掌声中移到头等舱了。

超越顾客期望就是用爱心、诚心和耐心向消费者提供超越其心理期待的、意想不到的服务。换而言之就是比顾客想象的多做一点点。

问题：

英航服务人员的服务技巧有哪些值得称道之处？你认为应该如何超越顾客期望？

分析提示：

(1)服务技巧方面既解决了顾客问题，又超越了顾客期望。

(2)超越顾客期望：了解顾客需求、询问顾客期望、兑现服务承诺、保持服务一致性、额外服务惊喜等。

第五章

旅游服务质量的设计管理

学习目标

了解服务设计的概念、构成要素,掌握服务设计的内容。了解服务场景的理论模型、功能及其类型,掌握服务场景设计的原则、影响因素及关键因素,熟悉服务场景设计的步骤。了解服务场景有形展示的概念、作用,掌握服务场景有形展示的构成要素。掌握服务工业化方法、服务自助化方法、技术核心分离法以及集成设计法各自的优缺点及其核心思想与管理,熟悉服务流程图的构成与制作。了解顾客等待服务时的心理,掌握服务排队系统的构成及排队结构与排队原则,能对顾客排队进行有效管理。

第一节 服务设计概述

案例引导

设计再造银行

2014年3月,中信银行全国首家旗舰店正式开业,成为国内第一家运用"旗舰店"模式打造物理网点的传统银行,打破了银行业惯有的服务模式,让客人感受"被服务"而非"办业务"。

客户区动线设计为"喷泉式动线"。引导区位于空间最前端,是所有用户进店后动线的起点。原本细分业务的柜台统统撤走,这里肩负起了解"用户是谁"

并引流的功能。快速交易区位于两侧,"蜻蜓点水型"用户可直接前往,VIP 用户直接移步二楼贵宾区——这是最初的两股分流。这一互动功能多样,一是用户获得大堂经理引导,从"喷泉"起点继续往空间内部行进至预操作区、探索区或交易区等分区;二是利用"智能叫号系统"将用户需求记录于后台系统,用户随后无须再重复说明,实现无缝体验;三是客户办理的业务信息等显示在大堂经理的移动 CRM 系统中。从顾客进店到离店,通过不同模块的布局和组合,达到顾客来店的目的,最大限度地实现产品营销的相关性和精准性。

"困难重重型"客户在办理业务时,期待一对一引导完成每一个环节,向这类客户营销周边产品时,也同样适用点对点服务方式。与之相对应,"按部就班型"客户只需清晰的流程指引即可独立完成业务办理,在等待时他们也只愿自由随意浏览资料,一对一营销对其是一种打扰,喷泉式动线的主干正是为这群客户设计的,这里既是等候区,也是体验区。等候叫号的客户可在贵金属展示区、特色业务和非银行业务(如中信书店)的营销展示区自由探索,挑上一本新书安静阅读或用积分兑换咖啡、糕点慢慢享用,又或者在摆放于四周柜台上的互动 PAD 屏上点击了解各种银行业务。需要帮助或讲解时,可按屏幕上按键呼叫大堂经理,大堂经理的 PAD 上显示传呼及机器位置,再加上移动 CRM 系统上显示的客人资料,其讲解更具有针对性。

(资料来源:许晖.服务营销[M].北京:中国人民大学出版社,2015.)

在现代旅游服务消费中,顾客购买的不仅仅是服务产品本身,而是产品和服务所带来的利益和价值。旅游企业只有通过为顾客提供解决方案,满足顾客的需求,才能创造价值。为了实现这个目的,旅游企业提供的服务必须是一个精心设计的过程。旅游服务设计是旅游企业科学有效地计划和组织服务模式与内容的活动,包括服务所需的人、财、物、法、沟通技巧等要素,将用户体验与价值提前与服务产品设计融合在一起,以期望接近或实现客户和员工的服务期望。本章将主要介绍服务设计概念、服务设计要素、服务场景设计与有形展示、服务流程设计的方法与工具、服务排队系统管理等内容。

一、服务设计的概念解读

"服务设计"是近年来国内外设计圈出现的新兴战略,但对于什么是服务设计却没有一致的说法。美国学者赫斯克特(James L.Heskett)认为,广义的服务设计指服务性企业根据顾客需要所进行的对员工的培训与发展、工作的分派与组织以及设施的规划和配置。梅勒(Maylor,2000)认为,服务设计包括理念解释、解决方案和特定配置意图或设备安排、空间及其他资源、人员流动或航班人员变动。古梅松(Gummesson,1994)认为,服务设计包括以亲身实践活动来描述和细化一项服务、服务体系和服务传递过程,它是一个以某种物质形态满足需要的过程,最初是一个解决方案,然后是特定规划或物质、设备和人员等方面的安排。而狭义的服务设计指服务流程的设计。如菲茨西蒙斯(James A.Fitzsimmons)把服务设计定义为服务提供系统的设计;肖丝丹克(Shostack G. Lynn)则把服务设计定义为服务系统的设计,并提出服务设计的4个基本步骤:确认服务过程、识别容易失误的环节、建立时间标准、成本收益分析。国际设计研究协会给服务设计下的定义是:"服务设计从客户的角度来设置服务,其目的是确保服务界面。从用户角度来讲,包括有用、可用以及好用;从服务提供者角度来讲,包括有效、高效以及与众不同。"

显然,不同的学者对服务设计有不同的解读,综合学者们的观点,可以简单地说,服务设计就是将设计的理念融入服务的规划与流程本身,从而提高服务质量,改善消费者的使用体验。古梅松(Gummesson,1994)认为,不合理的服务设计将给服务传递带来问题。还有学者认为,不合理的服务规划和设计,将注定是一种浪费——可能大约占总收入的25%—40%,因为不合理的服务设计将导致不流畅的服务和顾客质量体验的低下,从而影响再次销售和服务形象。所以,优秀的服务设计应设计出易用、令人满意、高效和有效的服务,为用户提供更好的体验。因此,服务设计必须从用户出发,以用户为中心,满足用户需求。

二、服务设计的要素构成

(一)服务设计的5个要素

传统的设计关注于用户与产品之间的关系。相比之下,服务设计则要关注更多的服务接触点,以及顾客与这些接触点之间的互动设计等。无论是有形的、物质性的产品,还是无形的、非物质性的服务,从其诞生到被消费或者消亡,中间会涉及许许多多的环节和因素,这些因素归纳起来主要有:价值、人、对象、过程和环境。其关系如图5-1所示。

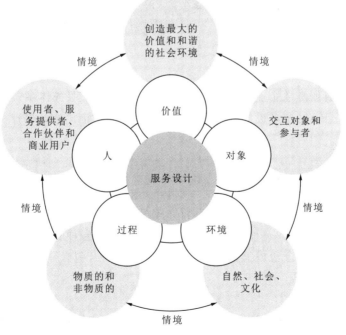

图 5-1 服务设计涉及的要素

(资料来源:桑秀丽,马中东,付晶.服务质量与管理[M].昆明:云南人民出版社,2016.)

(二)服务设计的5个需求层次

由于每个人的需求不同,面临的市场环境也千差万别,服务设计的层次也是不同的。类似于著名的社会心理学家马斯洛提出的需求层次理论,服务设计也必须考虑到消费者的从低到高的各个阶段需求的满足。桑秀丽等人认为,服务设计也存在着5个层次,分别是感觉需求、交互需求、情感需求、社会需求和自我需求。这5个层次从低阶层到高阶层依次递进,如图5-2所示,不同的人和场合,每个用户的需求层次也是不一样的。

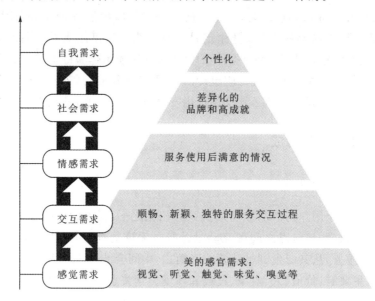

图 5-2　服务需求的 5 个层次

(资料来源:桑秀丽,马中东,付晶.服务质量与管理[M].昆明:云南人民出版社,2016.)

三、服务设计的内容

一般来说,旅游服务性企业的服务系统设计由服务组合、服务体系、服务环境和服务流程4个部分构成。因此,服务设计的内容也就是对这4个方面内容的设计。

(一)服务组合

1.基本服务组合的构成

服务组合也可称服务包。根据克里斯汀·格罗鲁斯的服务包理论,服务包是指在某种环境下,所提供的服务作为"一种产品被认为是一个包裹或各种有形和无形服务的集合,一起构成总产品"。根据服务包模型,我们认为,基本服务组合包含三个方面,由核心服务、配套服务以及辅助服务组成(见图 5-3)。

1)核心服务

核心服务是服务性企业为顾客提供的主要服务,是顾客可感知及获得的服务产品的核心利益。提供核心服务是服务性企业在市场上存在的原因。如民航公司的核心服务是安全

图 5-3 服务组合的构成图

而准时的客运服务,酒店的核心服务是舒适而安静的住宿服务,旅行社的核心服务是设计旅游线路,组织游客游览。有些企业可能同时提供多种核心服务,如移动通信公司可能同时把电话服务和套餐服务看成是企业的核心服务。服务性企业如果不能提供核心服务给顾客,那便没有存在的必要了。

2)配套服务

配套服务是指服务性企业提供的某项服务所需的基本物质基础、有形产品及相关的配套服务。对于旅游酒店来说,要给顾客提供舒适而安静的住宿服务,就必须有相应的硬件配套如宽敞的房间、家具设备、电器设施、卫浴用品等,还必须配备一次性客用物品,同时还要提供相应的临时服务等。没有这些配套硬件、客用物品和临时性服务,顾客就不能很方便地获得舒适而温馨的住宿服务。而对于航空公司和银行来说,没有网络订票业务和 ATM 柜员机,顾客也就不能很方便地获得自助服务了。

3)辅助服务

辅助服务是基本服务以外的使顾客能感受到或意识到的其他利益的服务,其作用在于能够增强企业所提供的服务组合的整体价值,并将企业的服务与竞争对手的服务区别开来。如酒店客房中赠送的鲜花与果盘、酒店提供的接车服务、托婴服务等都属于酒店的辅助服务。配套服务与辅助服务都是企业组合的重要组成部分,但二者的功能却各不相同。配套服务是对核心服务进行配套提供的,服务产品若缺乏了配套服务,会影响核心服务产品的正常提供与运营。而辅助服务是用来增强企业产品吸引力和竞争力的辅助手段,即使是缺失了辅助服务,依然不会影响核心服务作用的正常发挥,但会降低服务性产品的吸引力和魅力。

2.服务组合设计

旅游服务企业应在对企业自身和顾客进行充分研究的基础上,设计出本企业的服务组合,明确要为顾客提供哪些核心服务、配套服务和辅助服务等内容。

1）明确企业的核心服务产品

核心服务是旅游企业提供的主要服务，是旅游企业存在的根本理由，它回答的是旅游服务的消费者真正想要得到的基本服务和核心利益是什么。因此，旅游服务企业的管理者应根据本企业的服务愿景和概念，明确本企业的核心服务，并把核心服务与产品设计放在首位。

2）有效设计配套服务与辅助服务

对许多服务性企业来说，配套服务与辅助服务的界限并不十分清晰。企业定位不同，某一类服务的界限就有可能不同。例如，宽带网络服务对商务型酒店来说是配套服务，但对经济型酒店来说则是辅助服务。顾客类型不同，某一类服务的界限也有可能不同。例如，酒店的商务中心服务对于商务顾客而言就是配套服务，而对于休闲度假顾客而言则是辅助服务。同时，随着时间的推移，某一类服务的界限也可能发生变化。例如，凯悦酒店当年在客房浴室开创性地配置了洗浴用品，并把它作为酒店一种差异化的竞争手段，取得了极为成功的效果，显然在当时这是一种辅助服务产品。之后，众多酒店纷纷效仿，以至于现代酒店客房浴室摆放洗浴用品成为普遍的做法，这显然是一种配套性服务，以便为顾客提供更好的住宿服务。但在21世纪，随着绿色酒店的兴起和环保概念的深入，酒店配套的洗浴用品逐渐又有从配套服务产品向辅助服务产品回归的趋势。

因此，精心设计配套服务产品与辅助服务产品，并有效地将之与企业的核心服务一起提供给顾客，对于旅游服务企业的管理者来说，都十分重要而有意义。但旅游服务企业的管理者又必须将二者有效地加以区分，从而将本企业的整体服务组合与竞争对手的服务组合区别开来，塑造差异化，进而增强本企业的市场竞争力。

（二）服务体系

对于旅游服务企业来说，设计完善的服务体系至关重要。美国服务营销家、花旗银行前副总裁肖丝丹克（Shostack G. Lynn）运用"视野分界线"，从顾客的可视性出发，将服务体系划分为顾客看得见的和顾客看不见的两个部分，即前台操作体系和后台辅助体系。服务系统图如图5-4所示。

1. 前台操作体系

旅游服务企业的前台操作体系的基本职责就是为顾客提供优质服务，保证服务结果的质量。同时，前台操作体系还应为顾客提供优质的交往服务，以保证服务过程的质量。因此，旅游服务企业的管理人员应以服务过程为依据来设计工作任务，确定前台操作体系所需的人力资源和物质资源的数量，以及企业应如何综合使用这些资源以达到为顾客提供优质服务的目的。显然，前台操作体系设计的目标就是要处理好顾客、服务人员和经营管理系统之间的关系。

1）顾客

顾客不仅是服务的接受者和消费者，同时也是服务的参与者与配合者，甚至是自助服务中的"兼职服务员"。因此，旅游服务企业的前台操作体系设计就必须方便顾客消费，帮助顾客参与操作。具体应从以下三个方面去设计。

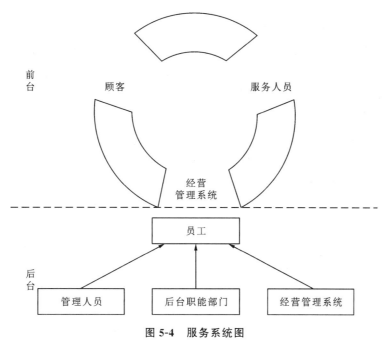

图 5-4 服务系统图

（资料来源：温碧燕.服务质量管理[M].广州：暨南大学出版社，2010.）

一是要帮助顾客掌握必要的自我服务技能。如酒店烧烤餐厅工作人员指导顾客如何烧烤出美味食物的烧烤技能。二是要鼓励顾客积极参与自我服务。如有的酒店在美食街之类的餐厅将菜品样品全部陈列出来，顾客根据自我需要来下单、自助餐厅顾客自己取食物饮料等。三是要提供必要信息，使顾客理解他们应完成的服务工作。如酒店健身中心提供健身器材使用说明，帮助顾客理解健身器材操作，避免受伤。

2）服务人员

旅游企业的前台服务人员不仅是企业形象的代表和象征，他们的一言一行都透射出该企业的服务品质；而且他们经常与顾客接触，了解顾客的需求偏好与需求变化，能帮助企业生产出适应顾客需求的产品与服务；同时因为他们是服务的直接提供者，他们能及时发现服务工作中的问题与不足，从而能采取最迅速的服务补救措施，保证服务质量和顾客的满意度；另外，前台服务人员在服务顾客的过程中，易于增进与顾客的情感交流与沟通，其优质的服务能在顾客群中形成"口碑效应"，从而有利于企业产品与服务的市场推广与宣传。因此，旅游企业的前台操作体系中，员工的工作设计至关重要。具体应做到以下 4 点。

一是旅游企业管理人员应认真根据服务需要设计服务流程，通过严格的培训与考核使员工熟悉整个服务流程，并在服务过程中严格执行服务流程。二是要针对不同类型的顾客的需要和服务中可能出现的突发性问题，预设服务方案和补救措施，以便能快速灵活处理顾客需求与不足。三是要对前台服务人员进行恰当授权，鼓励员工在其权限范围内提供灵活服务或补救服务。四是树立并内化优质服务的理念，使前台服务人员能自觉地为顾客提供优质服务。

3）经营管理系统

旅游企业的经营管理系统包括经营管理制度、服务操作程序、服务操作技术及服务提供

所需物质与资源等,它是前台操作系统的依托与保障,对员工服务与顾客质量感知影响重大。特别是经营管理制度和服务操作流程,必须以方便对客服务为导向,在以规范化和标准化的规章制度与操作程序为基础的前提下,删除其中不必要的繁琐的规章制度和操作程序,将服务工作决策权转移到前台服务一线员工,对服务人员授予必要的工作决策权,以便员工主动地、灵活地、创造性地为顾客提供优质服务。

2.后台辅助系统

任何组织的后台辅助服务系统对整个组织的正常运转都影响巨大。没有后台辅助服务系统的支持与协助,旅游服务企业就无法确保前台操作系统的正常运营,也就无法为顾客提供优质的服务。芬兰著名服务营销学家格罗鲁斯认为,后台辅助系统应该为前台操作系统提供管理人员的支持、后台职能部门的支持、经营管理系统的支持。

1)管理人员的支持

管理人员的支持是三类支持中最重要的一类支持。一方面,旅游企业的管理人员要重视企业文化的建设,将为顾客提供优质服务纳入企业的核心价值观,并将之作为全体员工的共同信念与行为准则,鼓励员工以此为服务导向,竭尽所能为顾客提供优质服务。另一方面,在服务工作中,旅游企业的管理人员要坚定地为前台一线员工创造良好的工作环境,提供工作方便与支持,并在其遇到工作问题时给予及时指导和帮助。此外,管理人员还应关注前台一线员工的工作状态、心理情绪甚至是生活情况等表现,以便提供心理辅导与生活支持。

2)后台职能部门的支持

后台职能部门的支持是前台服务人员做好工作的必要条件,没有后台职能部门的支持,前台服务人员就不能为顾客提供优质服务。酒店维修部若不能及时维修好客房设备,前台员工就无法向顾客出售客房;厨房洗碗工若不能及时清洗餐具,餐厅服务人员就无法为顾客提供就餐服务。因此,后台职能部门员工应把前台服务人员和其他职能部门员工当作是自己的服务对象,即"内部顾客",并为其提供优质服务,这样整个旅游企业才能为顾客提供高效优质的服务。

3)经营管理系统的支持

"科技是第一生产力"。现代新技术和新设备在旅游服务企业中的应用,极大地提高了企业的服务质量、工作效率和企业获利能力。同时,高科技成果的应用还改善了服务人员的工作条件,减轻了其工作消耗,降低了服务差错的可能。如酒店客房管理系统、餐厅收银系统、仓储系统等的使用不仅给服务人员的工作带来了便利,提高了其工作效率,同时也降低了服务中可能出现的差错和问题。

(三)服务环境

服务系统中的环境要素是指企业向顾客提供服务时所需的支持性设施、设备以及企业内部的装潢、布置等,包括存在与服务提供地点的所有物质形态的资源和由此而营造出来的某种氛围。

服务企业的实体环境对顾客感知的服务质量有重要影响。首先,顾客到服务现场参与服务享受服务,实体环境是构成服务消费和服务过程的关键组成部分,直接影响到顾客对所接受的服务的评价与判断。其次,员工在现场为顾客提供服务,工作环境是否舒适、设备设施是否方便好用等,直接影响着员工的工作效率和服务质量。显然,服务环境对顾客和员工都会产生直接影响。根据比特纳(Bitner)的观点,服务环境包括环境氛围、符号与标志、布局与陈设三部分。

1. 环境氛围

服务场所的环境氛围如何对处在服务现场的人,包括顾客、服务人员、管理人员的感官产生重要影响。通常企业采用的环境氛围设计主要是针对顾客的视觉、听觉和嗅觉进行的。视觉上主要运用冷暖色系、空间大小等对顾客的心理进行影响,旅游服务企业的公共场所如酒店大堂、餐厅等一般均采用暖色系以营造舒适、温馨与热情的氛围。听觉上则主要体现在背景音乐的播放上。国外有研究证明,在服务环境中播放音乐会增强顾客的受尊重感,而且所播放音乐的节奏能显著影响顾客情绪和逗留时间。快节奏的音乐会使顾客心情急躁,加快购买速度,产生想快速离开的想法;相反,慢节奏的音乐则有利于舒缓顾客的紧张情绪,并延长顾客的逗留时间。这也是旅游服务企业如酒店的大堂、餐厅和楼层等公共区域播放轻缓背景音乐的理由。

2. 符号与标志

符号与标志在服务环境中的主要作用是向顾客传递信息,方便顾客消费。例如,在旅游景区的道路两侧经常会看到交通路线指示标志和景点位置指示标志,以便游客能快速找到自己想要到达的地方;酒店则通常会采用指示牌导引顾客流向,如公共卫生间、餐厅、楼层房间所在方位等。如果服务环境中的符号模糊、指示不清,会导致顾客对企业的运营能力产生怀疑和不信任,从而使顾客感知的服务质量也将大打折扣甚至招致投诉。

3. 布局与陈设

布局与陈设是指服务环境中各类设施的布置、摆放及装饰,它在实体环境中也有不可忽视的作用。良好的布局与陈设不仅能提高服务人员的工作效率,而且能满足顾客对服务环境干净整洁的基本心理要求,从而提高顾客的感知质量。相反,脏、乱、差的服务环境势必会降低顾客对质量的评价。

总体来说,顾客对服务环境设计的质量感知受到内部装饰、陈列品、颜色搭配、空间构造、设备设计、整体氛围等多方面因素的影响,面临的挑战是确定最普遍认同的吸引力。迪斯尼公司在其所有公园中都将环境质量和主体区域的视觉影响和景观美化摆在相当重要的地位。

(四)服务流程

服务是由一系列活动所构成的过程,它是一种操作过程。因而,服务是操作流程的产物或结果,是服务流程创造了服务。服务流程设计是服务设计的核心,狭义的服务设计就是指服务的流程设计。

第二节 旅游企业的服务场景设计与有形展示

携程网的有形展示

携程旅游网由携程计算机技术(上海)有限公司于1999年5月创建,同年10月正式开通。该公司是一家吸纳海内外创业投资的高科技旅行服务公司,在北京、上海、广州、深圳和香港设有分公司。在不到一年的时间内,携程旅游网迅速成长并实现了旅游产品的网上一站式服务,业务范围涵盖酒店、机票、旅游线路的预订及商旅实用信息的查询检索。携程网通过与业务伙伴和旅游产品供应商的策略联盟,已建成快捷有效、体贴周到的服务体系,并一直坚持"以客户为中心"的原则。携程网将其网站定义为4种角色,即一站、一社、一区、一部,在此基础上建立起携程网颇具特色的3C旅游网站模式。

一站:携程网站(Crip.com 就是 Chinese Trip)。携程网提供在线预订服务,包括在线机票预订、酒店预订、旅行线路预订。

一社:建立一个虚拟的网上旅行社。在网上提供吃、住、行、游、购、娱6个方面的产品。携程网有覆盖中国及世界各地旅游景点的目的地指南频道,其信息涉及吃、住、行、游、购、娱以及天气等诸多方面,堪称一部日益完善的网上旅行百科全书。

一区:旅行社区为用户发表评论、相互交流提供场所。网站社区频道深受网民欢迎,社区为旅游者提供交流和获取信息的场所,兼有趣味性和实用性于一体的栏目,如"结伴同游"、"有问必答"等。旅行社区开展各种特色旅行活动:对商旅客户按企业的需求定制,实行有效的出差费用管理,随时随地享受服务;对休闲旅游者提供完全个性化的服务,信息实用全面化,旅行、交友、娱乐并重。

一部:网友俱乐部,让网友们在线上线下都能感受到携程带来的快乐。

携程网的信息内容设计主要包括以下几个方面:① 景点、饭店、旅游线路等方面的信息;② 旅游常识、旅游注意事项、旅游新闻、货币兑换等;③ 会员的自助旅游倡议、旅游观感、游记、旅游问答等;④ 与旅游相关的产品和服务;⑤ 服务信息;⑥ 各种优惠和折扣;⑦ 旅游工具箱;⑧ 自助旅游线路介绍;⑨ 主题旅游线路介绍。

根据网络营销战略理论,可以看出携程网实施的是宽深营销战略。在网站进入渠道的宽度上,网站采取了与多家大型门户网站联盟,提高在各大搜索引擎上的排名,激励会员主动宣传,向会员定期发送信件,在门户网站上刊登广告的方式,大大拓宽了消费者进入网站的渠道;在网站深度上,网站建立了大型数据库、预订中心的技术设施和旅游景点介绍,开展社区活动等,加大网站的内容、服务项目与质量深度。

(资料来源:许晖.服务营销[M].北京:中国人民大学出版社,2015.)

由于旅游服务的无形性,服务在被购买之前很难被理解和评价。虽然顾客看不到服务,但是能看到服务提供的场地、设施设备、服务工具、服务的员工、服务信息资料、服务价目表及其他正在接受服务的顾客等,所有这些有形个体都是看不见的服务的线索。在顾客购买之前,服务的场景及有形展示作为一个主要提示,影响着顾客的期望。顾客通过理解这些场景和有形展示线索来帮助他们做出购买决策。而在顾客接受服务的过程中,这些服务场景和有形展示会影响顾客的反应,同时,顾客和员工之间也存在着相互影响。因此,旅游服务企业通过对服务场景和有形展示的管理,能为顾客提供整体的服务感受,增强顾客对旅游企业服务产品的理解和认知,帮助顾客做出购买决策,并在适当的时候成为顾客回忆的线索。

一、服务场景设计的内涵及其理论模型

在实施服务营销策略的过程中,服务场景的设计往往是企业营销努力的重点,因为顾客在接触服务之前,最先感受到的就是来自服务场景的影响,尤其是对于那些易先入为主的顾客而言,环境因素的影响至关重要。服务场景与实体设施的风格和外观以及其他体验因素有关。服务场景设计是一门艺术,服务场景一旦设计装修好,就很难改变。因此,对服务场景的设计需要投入大量的时间、精力和成本。

旅游企业的服务场景是指企业向顾客提供服务的场所,不仅包括影响服务过程的各种设施,而且包括许多无形要素。凡是会影响服务表现水准和沟通的任何设施都包括在内,因为服务场景在形成顾客期望、影响顾客经历和实现服务组织的差异化等方面发挥着重要作用。在服务组织实现从吸引顾客、保留顾客到提升顾客关系这一系列的过程中,服务场景都有深刻的影响。

服务场景设计本质上是一种服务环境的构造与设计。环境心理学研究的是人们如何对环境做出反应,服务管理学者们运用这一理论来研究顾客在服务环境中的相关反应,针对顾客对服务环境的反应,调整相关服务场景设计,从而达到促进购买、增强服务体验的目的。在服务场景设计的理论模型中,梅赫拉宾-拉塞尔刺激反应模型是比较有名的(见图5-5)。该模型认为顾客感觉是顾客对服务环境做出反应的主要动因。

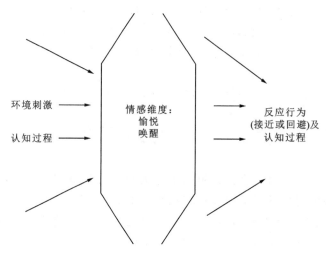

图 5-5　梅赫拉宾-拉塞尔刺激反应模型

(资料来源:克里斯托弗·洛夫洛克,约亨·沃茨.服务营销(亚洲版)[M].2 版.郭贤达,等,译.北京:中国人民大学出版社,2007.)

二、服务场景的功能与类型

(一)服务场景的功能

根据环境心理学理论,顾客通过感官对有形物体的感知及由此所获得的印象,将直接影响顾客对服务产品质量及服务企业形象的认识和评价。消费者在购买和享用服务之前,会根据可以感知到的有形物体所提供的信息对服务产品做出判断。对于服务企业来说,借助服务过程的各种有形要素必定有助于有效地销售服务产品。

服务场景作为使服务组织提供的无形服务实现有形化和差别化的有效手段,在提升服务质量管理中起到重要作用,其作用大致表现在以下 4 个方面。

1.包装作用

与有形商品的包装一样,服务场景和有形展示基本上也是对服务进行的"包装",并以其外在形象向消费者传递内在信息。例如,美国联邦快递公司就曾经重新设计所有的有形物来革新形象,他们首先进行了广泛的顾客、员工调研,再建立地区规模模型,最后设计服务中心外观,再到投递箱和邮递员的邮包等等,所有的一切向顾客表达出"这里的一切都很简单"。

2.辅助作用

服务场景可以作为辅助物为人们提供帮助。环境的设计能够促进或者阻碍服务场景中活动的进行,使顾客和员工更容易或更难达到目标。设计良好的功能设施可以使顾客将接受服务视为愉快的经历,员工也将提供服务视为轻松的行为;与此相反,不理想的场景设计会使顾客和员工都感到不满。例如,旅行者乘坐国际航班经过某个机场时发现没有指示牌、通风不好、座位不够,并且没有吃东西的地方,他们会觉得非常不满意,而在此工作的员工则会因此而遭受到顾客抱怨与指责而感到委屈且不满。

3.交际功能

设计服务场景有助于员工和顾客的交流,可以帮助传递所期望的影响、行为和关系等。同时,设施的设计还能让顾客了解自己和员工的职责所在,让彼此明白在该环境下的行为应该如何以及何种类型的行为应该给予鼓励。如顾客在酒店的包厢消费,整个包厢的设计场景不仅易于顾客的环境消费需要,而且也便于顾客与员工的沟通与交流,更提醒员工与顾客在这个环境下各自应有的行为。

4.区别作用

有形设施的设计可以将一个组织同其竞争对手区别开来,并且表明服务所指向的细分市场。有形展示能起到区分作用,可使用有形环境的变化来重新占领或吸引市场。在购物中心,装潢和陈列中使用的标志、颜色,甚至店堂里回荡的音乐等都能标识企业期望服务的细分市场。有形环境的设置也使一个服务组织中一个区域不同于另一个区域。在酒店业中,酒店通常通过不同的设计风格和环境设计来提供几种不同档次的饮食服务,这就是服务场景与环境的区别作用所致的。

(二)服务场景类型

一些服务管理专家根据服务场景的主角和服务复杂程度对服务场景进行了分类。通常服务场景的主角有三种情况:只有顾客——自助服务情况;只有员工——远程服务情况;员工和顾客同时存在——交互服务情况。其中又分为简单与复杂两种情况。服务场景类型的具体分类情况见表5-1。

表 5-1 服务场景类型

服务场景主角	服务场景复杂程度	
	简单	复杂
自助服务 (只有顾客)	ATM	高尔夫球场
	移动公司10086查询	冲浪现场
	互联网服务	
远程服务 (只有员工)	自助语音信息服务	保险公司
		公共事业公司
		众多的专业服务
交互服务 (有顾客和员工)	干洗店	饭店
	烧烤摊	餐厅
	美发厅	保健所
		医院
		银行
		航班
		学校

(资料来源:许晖.服务营销[M].北京:中国人民大学出版社,2015.)

从以上分类可以看出,旅游服务企业如饭店、餐厅、航班等都属于交互服务的复杂服务场景类型。而这种复杂服务场景类型,影响着员工在与顾客接触中的关系。

三、服务场景设计的影响因素及关键因素

(一)服务场景设计的影响因素

1. 服务组织的目标

服务企业核心服务的性质决定其场景设计的参数。例如,酒店餐厅的不同档次决定了其不同的场景设计,如服务设施的规格、数量、服务人数等;客房服务中心必须有足够的空间来安置服务用品、值班人员等。除了这些基本需求外,服务场景设计还能对定义服务做出进一步贡献,它可以形成直接的认同,就像麦当劳的"m"那样。外部设计也可以为服务的内在性质提供暗示,例如装修豪华的高档宾馆、活泼整洁的学校建筑等。

2. 组织柔性

成功的服务机构是能适应需求的数量和性质发生变化的动态组织,服务对需求的适应能力在很大程度上取决于当初设计时赋予它的柔性。组织柔性是组织为应对未来的需求变化而进行的设计。因此,在组织设计阶段就应该提出类似的问题:怎样的设计才能满足当前服务及未来服务扩展;如何设计服务设施才能使之适用于将来新的服务。例如,现在设计的快餐厅可能面临如何修改设施以适应顾客驾车通过窗口购买的服务需求。酒店客房如何通过更换设施组合以达到改变房间空间或房型的潜在经营需要等。面对未来的设计,最初可能需要一些额外的费用,但是会在长期运作中节约财务资源。

3. 员工和顾客的需求

服务场景的设计要有利于顾客和员工的交流,因此必须考虑员工和顾客的需求。如前所述,服务场景对顾客的感觉和行为有显著的影响,同时也影响着员工及其提供的服务。服务场景的设计要综合运用心理学、美学、人体工程学等学科的理论和知识,充分考虑服务过程中员工和顾客的需要,从而进行有的放矢的设计。

4. 社会与环境

对于服务设施,最重要的莫过于其对社会和环境的影响。例如,酒店房间与餐厅的设计要保证其排放的环保性,不能影响周围社区的环境和居民的正常生活。酒店地下停车场要有足够大的空间,能保证客流高峰时期不会出现安全问题并影响所在地周围的交通安全问题等。

(二)服务场景设计的关键因素

旅游服务企业要塑造良好的形象,受很多因素的影响。营销组合的所有构成要素,如价格、服务、广告、公关活动等,既影响顾客的观感,也是服务的实物要素。影响服务场景设计的关键因素主要有两点:实物属性和气氛。

1. 实物属性

旅游服务企业的外观会影响其服务形象。一栋建筑物的具体结构,包括大小、造型、使

用材料、所在位置以及与邻近建筑物的比较,都是影响顾客感受的因素。至于相关因素,如便利性、可及性、橱窗门面、门窗设计以及招牌标志等也很重要。外在的可观瞻性往往能让顾客产生牢靠、永固、保守、进步等印象。服务企业内部的陈设布局、装饰、家具、装修、照明、色彩搭配、材料、空气调节、标记以及图像和照片等,往往会创造出印象和形象。从更精细的层面来讲,内部属性还包括记事簿、文具、服务说明、展示空间和货架等。将所有这些构成要素合并在一起成为一家服务企业特有的整体个性,需要相当的技巧和创造性。有形展示可以使一家公司或机构显示出个性,而个性在高度竞争和无差异化的服务市场中是一个关键特色。

2.气氛

服务设施的气氛也会影响企业形象。气氛原本是一种有意的空间设计,借以影响消费者。气氛对于员工以及前来消费的顾客,都有重要影响。以酒店为例,每家酒店都有自己独特的大堂功能结构和不一样的装潢与布置,都会给客人留下不同的感觉,有的豪华,有的朴实,有的宽敞,有的紧凑。气氛是由具有创造性的公司设计的,他们知道如何将视觉、听觉、嗅觉等与感觉上的刺激合并利用来取得预期效果。因此,许多服务性企业都开始理解气氛的重要性。一般来说,影响气氛的因素包括以下几种。

1)视觉

视觉向消费者传达的信息比其他任何感觉都要多。因此,在设计企业服务场景、烘托服务氛围的时候,应将视觉看作对服务企业最重要的因素。视觉吸引可以被定义为理解刺激物的过程,它引起了感知的视觉关系。基本上,吸引消费者的三种主要视觉刺激是大小、形状、颜色。消费者从视觉关系方面来解释视觉刺激,它由协调、对比和冲突构成。协调感知涉及视觉认同,和较为安静、正式的商业环境有关。比较而言,对比和冲突则与令人兴奋、快乐的非正式商业环境有关。

2)听觉

听觉吸引可以充当三种角色:情绪煽动者、注意力捕捉者和告知者。有意将声音加入服务接触中的前摄方法可以通过音乐来实现。音乐可以帮助设定消费者体验的情绪,同时可以吸引消费者的注意力或者向他们宣传企业的产品。声音往往是气氛营造的背景,它也可以转移消费者的注意力,因此,服务场景中也需要考虑听觉产生的效应。

研究表明,背景音乐至少可以通过两种方式影响销售:首先,背景音乐可以提升消费者对服务场所氛围的感知,还可以影响消费者的情绪;其次,音乐常常影响消费者在服务场景中的消费体验。研究表明,消费者更关注那些在服务场所内播放背景音乐的企业。

表5-2展示了在一个饭店中,背景音乐对消费者和服务提供者行为的影响。从表中可以看出,提供服务的节奏和消费者的节奏都受到音乐节拍的影响。当播放舒缓音乐的时候,消费者的消费时间较久,饭店毛利率更高,但饭店还是需要考虑播放快节奏的音乐以提高翻台率。

表 5-2　背景音乐对饭店顾客行为的影响

变量	舒缓的音乐	快节奏的音乐
服务时间	29 分钟	27 分钟
顾客在餐桌边的时间	56 分钟	45 分钟
在入座之前就离开的顾客	10.5%	12%
购买食物的费用	55.81 美元	55.12 美元
购买吧台饮料的费用	30.47 美元	21.62 美元
估计的毛利	55.82 美元	48.62 美元

(资料来源:许晖.服务营销[M].北京:中国人民大学出版社,2015.)

3)嗅觉

环境氛围在嗅觉效果上的设计也是服务环境设计的一个重要环节。气味会影响形象与购买。零售商店如咖啡店、面包店、花店等,都可以利用香味来推销商品。面包店可以巧妙地使用风扇将刚出炉的面包香味吹散到街道上,诱导顾客购买。餐馆也可以利用香味达到良好的推销效果。研究表明,企业的环境氛围会受到气味的强烈影响,而顾客对服务的感知与评价也与气味紧密相关(见表 5-3)。

表 5-3　商场气味对顾客感知服务评估的影响

	顾客评价	无气味(平均值)	有气味(平均值)
商店	不受欢迎/受欢迎	4.27	5.10
	不喜爱/喜爱	4.65	5.24
	形象:过时的/现代的	3.76	4.72
商店环境	无吸引力/有吸引力	4.12	4.98
	不舒服的/舒服的	4.84	5.17
	沮丧的/高兴的	4.35	4.90
	阴暗的/明亮的	4.00	4.58
	无趣的/有趣的	4.03	4.87
	不悦的/愉快的	4.47	5.15
商品	式样:陈旧的/时髦的	4.71	5.43
	选择:不足的/充足的	3.80	4.65
	质量:低/高	4.81	5.48

4)触觉

当消费者触摸一件商品时,该商品被销售的机会就会大大增加。但人们如何去触摸无形的服务呢?厚重质料座椅的厚实感、地毯的厚度、壁纸的手感、咖啡店桌子的木材和大理石地板的冰凉感,都会给顾客带来不同的感觉,并营造出独特的气氛。某些零售店以样品展示的方式激发顾客的感觉,但有些商店,如陶瓷店、古董店等,就禁止利用触觉。不论何种情况,产品使用的材料和陈设展示的技巧都是重要因素。

5)味觉

味觉吸引相当于向消费者提供一些样品。在服务行业中,营造服务氛围时,味觉吸引的运用取决于服务的有形程度。例如,饭店可以运用味觉吸引顾客。在试用公司的样品时,顾客就有机会去观察公司的有形展示并形成对该公司及其工作能力的感知。因此,运用样品的公司应该将试用过程看成一个机遇而不是去迎合一群想要免费东西的顾客的行为。科特勒认为,气氛可以变成一种适当的竞争手段,尤其在竞争者越来越多、产品与价格的差异较小以及产品针对特殊服务阶层或特殊生活方式的顾客时。

四、服务场景设计的原则

要设计出理想的服务场景并非易事。除了需要花费大量的金钱外,一些不可控的因素会使服务场景的设计困难重重。一方面,我们对环境因素及其影响的知识和理解有限,另一方面,每个人都有不同的爱好与需求,他们对同一环境条件的认识和反应各不相同。尽管如此,旅游服务企业如果能够深入了解顾客的需求,根据目标顾客的实际需要设计服务场景,仍然可以达到较为理想的质量效果。在服务场景的设计过程中需要遵循以下原则。

(1)设计理念集中于统一的具体形象,各设施要素必须相互协调,共同营造一种形式统一但又重点突出的组织形象,一点点不和谐因素都可能破坏整体的形象。

(2)服务的核心利益决定设计参数,外部设计要为服务的内在属性提供暗示。

(3)设计必须适当,肯德基、麦当劳店的外部形象用色彩亮丽的材料装饰,值得其他旅游企业借鉴。

(4)要考虑设计的柔性及未来的设计需要。如果忽略此点,则顾客可能拖着沉重的旅行箱走过长长的通道才能到达登机口或电梯口。

(5)美学与服务流程是服务场景设计中时刻要考虑的两个要素。

五、服务场景设计的步骤与工具

(一)服务场景设计的步骤

设计一个服务场景,既要考虑企业实际情况,也要考虑服务营销因素,既方便员工工作,又能激发顾客购买。因此,企业首先需要调查服务环境,然后再做出战略性计划。同时,在服务场景设计的决策中必须考虑最终用户和各职能部门的要求。

1.调查服务环境

设计服务场景的前提是进行服务环境调查,通过调查了解顾客对不同类型的环境的偏好和反应。常见的调查方法有问卷调查法、观察法和实验法等。顾客导向是任何服务管理决策必须坚持的观点,只有在顾客认知基础上设计的服务场景才能发挥其作用,达到预期效果。

2.确定服务场景的设计目标

在设计服务场景之前,明确服务场景设计的目标十分重要。服务场景设计的目标一定要与服务产品的概念和企业的总体目标或愿景相一致,否则容易导致服务信息之间的不一致甚至冲突。因此,设计者一定要明确基本的服务概念、目标市场,企业对未来的构思要明确,要知道目标是什么,然后决定展示策略如何提供支持。另外,很多展示的决定、实施与费用相关(特别是服务场景的决定),因此,必须进行专门的计划和执行。

3.画出服务场景蓝图

服务场景蓝图是一种有效描述服务展示的方法,它有多种用途,要从视觉上抓住有形展示的机会时它们特别有用,人、过程和有形展示在服务蓝图上都可以明确地表示出来。从图上可以看出,服务传递到所涉及的行为、过程和复杂性,人员交互的点,这些点提供了展示的机会和每一步的方法。服务场景蓝图给出了在顾客行动时所提供的每一步服务。服务场景蓝图清晰、条理性地提供了一个文档,记录了某一特定服务情形中存在的有形展示。

4.协调各职能部门

服务有形展示的设计过程可能需要企业各部门的参与。例如,企业员工制服的决定由人力资源部门做出,服务场景设计的决定由设备管理部门做出,加工设计决定由业务部门做出,广告和销售由营销部门做出等。各职能部门之间的协调工作至关重要,有必要组成一个服务场景设计的多功能小组,以对各职能部门进行协调,并对服务场景的战略、设计等做出一致的决策。

(二)服务场景设计的工具

管理者、监督者及基层员工对消费者的行为和他们对服务场景的反应有敏锐的观察。通过使用意见箱、小组访谈和其他调查工具,从基层员工及顾客处收集反馈意见和各类创意。

现场观察可以用来加强场景设计中的某些方面,如我们可以将许多类型的音乐与气味搭配,然后关注消费者在不同环境中的消费金额、停留时间和他们的满意度。

成功的市场营销活动的关键是管理与无形服务相关的有形因素。顾客总是在服务环境、信息沟通和价格中寻找服务的代理展示物,用来指导其购买选择。加强对有形展示的管理,努力借助有形元素来改善服务质量,树立独特的服务形象,对企业成功开展市场营销活动非常重要。

六、服务场景的高接触与低接触设计

旅游服务企业根据与顾客接触程度的差异,在设施布局、产品设计和过程设计方面都会存在显著的差异。

(一)设施布局

旅游服务企业,如酒店,首先应当准确界定哪些服务部门是高接触部门,哪些是低接触部门。一般而言,酒店直接服务顾客的部门如餐厅、总台、康乐、商场、客房等都属于高接触顾客的部门,而保安服务、工程服务、园艺服务等相对而言属于低接触服务部门。因此,在那些高接触服务部门,其设施布局方面,就应当考虑到顾客的生理及心理需要与期望,当顾客进入这些服务场所时,他们不期望看到一个充满异味、不干净的环境,而是希望看到有魅力的员工、设施方便挪动、适合亲朋好友聚会休闲的舒适宽敞的空间。反之,低接触部门的设施布局应当设计得便于生产和员工工作。显然,高接触服务的设施设计通常要比低接触服务的设施设计更为昂贵。

(二)产品设计

因为顾客会参与高接触服务过程,所以顾客的参与将最终决定高接触服务不同于低接触服务。在酒店的餐厅、酒吧、商场、康乐等场所中,通过有形产品以及服务环境中的有形展示,顾客将给出对产品的评价。在低接触服务中,顾客一般不直接参与服务过程,顾客一般通过与员工的对话、员工的推介等来最终评价其服务。

(三)过程设计

在高接触服务过程中,必须考虑顾客会亲临现场,服务过程中的每个阶段都对顾客有直接和实时的影响。因此,在每一次的接触中,一系列微型服务和有形展示将有助于顾客对服务过程的总体评价。例如,酒店的顾客会直接参与客房预订、总台登记入住、餐厅就餐、商场购物、康体健身等消费过程和结账过程。相反,顾客在低接触服务中没有参与或极少参与生产环节,因此他们对服务的评价主要是基于结果本身。

七、有形展示的概念及构成要素

(一)有形展示的概念

在对服务质量的管理中,有形展示通常是指服务提供的环境、组织与顾客相互接触的场所,以及任何便于服务履行和沟通的有形要素。由于服务的无形性的特征,消费者在进入旅游服务企业后会利用各种感官来对服务企业的各种有形物体进行感知,并将由此获得对该企业及其服务的印象,而这将直接影响消费者对服务质量及服务企业形象的认识与评价。

(二)有形展示的作用

服务有形展示的具体作用表现在以下几个方面。

(1)可以有效地帮助消费者建立起消费信心,消除消费者心理的不确定感和风险感,尽量消除消费者的心理差异,帮助企业向消费者传达正确的消费心理预期。

(2)宣传企业,提高企业知名度和顾客满意度。一个企业要被人们熟知和牢记,仅靠口头宣传是很无力的,必须有实体让消费者记住,进而形成一个整体形象。对于服务企业来说,良好的有形展示可以起到宣传企业、建立品牌形象、提高企业知名度的作用,进而使消费者有一种归属感,将消费者的定位和企业的定位相融合,从而提高消费者的满意度。

（3）让消费者得到美的享受。经过精心设计，充满艺术感的有形展示可以使消费者从服务中得到美的享受。无论是建筑物的造型、色彩、装饰，还是绿植、背景音乐、灯光，都可以给消费者以艺术美的享受。

（4）影响顾客对服务产品的第一印象。对于新顾客而言，在购买和享用某项服务之前，他们往往会根据第一印象对服务产品做出判断。由于服务是抽象的、不可触摸的，那么有形展示作为服务内涵的载体无疑是顾客获得第一印象的基础，有形展示的好坏直接影响到顾客对企业服务的第一印象。

（5）帮助服务人员进行自我定位，促使其为顾客提供更加优质的服务。做好有形展示工作，不仅可以为消费者创造享用服务的良好环境，而且可以为服务人员创造良好的工作环境，使员工感受到企业关心他们的工作条件，进而鼓励他们为消费者提供更加优质的服务。

（三）有形展示的构成要素

对有形展示可以从不同角度进行分类。不同类型的有形展示对顾客的心理及顾客判断服务产品质量的过程有不同程度的影响。从有形展示的构成要素进行划分，可分为物质环境、信息沟通和价格。

1. 物质环境

物质环境有三大要素：周围因素、设计因素和社会因素，如表 5-4 所示。

表 5-4 物质环境的三大要素

要素	解释	具体内容
周围因素	不易引起顾客立即注意的背景条件	空气的质量（温度、湿度、通风情况）、噪音、气味、整洁度
设计因素	顾客最易察觉的刺激	美学因素（建筑、颜色、尺度、材料、结构、形状、风格、附件）、功能因素（标识、陈设、舒适）
社会因素	环境中的人	其他顾客（数量、外貌、行为）、服务人员（数量、外貌、行为）

（资料来源：郭国庆.服务营销管理[M].2版.北京：中国人民大学出版社，2009.）

周围因素是指消费者不会立即意识到的环境因素，包括温度、通风、气味、声音、整洁度等。一般来说，良好的环境并不会让消费者感到特别高兴和惊喜，也不一定能促进顾客消费，但较差的环境会立即引起顾客的注意，使其望而却步。

设计因素是指刺激消费者视觉的环境因素，包括服务场所的设计及服务企业形象标识等，它分为美学因素（如服务企业建筑的式样、风格、颜色、规模、材料、格局、绿化及室内装饰等）和功能因素（如服务企业各个服务窗口的布局、舒适度、方便程度等）。相比周围因素，设计因素对消费者感觉的影响比较明显，有助于主动刺激。

社会因素是指在服务场所内一切参与及影响服务生产的人，包括服务员工和其他在服务场所出现的各类人士，他们的言行举止皆可能影响顾客对服务质量的期望和判断。一般情况下，顾客对服务和服务提供者不进行区分，常常把服务人员看成服务本身，因此，服务企业可以进行恰当的服务场所设计,促进服务人员与服务消费者之间的交流,促进服务的推广。

2.信息沟通

信息沟通是另一种服务展示形式,沟通信息来自企业本身以及其他引人注目的地方,他们通过多种媒体传播,对服务进行展示。服务企业总是通过强调现有的服务展示并创造新的展示来有效地进行信息沟通管理,从而使服务和信息更加具有有形性。

服务有形化是指服务企业通过创造服务的有形展示,在信息交流过程中强调和服务相关的有形物,这样就可以把与服务相联系的有形物推到信息沟通的前沿,让顾客能够真切地感受到服务。鼓励对服务企业有利的口头传播是信息有形化的一种方法。图 5-6 总结了服务企业通过信息沟通进行服务管理时所使用的各种方法。

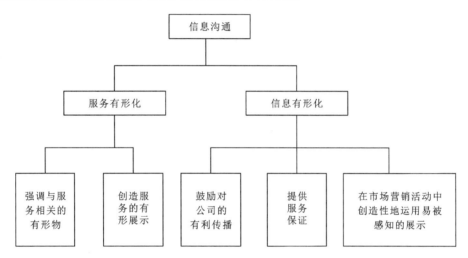

图 5-6　信息沟通与服务展示

(资料来源:郑吉昌.服务营销管理[M].北京:中国商务出版社,2005.)

3.价格

在购买服务时,顾客通常把价格看作有关服务的一个线索。价格能培养顾客对服务的信任,同样也能降低这种信任。价格可以提高人们的期望(它们如此贵,一定是好货),也能降低期望(你付出这么多钱,得到了什么)。服务的不可见性使可见性因素对于顾客做出购买决策起着重要作用,价格就是一种对服务水平和质量的可见性展示。

在服务行业,正确定价特别重要,因为服务是无形的。价格是对服务水平和质量的可见性展示,因此,价格成为消费者判断服务水平和质量的一个依据。

如果营销人员把服务价格定得过低,则暗中贬低了他们向顾客提供的价值,顾客会怀疑,这样低廉的服务意味着什么样的专长和技术?犹如过低的价格会产生误导一样,过高的价格同样会导致这一结果。过高的价格会使顾客高估价值,导致企业形成不关心顾客或"宰客"的形象。

第三节 服务流程设计方法与工具

新科技带来新服务,广州铁路微信平台温暖人心

早在 2014 年春运期间,在广州公交车站、大商场及火车站等地,便出现了"扫一扫,全知晓"的海报,内容为:铁路系统首个通过官方认证的微信服务号,广州铁路微信服务平台正式改版上线,微信公众号 GZTLWX。

贴身管家,提供候乘信息

此微信平台共有列车正晚点查询、车站候乘信息、火车余票资讯、公交接驳、失物招领、货运办理等资讯。微信平台与车站大厅内的显示屏发布的实时资讯同步,只要有智能手机接收终端,不用去车站就能看到所有资讯,不仅方便旅客候车、进站、乘车,还可以有效避免大量旅客聚集在车站。

权威发布,提供动态资讯

微信是当今即时通信最便捷、使用人数最庞大的一种新兴通信手段。这是一个纯粹的服务平台,平台上各类资讯,如列车时刻表、广铁各站火车票起售时间、购票指南及出行攻略等保持动态更新,为旅客提供快速准确的动态资讯,切实帮助旅客出行。同时,与腾讯、新浪的广州铁路官方微博联合组成旅客遗失物品招领信息发布端口,发布旅客遗失物品信息,铁路客服中心和车上人员联动,构建旅客遗失物品招领网络,全力帮助旅客寻找遗失物品并及时转运。

(资料来源:根据中国财经网,《新科技带来新服务微信平台温暖人心》改编整理。)

目前比较经典的服务流程设计的方法主要有 4 种:服务工业化方法、服务自助化方法、技术核心分离法,以及以上三种方法的结合——集成设计法。

一、服务工业化方法

(一)服务工业化方法的含义

服务工业化方法,也称生产线方法,其理论基础主要来自莱维特(Theodore Levitt)的"服务工业化"观点,其中心思想是应用制造业的经验来管理服务运营,从系统化、标准化的观点出发,将小规模、个人化、无定形的服务系统改造成大规模、标准化、较稳定的服务系统,以提高服务效率,保证服务质量的一致性。

二十世纪七八十年代,服务工业化方法在发达国家的服务业中兴起并迅速普及。银行自动柜员机(ATM)的应用就是一个典型的例子。20世纪70年代末到80年代初,美国的ATM数量以每年40%的速度增长,而在加拿大这个数字更达到77%。表5-5列出了当时一些主要服务行业采用服务工业化方法的例子。

表5-5 主要服务行业采用工业化方法的范例

行业	应用范例	行业	应用范例
银行	电子现金汇兑系统	航运	联合订票系统
	ATM		自动收费装置
	电脑清算系统		自动售票系统
	标准化服务流程		全球资源管理
公共管理	废弃物自动处理	通信	自动应答系统
	城市资源统一管理		电话查询系统
			故障自动诊断
医疗	急救调度系统	零售	自动售卖机
	自动看护装置		商品价格自动清算
	远程诊断系统		POS机
	标准诊断程序		商品集中采购、配送
旅馆	门禁刷卡		自动烹调设备
	呼叫-应答系统		标准化食品
	标准客房服务		速食标准化管理

(资料来源:刘丽文,杨军.服务业运营管理[M].北京:中国税务出版社,2005.)

(二)服务工业化方法的特点

1.明确细致的分工

建立明确细致的分工是工业化方法的基本思想,它不仅可以简化员工的工作和加强员工的专业技能,而且能够减少对高水平综合技能人员的依赖,从而降低营运成本。同时,明确细致的分工是服务工业化方法中十分重要的一个环节,它直接影响到服务的后续设计和营运效果。只有在分工明确细致的基础上,才能制定相应的标准规范,找出可以由机械代替的工作。

2. 应用技术设备代替人力劳动

用技术设备代替人力已成为制造业发展的趋势,此方法同样也可应用于服务业,如银行用自动记账机来代替出纳员。在应用技术设备代替人力劳动时,要考虑技术设备的应用范围、应用程度和应用环节等各方面因素。同时,必须考虑应用技术和设备的操作难易性问题,因为不易操作的技术和设备反而会使系统的营运效率降低,从而降低顾客的使用体验感。

3. 服务的标准化

服务标准化就是通过制定相应的流程和规范,使服务过程更易于控制,达到稳定服务质量和提高营运效率的目的。当服务变成事先设定好的常规工作后,员工的工作效率会更高而顾客的流动也将更为有序,肯德基、麦当劳这些西式快餐店比普通餐馆提供的食物种类少很多,因而它们比普通餐馆更容易进行服务的标准化,这正是它们能以更快的速度为顾客服务的一个重要原因。

4. 规范化的服务行为

规范化和质量是工业生产的优势所在,工业化设计思想要求减少人为因素,保证服务的一致性和稳定性。在为员工制定明确的服务流程和操作规范后,必须对员工进行培训,使服务流程和操作规范得以贯彻实施,让员工的服务行为规范化。服务行为规范化针对的是常规服务,而对于个性化服务而言,适当授权给员工就显得很有必要。

(三) 服务工业化方法的优缺点

1. 服务工业化方法的优点

服务工业化方法的广泛采用是二十世纪七八十年代"服务业革命"的主要标志之一,并对当时的世界服务业产生了巨大的影响:快餐业的标准化使麦当劳、肯德基等品牌迅速全球化;银行业的标准化使自动柜员机和电脑清算系统被大量采用;零售业的标准化使超市得以迅速发展。从整体来看,服务工业化方法为当时的服务业带来许多正面的效果。

(1) 加快了服务业员工的工作效率,提高了服务的准确率和控制水平。服务业用技术设备代替人力劳动,使服务过程更易于控制,也提高了服务系统的营运效率。

(2) 改变了服务业组织管理相对混乱的局面。通过细致的分工,使责、权、利更加明确,营运体系的设计也更为科学。

(3) 实现了规模经济,促进了大型服务企业的形成。虽然技术的应用和设备的维护需要大量的投资,但由于技术设备的应用提高了工作效率,使处理的工作量大幅度增加,这样平均费用就大为降低,从而实现了规模经济。

(4) 提高了对客的服务水准。如ATM的长营业时间和快执行速度使顾客享受到了时间的便利。

(5) 降低了顾客的服务支出。工业化方法的应用,在降低服务性企业管理费用和营运费用的同时,也减少了顾客的花费。

(6)促进了员工知识结构的改变。工业化方法的应用,要求服务业员工有较高的技术水准和操作技能,加强了员工的学习和培训,使员工的知识结构得到了改变。

(7)自动化的设备取代了许多原有的简单重复劳动,使服务业中劳动力的就业结构发生了很大的改变。这其中一部分劳动力就会面临失业的压力,促使他们不断努力学习和掌握新技能。

2.服务工业化方法的缺点

服务工业化方法使制造业丰富的管理和设计经验在服务业中得到了应用,为当时的服务业带来了许多益处,促进了服务经济的发展。即使在今天的许多服务行业里,当时引入的各种服务自动化设备经过多次改良后仍发挥着重要作用。但是,服务工业化方法在应用过程中也暴露了许多无法克服的缺陷。

(1)服务工业化方法对设施和设备过分依赖。自动化设施和设备一旦出现故障,往往很难在短时间内修复,给顾客和服务人员带来了相当大的麻烦。如银行 ATM 的机器故障会对顾客造成较大的影响;而银行电脑系统的故障可能会令整个营业点的工作陷入瘫痪状态。

(2)自动化设备的人机界面的使用往往不够方便(在设备开发使用的初期尤其如此)。时至今天,中国的许多老年人仍然因为不会使用 ATM 而宁愿排队等待银行营业员的人工服务。

(3)由于人与机器之间很难进行充分的沟通,顾客在有疑问或遇到麻烦时无法得到及时的帮助。

(4)自动化机器设备和标准化服务流程在面对顾客的非标准化、个性化需求时变得无能为力。不能满足顾客的个性化需求,这是服务工业化方法最大的缺陷,也是服务自助化方法出现的根本原因。

(四)服务工业化方法的管理

(1)分析服务产品,减少其中的可变因素,尽量使之标准化,为顾客提供一致稳定的服务。

(2)应用系统化的方法组织和控制营运过程的各阶段特征,增加系统运转的稳定性,提高系统营运效率。

(3)分析服务运转的各个阶段特征,在适当的地方采用技术和设备代替人力劳动,减少人为失误。

(4)精确分析和计算,确定设施的选址和布置。

(5)分析工作流程,进行工作设计,使人员的工作效率得到提高。

(6)在系统分析的基础上建立明确的分工。

(7)制定统一、明确的服务人员工作标准流程和服务标准操作规范。

(8)用制造业的思想分析服务业管理和行销等各个环节。

二、服务自助化方法

(一)服务自助化方法的定义

在服务运营流程中,顾客大多充当服务的被动接受者,但实际上在需要的时候,顾客也可以成为服务生产的参与者。这样,顾客就成了"合作生产者",服务企业可以将某些服务活动直接转移给顾客以提高生产率,而顾客也可以参与活动使服务更符合自己的偏好。因此,服务自助化方法,也称顾客参与服务法,其中心思想是把顾客作为企业的一种生产资源纳入服务系统中,让顾客在服务流程中扮演积极角色,鼓励顾客积极参与服务过程,并给予顾客适度的控制权,以满足顾客的偏好,从而提高服务系统的运营效果。

(二)服务自助化方法的特点

1. 要求顾客承担员工的部分工作

服务自助化方法用顾客的劳动代替员工的劳动,技术的进步也促进了顾客的参与。银行的ATM和长途直拨电话就是很好的例子。顾客成为合作生产者,并且从低成本的服务中得到好处,一部分顾客很欣赏这种自助服务。

2. 要求顾客在参与中学习

由于在自助服务系统中需要顾客的主动参与,且顾客拥有自主权和控制权,因此顾客的表现会最终影响到服务的水准和效率。所以顾客需要在服务的参与过程中不断学习。一个好的服务自助化系统除了要为顾客的学习创造良好的条件外,还应该采取措施吸引和鼓励顾客进行学习。

3. 要求员工与顾客高度互动

在自助服务系统中,了解顾客的特点和需要,并提供相应的服务等一系列重要内容主要由员工完成,而且由于员工与顾客的高度互动,员工的服务技能与工作表现直接决定了顾客得到的服务水准,对服务系统的营运效率也有重要的影响。因此,在自助服务系统中必须充分重视员工的功能和地位。

(三)服务自助化方法的优缺点

1. 服务自助化方法的优点

(1)能让顾客拥有更大的控制权和自主权。顾客自主地承担一部分工作,可以调动他们的主动性,这样的例子有很多:快餐业中食客主动把盘子收拾到清洁处;超市里顾客主动把商品拿到收银台等。

(2)引导顾客主动调节服务的供需平衡。在需求的时间、地点变化幅度较大的行业里,这方面有很多实际应用的例子,如公共交通系统告知顾客哪些线路会在哪些时段过于拥挤;网络服务提供商在不同时段制定不同收费标准,等等。

(3)引导顾客表达自己的个性化需求,并给予充分满足。如饭店设置顾客资料管理系统,将顾客的饮食习惯和偏好的资料储存于电脑之中,使老客户无论何时住进饭店,均可以享受到最适合自己的服务,提高顾客的满意度。

2.服务自助化方法的缺点

(1)服务系统的营运效率降低。与标准化的服务系统相比,顾客的参与必然会导致服务过程中不确定性因素的增加。这样必然会损失掉一部分的效率。

(2)服务系统的管理难度加大。一方面,顾客需求的多样性会使服务过程的管理和控制更加复杂;另一方面,对员工来说,需要调动他们的积极性来应对这种改变,提高员工的忠诚度和满意感,这也增加了管理的难度。

(四)服务自助化方法的管理

(1)根据所提供的服务类型,研究目标顾客的需求和心理特质,分析其偏好。

(2)分析顾客在服务过程中的行为,考虑各种可能出现的情况。

(3)对服务提供的整个流程进行分析,确定哪些工作可以由顾客承担,或者可以让顾客拥有更大的控制权。

(4)确定顾客在不同的服务提供环节中所能达到的参与程度。

(5)对服务过程进行时间、地点等分析,找出耗时过多或者造成顾客不满意的环节。

(6)根据以上分析,重新设计或者改进服务提供系统,使其为顾客的参与和控制提供更大的空间,并能够使定制化的服务高效率地进行。

(7)安排顾客学习。由于顾客需要更多地参与和发挥自己的积极主动性,所以必须掌握更多的知识和技能,以避免由于顾客的参与而造成系统营运效率降低。

(8)举办一些活动,并且采取一定的措施来吸引和帮助顾客主动参与服务活动。

(9)为服务员工制定相关的服务措施和操作规范,使其在定制化的服务中发挥更积极有效的作用。

(10)制定有关的管理措施,对服务过程实施监督控制,提高服务品质,改进服务效率。

三、技术核心分离法

(一)技术核心分离法的含义

技术核心分离法的理论基础源于蔡斯(Rucgard Chase)对服务系统特点的分析。他认为,管理人员可以根据服务系统各个组成部分与顾客接触程度的高低将服务传递系统分为与顾客高接触的作业部分和与顾客低接触的作业部分,即前台和后台。根据该观点,技术核心分离法的中心思想是,在与顾客高度接触的前台,企业应当采用以顾客为中心的设计观点,以满足顾客的个性化需求为出发点,灵活地为顾客服务,从而提高顾客感知的服务质量;而在后台,则应根据工业化的设计方法,充分利用现代技术的优势,提高工作效率。可见,技术核心分离法最显著的特点就是它是服务工业化方法和服务自助化方法的结合。

（二）技术核心分离法的优缺点

1.技术核心分离法的优点

技术核心分离法的应用体现出服务业为了提供定制化服务和提高运营效率的双重目标而做的努力。一方面，它通过灵活应对顾客的前台运营方式提升了企业满足个性化需求的能力，另一方面，它又在后台运营中充分利用了现代技术的优势，提高了服务效率。

2.技术核心分离法的缺点

（1）顾客的个性化需求得到满足的程度还不充分，没有充分发挥顾客参与的作用；与定制化设计方法相比，它还不能达到很高的顾客满意度。

（2）技术核心分离法没有充分考虑员工的积极性和创造力对改进服务水准和运营效率的重大影响，难以有效地提高员工的满意度和忠诚度，因此不仅在前台难以达到较高的服务品质，后台部分的运营水准也受到限制。

（3）前后台部分不易整合。

（4）技术核心分离法的应用使设计和管理的难度加大，许多企业不能有效地应用两种思路分别设计前后台，并使两者易于协调。

（三）技术核心分离法设计的步骤

（1）观察服务系统，区分服务的高接触部分与低接触部分，分析各种工作和相应人员的特定，确定各自的归属。

（2）在两个子系统内部，分别找出最关键的运营目标，并据此确定各子系统以及下属各单位的工作任务。

（3）确认并建立两个子系统之间的衔接，辅助两者之间的协调。

（4）对高接触部分进行设计。仔细评估与顾客接触各个环节的重要程度，加强能够提高服务水准和满意度的接触环节。减少影响服务效率的不必要接触，采用自动查询系统、自助服务等。

（5）对低接触部分进行设计。遵循工业化设计的概念，采用新技术和自动化设备，制定时间和费用标准，进行工作设计，精准控制系统资源、流程和产出等，将后台部分与前台部分分开，并整合后台工作，以降低费用，提高效率。

（四）技术核心分离法管理要求

1.准确确定服务系统中各部分与顾客接触的程度

服务系统中各部分与顾客的接触程度实际上代表了顾客在该部分系统中的参与程度和顾客对服务过程与结果的影响程度。服务系统与顾客接触的程度是高接触部分与低接触部分的区分标准。在技术核心分离设计方法中，高接触部分和低接触部分的设计是主要工作，必须对两者各自的设计特点有明确的认识，才能掌握设计关键，强化组织性能。表5-6详细地列出了服务系统中高接触与低接触部分的设计特点。

表 5-6 服务高接触与低接触之间的差异

设计要点	高接触部分	低接触部分
设施地址	接近顾客	不用接近顾客
设施布局	考虑顾客的生理和心理需求及期望	提高生产能力
组织目标	最佳服务效果	最高运营效率
组织结构	人与人交流	人与机交流
产品设计	服务环境和实体产品决定了服务的性质	顾客在服务环境之外
过程设计	生产环节对顾客有直接影响	顾客不参与大多数处理环节
进度表	顾客包括在生产进度表中且必须满足其需要	顾客主要关心完成时间
生产计划	订单不能被搁置,否则会丧失许多生意的机会	出现障碍或顺利生产都是可能的
工人技能	直接人工构成了服务产品的大部分,因此必须能够很好地与公众接触	工人只需生产技能
决策过程	根据现场的具体情况,灵活性强	受预定决策影响大
质量控制	质量标准取决于评价者,是可变的	质量标准是可测量的、固定的
时间标准	由顾客需求决定,时间标准不严格	时间标准严格
工资支付	易变的产出要求计时报酬	固定的产出要求计件报酬
能力规划	为避免销售损失,生产能力按满足最大需求标准设计	储存一定的产品以使生产能力保持在平均需求水平上
预测	短期的、时间导向的	长期的、产出导向的

(资料来源:王丽华.服务管理[M].3版.北京:中国旅游出版社,2016.)

2.根据前后台的不同设计特点,分别设计服务操作流程

由于前后台工作的内容不同,其设计特点也不同,必须抓住其特点和区别,采用不同的设计概念,分别设计前台和后台的服务操作流程。

3.确保前后台的衔接和协调

前后台的衔接是影响服务系统整体执行效率的关键因素之一,因此,要找出前后台的边界部分,保证实现物料与咨询两者之间的及时、准确传送,明确环境、顾客、前台、后台之间的相互作用关系,应用整体强化的方法,确保前后台的衔接和协调,使服务系统的服务营运效率达到较高水准。

以上三种传统的设计方法各有特点,适用于不同的服务行业。服务工业化方法适用于标准化的大规模服务性企业;服务自助方法适用于顾客个性化需求程度较高的服务性企业;而技术核心分离法则适用于介乎两者之间的、前后台有较明显区分界限的服务性企业。在选择设计方法时,企业管理人员应根据行业的发展趋势和企业自身的特点组合应用,以寻求最有效的设计方法。

四、集成设计法

(一)集成设计法的含义

集成设计方法是将以上三种方法综合利用的现代设计方法。其中心思想是:将完整的服务产品和服务传递系统看成是一个有机的整体来考虑。将服务运营活动划分为前台和后台两部分,在前台充分运用以顾客为中心的设计方法,在后台尽量运用工业化方法,并且强调员工在服务系统中的重要作用,授予员工一定的决策权,通过这样的设计同时实现提高服务运营效率和顾客感知服务质量的双重目标。

(二)集成设计法的特点

1.完整服务产品和服务提供系统的统一

采用不同的服务提供系统就会带来不同的服务特色,形成不同的服务产品。因此,在服务设计中必须把两者作为一个有机的整体看待。

2.前台运营和后台运营的划分

在前台的主导思想应该是充分考虑顾客的个性化需求和感受,提高顾客参与度,取得更高的顾客满意度和忠诚度;而在后台,则应重视服务流程的规范化和标准化,充分利用现代技术来提高效率,以降低服务成本,改进运营绩效。

3.倡导内部顾客服务思想

采用"内部顾客"的概念,为各个部门找到其"内部顾客",以满足"内部顾客"的需求为设计和运营的目标,并且界定内部运营中的"服务质量",明确权责关系,减少并迅速改正内部运营中的失误。

4.员工授权管理

员工的表现对顾客的满意度和企业的劳动生产率起着决定性的作用。因此,必须改善企业的内部环境,改善员工之间的关系,通过授予员工必要的决策权来提高员工的满意度和忠诚度,以有效地提高运营效率和服务质量。

5.后台设计中信息技术的运用

有效的信息处理对于改进服务企业的运营效率意义重大,是实现后台高效运营的重要手段。因此,在后台的运营设计中,可以把后台进一步划分为两个层次,即"信息核心"部分和其他部分。"信息核心"部分处于中心地位,执行运营过程中的中心信息处理,并使服务系统的各个部分高效地协同运营。集成设计方法的基本过程如图5-7所示。

第五章
旅游服务质量的设计管理

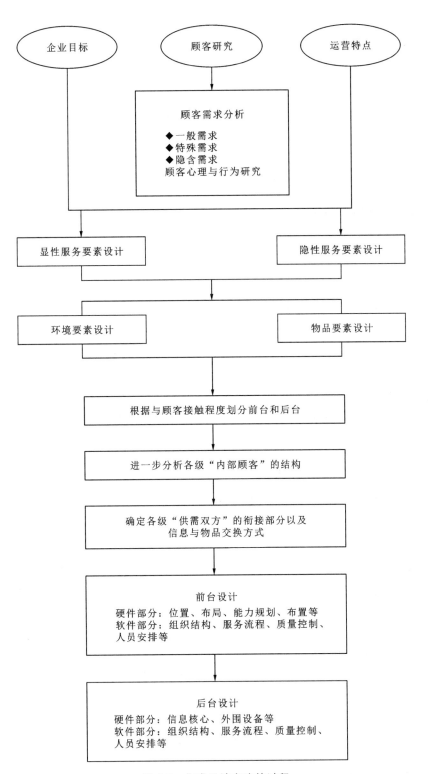

图 5-7 集成设计方法的过程

(资料来源:王丽华.服务管理[M].北京:中国旅游出版社,2007.)

五、服务流程设计的工具——服务流程图

(一)服务流程图的概念

服务流程图又称服务蓝图,它将服务理念和设计思路转化为服务传递系统,是一种准确地描述服务系统以便于系统参与人员客观地理解、操作的示意图。服务流程图按其表明内容的详细程度可分为概念性流程图和细节性流程图,概念性流程图是对服务系统的总体描述,细节性流程图是对服务系统的某一部分的详细描述。

(二)服务流程图的构成

服务流程图包括四条线和四个部分。

1.服务流程图的四条线

(1)相互交往分界线。相互交往分界线将顾客的行为与服务人员的行为分隔开来。顾客的行为列在这条线的上面,服务人员的行为列在这条线的下面。

(2)视野分界线。视野分界线将前台服务工作和后台服务工作分隔开来。前台服务工作指服务人员当众完成的工作,或顾客可以看见的服务活动。在视野分界线以上,顾客和员工、不同类型的有形环境打交道。一般来说,服务流程图的大部分都在视野分界线以下,因为服务过程的大部分通常都是顾客无法看到的。

(3)内部相互交往分界线。内部相互交往分界线将后台和辅助职能部门分隔开来。辅助职能部门(内部服务人员)必须为服务人员(内部顾客)提供服务工作中需使用的各种材料,并为服务人员提供优质的内部服务,以便服务人员为外部顾客提供优质服务。内部相互交往分界线将内部顾客和内部服务人员分隔开来。

(4)执行分界线。执行分界线将管理人员的计划和组织职能与员工的实际操作活动划分开来。

2.服务流程图的四个部分

(1)顾客活动。顾客活动是服务流程中顾客的行为,它包括顾客在购买、消费和评价服务过程中的步骤、选择、行动和互动,它围绕着顾客在采购、消费和评价服务过程中采用的技术和评价标准展开。

(2)前台员工活动。前台员工活动是顾客能看到的服务人员表现出的行为,它围绕前台员工和顾客的相互关系展开。

(3)后台员工活动。后台员工活动是支持前台活动的员工行为,它围绕支持前台员工的活动展开。

(4)支持活动。支持活动是指服务性企业的其他成员为支持前后台的服务人员所采取的一切活动,包括职能部门的辅助活动和管理人员的管理活动。

(三)服务流程图的解读

服务流程图自上而下分为三层,表示一般服务系统的构成,分别是服务接触、后台支持

性工作和管理活动。值得注意的是,流程图的结构层次刚好是传统组织机构图的倒置,一线员工在上,管理者在下,体现出直接服务者在服务性企业中的重要作用。

相互交往分界线将顾客的消费行为和一线服务员的服务行为联系起来,顾客行为在此线之上,员工行为在此线以下,他们的行为从左至右依次进行。

视野分界线将服务系统的前台和后台分开。"可视"是相对顾客而言,顾客的可视部分是服务系统的前台,而在"可视线"之下,是顾客看不到的部分,也就是服务系统的后台。

内部相互交往分界线将服务系统的后台和组织内的其他支持性功能部门分开。支持性部门包括营销部门的广告支持、采购部门的物品供应、人力资源部门的业务培训等。

执行分界线将管理职能活动与业务活动区分开来,执行分界线之下是管理者的管理职能活动,包括计划活动、组织活动、控制活动等。执行分界线只出现在概念性服务流程图中,在细节性服务流程图中可以省略。

要了解服务的基本路线和过程就要从水平方向解读服务蓝图;要了解服务提供的前后台关系就要从服务蓝图垂直方向解读。

(四)服务流程图的作用

(1)服务流程图便于高层管理者进行统筹规划。服务流程图给管理者提供了服务系统的全景,全面、明确又简洁,使高层管理者容易把握服务过程中各项工作之间的关系,进而有利于统筹规划。

(2)服务流程图可以协助中基层管理者了解本部门的工作流程,从而能够有针对性地制定管理方案。例如,营销和销售经理可以在服务流程图上确定服务组织和顾客之间的可能接触点,确定各接触点的信息交流方式。

(3)服务流程图可以协助管理者发现和确定可能的服务失误点,从而能够有针对性地进行服务保险设计。例如,纽约的花旗银行在大厅地毯下面铺设电线,用来测量顾客排队等候的时间,当顾客等候时间太长时,该行会采取增添柜台等措施。

(4)服务流程图可以方便企业重新设计服务程序。服务流程图可以作为开发服务专家系统的基础。例如,美国运通在服务流程图的基础上,开发出了帮助顾客进行信贷决策的专家系统。

(五)服务流程图的绘制与要求

服务流程图的设计理念来自系统分析方法和工程设计。其总体设计思路是要将顾客的参与和服务的提供结合起来,将服务系统的"流程"和"结构"结合起来。在系统分析中,服务流程图一般用两种方法来表示流程的进行,一种是顺序,即先做什么,后做什么;另一种是条件,即如果是这样,那么如何。在流程图中,顺序用"□"表示,条件用"◇"表示。服务流程图设计要符合两个要求:经济性要求和对称性要求。经济性要求是指图上任何两点之间的距离是最短的且没有多余路线或行为框,对称性要求是指要把与决策框相关的、重要性相等的逻辑路线放在同一行,即每个决策框引出的所有逻辑线必须平行排列。服务流程图用水平和垂直两个方向的设计将"流程"和"结构"结合起来,如图5-8所示。

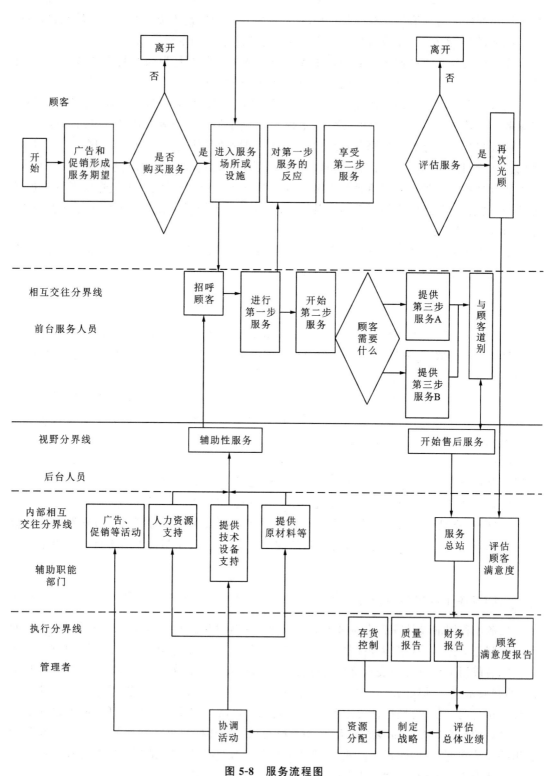

图 5-8 服务流程图

(资料来源:温碧燕.服务质量管理[M].广州:暨南大学出版社,2010.)

服务流程图的绘制包括以下 6 个步骤。

（1）识别需要制定流程图的服务过程。首先要分析建立服务流程图的目的,根据不同的目的来确定是绘制概念性服务流程图还是细节性服务流程图。

（2）识别顾客的服务经历。服务过程因细分市场不同而不同,因此为某位特定的顾客或某类细分顾客开发服务流程图将十分有用。要识别不同顾客的服务经历,有针对性地设计单独的服务流程图。

（3）从顾客角度描绘服务过程。此步骤要求明确顾客是谁,同时仔细分析顾客是如何感受服务过程的,包括描绘顾客在消费和评价服务的过程中所进行的各种选择和做出的各种行为。

（4）描绘前台和后台员工的行为。画上内部相互交往分界线和视野分界线,从顾客与服务人员的角度出发绘制服务过程。向一线服务人员和顾客询问,从而识别前台服务和后台服务。

（5）连接顾客行为、服务人员行为和支持功能。在视野分界线下画出内部相互交往分界线,识别服务人员行为与内部支持性辅助部门的联系。

（6）描绘各类有形证据。添加各类有形证据,说明顾客在各个服务环节所看到的东西以及顾客经历中每个步骤所得到的有形物质,包括服务过程的照片、录像等影像资料。

第四节　服务设计中的排队管理

原来等待也可以这么短暂

某天下午,唐文玲在太平楼值班时,看到一位老人在门前徘徊,就主动上前询问:"您好,老人家,请问您有什么事情需要帮忙吗？我看您在这有一会了。""没有什么。我家人进蓬莱参观去了,而我腿不太方便,就没有跟着进去,在这儿等他们回来。"在谈话中得知老人来自陕西,想到蓬莱看看。听到这里,唐文玲就主动为老人讲解起了蓬莱阁的情况,蓬莱阁的古建筑、八仙的传说、海市蜃楼的出现、登州古港的发展变迁、戚继光的戎马倥偬,以及蓬莱的气候环境、特产及人文盛况,在唐文玲娓娓叙说中,蓬莱阁的美妙画面徐徐地展现在老人家的景象中,虽然没有进景区亲自看看,但老人家仿佛已经身临其境,享受着美妙的蓬莱的大好河山和神奇传说。

老人家听到自己电话响的时候才回归到现实,一看时间半个多小时已经过去了,原来是其家人在招呼她汇合。临走时她感激地对唐文玲说:"闺女,你说得太好

了,在我的印象中等人是一段非常枯燥和无聊的时光,没想到在蓬莱阁让我体会到了等待原来也可是这么短暂、这么开心,谢谢你陪我这个老太婆说了那么多,你们的服务太棒了,真不愧是仙人仙境的地方啊。"

(资料来源:根据百度文库资料整理。)

服务具有不可储存性,对服务产品而言,供给相对稳定而需求则充满弹性,并且瞬间变化。在某一时点上,当服务的供给小于服务的需求时,后到的顾客就必须排队等待,于是便出现了排队现象。在大多数服务上,排队是客观并且不可避免的,它影响着服务的过程质量。企业要为顾客提供优质服务,就必须对排队进行管理,也就必须设计合理的排队系统,在降低成本的同时,缩短顾客的等待时间。但值得注意的是,无论企业将排队系统设计得多合理,顾客还是不可避免地要排队。出现这种情况时,企业就要学会适当管理等待过程,保证顾客在等待的过程中愉快舒适,以提高其感知的服务质量。

一、顾客的等待心理

1984 年,大卫·迈斯特尔(David Maister)对等待心理作了比较全面的研究和总结,提出了被广泛认可和采用的等待心理 8 条原则。在此基础上 M.戴维斯和 J.海尼克(1994)、P.琼斯和 E.佩皮亚特(1990)分别对顾客排队等待心理理论又做出了两条补充。总的来说,顾客的等待心理有以下 10 大原则。

(一)无所事事的等待比有事可干的等待感觉时间要长

无所事事或空闲让人感觉很难受。企业必须以积极的方式来填充等待的时间,使顾客感到有事可做,这些措施包括提供读物、生活娱乐设施、工艺品和背景音乐等。

(二)过程前、过程后等待的时间比过程中等待的时间感觉要长

研究表明:与服务还没有开始的情况相比,顾客感到服务已经开始时会更能容忍较长时间的等待。因此,企业可考虑在顾客等待时提前开始服务,如餐厅为仍在门口等位的顾客点餐。

(三)焦虑使等待看起来比实际时间更长

服务开始之前,顾客往往会感到焦虑,这种焦虑会使其感觉等待的时间变长。因此,管理者必须识别出这些焦虑,并采取相应的措施来减轻这些焦虑。例如预约、派员工前去与顾客沟通等。

(四)不确定的等待比已知的、有限的等待感觉时间更长

与知道自己还要等多久的顾客相比较,那些不知道还要等待多久的顾客感觉其等待的时间更长。因此,企业应尽量告知顾客可能的等待时间,并且保证在告知时间之内结束顾客的等待,为顾客提供服务。

（五）没有说明理由的等待比说明了理由的等待感觉时间更长

如果顾客所接受的服务被延迟，而他却不知道服务延迟的原因，顾客会感到焦虑，会感到等待的时间很长。但若企业主动告诉顾客等待的原因并予以解释，顾客通常会接受并理解。

（六）不公平的等待比公平的等待感觉时间要长

顾客在等待时看到有人插队或其他不公平的现象都会感到恼怒，感觉受到了不公平待遇，这样会使他们感到的等待时间比实际的等待时间长。

（七）服务的价值越高，人们愿意等待的时间就越长

顾客排队等待的服务价值越高，愿意付出的等待时间就越多。

（八）顾客独自一人等待比有伙伴陪同的等待感觉时间要长

等待中的顾客会因为相互之间不认识而感到孤独，尤其是顾客之间没有交流也没有其他分散其注意力的事情时更是如此。

（九）令人身体不舒适的等待比舒适的等待感觉时间要长

令人身体不舒适的等待容易使顾客产生焦虑，而焦虑则会使人感到等待的时间延长。因此，服务性企业应为等待的顾客提供舒适的环境，减少他们的不舒适感。

（十）不熟悉的等待比熟悉的等待感觉时间要长

对等待过程不熟悉，很容易让顾客产生焦虑，焦虑使顾客感到等待时间延长。

二、排队系统的构成要素

排队系统有效性的4个关键要素是顾客源、到达过程、排队结构和排队规则。

（一）顾客源

顾客源由有服务需求的顾客构成，可以是人，也可以是物，如宠物店的顾客就是各种类型的宠物。在大多数情况下顾客源是人，而且由于人的参与使服务质量的感知更加直接。顾客源可分为两类：同质的顾客群和异质的顾客群。同质的顾客群需求相似，对等待时间的期望也相似，不必对其分别建立排队系统；而异质的顾客群因为需求不同，所以有必要为不同的顾客群分别建立排队系统，如医院就有普通门诊和急诊之分。图5-9所示为顾客源分类图。

（二）到达过程

影响顾客到达过程的两个重要因素是到达时间和到达方式。到达时间分为随机和确定两种情况，到达方式分为单个和成批两种方式。

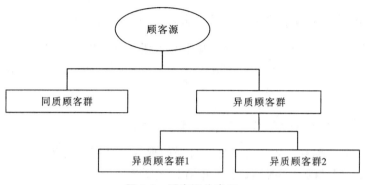

图 5-9　顾客源分类图

到达时间确定的服务，企业容易控制，也较容易管理。企业（如酒店预订）可采用预约方法来减少客人排队，但大多数情况下，排队系统的到达时间都是随机的，顾客自己也不知道自己什么时候需要服务，很难预约，这就增加了管理的难度。如医院的急诊病人、商店的顾客等。排队理论主要研究到达时间随机型的排队系统。

到达方式在一般情况下是单个的，即顾客一个一个地来。有时也是成批的，如中午结伴到餐厅吃饭的上班族。经验表明，顾客在集体中等待比单个等待时感觉时间过得更快。

（三）排队结构

排队结构指排队的数量、位置、空间要求及其对顾客的影响。常见的排队结构包括多个队伍结构、单个队伍结构和拿号队伍结构，见图 5-10。

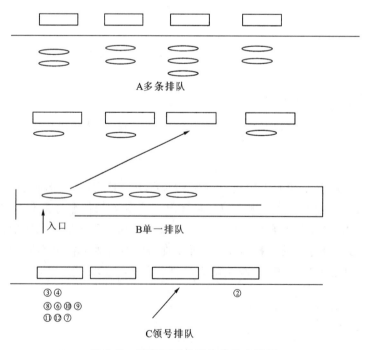

图 5-10　等待区域排队结构的方案图

1.多个队伍结构

多个队伍结构是最古老的一种排队结构,即多个窗口,顾客自己选择排哪个队,而且可改变,但要付出代价,如排到新队尾。

1)多个队伍结构的优点

① 不同队伍可以提供不同服务员。例如超市的快速结账口,购买商品数量较少的顾客可以在快速结账口结账,避免顾客为购买很少商品而等待很长时间。② 进行劳动分工。例如,银行安排比较有经验的出纳员负责对公业务窗口或贵宾(VIP)窗口。③ 顾客可以选择自己喜欢的服务员。如医院提供一般门诊和专家门诊,顾客可以根据其需要选择某一特定的服务员。④ 可以使顾客的回避行为得到缓解等。如果顾客到达时看到只在一个服务台前排了一条长长的队伍,他们通常会认为需要等待很长时间,于是决定不加入队伍。而排成多个队伍的话,队伍长度会有所缩短,顾客的回避行为也就得到了缓解。

2)多个队伍结构的缺点

① 容易造成心理上的不安,顾客常常会觉得别的队伍比较快。② 顾客可能会后悔选错队伍或选错服务人员,容易产生心理上的不公平感。

2.单个队伍结构

单个队伍结构的服务场所只有一个窗口,强迫顾客排成一队,先到的顾客先接受服务。

1)单个队伍结构的五大优点

① 能保证公平。单个队伍结构使所有顾客都遵循先到达者先接受服务的原则,从而能保证公平性。② 不会让顾客产生后悔感。只有一条队伍,顾客不会因看到别人加入的队伍移动得更快而着急后悔。③ 在一定程度上能解决堵塞问题(只有一个入口,且按照安排好的路线排队。④ 每位顾客进行交易的时候,他身后没有人紧挨着他,提高了服务的私密性。⑤ 缩短了顾客排队等待的平均时间,较有效率。

2)单个队伍结构的三大缺陷

① 企业难以分区管理。② 顾客没有选择权。由于只有一条队伍,顾客只能加入这条队伍等待服务。③ 顾客回避的可能性提高。当一条队伍的长度比较长时,顾客很可能放弃排队。

3.拿号队伍结构

拿号队伍结构由单个队伍结构变形而来,其优势在于顾客可以在排队期间自由活动,当自己所拿的号码被喊到时,便开始接受服务。企业可以在顾客等待过程中进行交叉销售,营销其他产品或服务。但拿号队伍结构要求服务性企业为等待顾客提供宽阔的活动空间、舒适的环境,并且企业要增添拿号设备。对顾客来说,拿号队伍结构的一个明显的缺点是顾客必须随时警觉自己的号码是否被叫到,否则就有可能错过接受服务的机会。

(四)排队规则

排队规则又称优先法则,是确定顾客服务顺序的规则集合。排队规则对排队系统的整体绩效有着重大影响。优先法则的选择不同,队列中的顾客人数、平均等候时间、等候时间变动范围及服务设施使用效率也就不同。常见的排队规则有三种:先到先服务原则、最少加工时间原则和先占优先权原则。

1.先到先服务原则

这是最常用的排队规则,在该规则下,企业只按排队顾客到达的先后顺序提供服务,而对顾客的其他特征不予以考虑,这种规则被普遍认为是最公平的规则。

2.最少加工时间原则

最少加工时间原则在许多后台操作系统中被广泛采用,如在计算机装机服务中就常采用最少加工时间原则来确定为顾客提供装机服务的顺序。但如果后来的顾客占用时间过长,先来的顾客就会有意见,解决这一问题的具体做法是将到达的顾客按一定的属性分为若干个优先级别,然后再按先到先服务原则提供服务。如超市按照顾客购买的商品件数来进行划分,对商品件数10件以下的顾客予以优先服务,而商品件数10件以上的顾客暂后处理,并且这两种顾客都要按先后顺序排队。

3.先占优先权原则

先占优先权原则是指某些顾客拥有特权,随来随服务的原则。通常用在企业的VIP顾客、医院的急救病人身上。服务性企业要根据自身特点,认真分析顾客源、到达过程,决定排队规则和排队结构,从而设计出适合本企业的排队系统(见图5-11)。

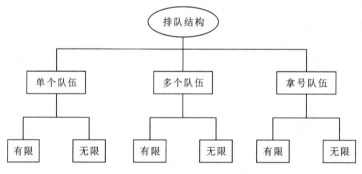

图5-11 排队结构的分类图

三、顾客等待的管理

无论服务企业的排队系统设计得多么合理,顾客都不可避免地要等待,这时就必须对其等待过程进行管理。从主客观的角度出发,顾客的等待时间可以分为客观化的实际等待时间和主观化的感觉等待时间。由于不同的人对等待时间的看法不同,因此相同的实际等待时间对不同顾客来说,其感觉等待时间却有可能不同。如焦虑者和百无聊赖者在实际等待时间相同时,其感觉等待时间不同。从这里可以看出,企业顾客等待管理的重点是缩短顾客的感觉等待时间。顾客等待的管理要注意以下5点。

(一)企业要充分了解顾客等待时的心理

一般情况下,企业的服务价值越高,顾客愿意等待的时间更长。例如,在看病时,很多病人都愿意花更多的时间来等待医术更好的医生。为了了解顾客的等待心理,企业要对顾客进行细分,细分依据包括顾客性格特点和办理业务时间长短等。不同性格的顾客对等待的态度不同。对银行顾客的研究结果表明,自信者等待过程中比较有耐性,会与他人交流,而烦躁者却常因不甘心等待而放弃、回避。办理业务时间的长短也影响顾客的等待心理。

(二)企业要注意充实顾客的等待时间

顾客空闲等待时比占用等待时间时感觉的等待时间更长,所以企业可以设计出各种能占用顾客等待时间的有趣活动,缩短感觉中的等待时间。如理发店可以采用播放音乐、提供杂志等方式来分散顾客的注意力,使顾客保持心平气和;而银行可利用舒适的沙发来促使顾客相互交谈认识。这些措施都有助于缩短顾客感觉中的等待时间。

(三)企业应注意顾客在服务前比服务中感觉等待的时间要长

企业应该提早与顾客接触,使顾客随时得到必要信息,做到心中有数,让顾客觉得服务已经开始,不再是漫无止境的等待。

(四)企业应该尽力消除顾客的焦虑情绪

焦虑会使顾客觉得等待的时间更长,因此企业应尽力消除顾客在等待中的焦虑情绪。

(五)提高自身的服务价值

为了弥补顾客在等待过程中所花费的时间成本和缓解顾客的不满情绪,在经济允许的情况下,企业可以提高自身的服务价值,如赠送小礼品、举办免费讲座等。

本章小结

本章主要对服务设计的管理进行了探讨。

服务设计简单地说就是将设计的理念融入服务的规划与流程本身,从而提高服务质量,改善消费者的使用体验。它有广义与狭义之分,广义上是指服务性企业根据顾客需要所进行的对员工的培训与发展、工作的分派与组织以及设施的规划和配置;而狭义的服务设计指服务流程的设计。良好的服务设计需要考虑设计的价值、人、对象、过程和环境等5个要素,从而满足顾客的感觉需求、交互需求、情感需求、社会需求和自我需求。企业的服务系统设计一般由服务组合、服务体系、服务环境和服务流程4个部分构成。

在服务设计管理中,服务场景的设计与有形展示非常关键,它对服务具有包装与辅助作用,能有效地区别员工与其他顾客,因此它最直观地影响着顾客对服务企业的评价与感受。其理论基础就是梅赫拉宾——拉塞尔刺激反应模型(顾客对服务环境会做出一定的反应)。据此,我们认为影响服务场景设计的一般因素包括服务组织的目标、组织柔性、员工和顾客的需求及社会与环境;其中最直接影响服务

场景设计的关键因素主要包括实物属性及服务氛围(气氛、视觉、嗅觉、听觉、触觉、味觉等)。此外,服务场景的设计也需遵循一定的原则与步骤才能使设计更加有效。通过服务场景的设计,服务企业能向顾客进行直接的服务展示,从而消除消费者心理的不确定感和风险感,提高企业知名度和顾客满意度,让消费者得到美的享受,并对服务产品留下良好的第一印象。服务的有形展示主要从物质环境(周围因素、设计因素和社会因素)、信息沟通和服务价格三个方面来进行。

服务流程的设计是服务设计中最主要的内容。服务流程设计的方法主要有服务工业化方法、服务自助化方法、技术核心分离法以及集成设计法。服务工业法的中心思想是应用制造业的经验来设计服务流程并使之规模化、标准化,以提高服务效率,保证服务质量。服务自助化方法的中心思想是把顾客作为企业的一种生产资源或"合作者"纳入服务系统中,让顾客在服务流程中参与服务过程,从而提高服务系统的运营效果。技术核心分离法的中心思想是,在与顾客高度接触的前台,企业采用以顾客为中心的设计观点,提高顾客感知的服务质量,而在后台,则根据工业化的设计方法,提高职能工作的效率。集成设计法的中心思想是将服务产品和服务传递系统看成是一个有机的整体来考虑。将服务运营活动划分为前台活动和后台活动,在前台充分运用以顾客为中心的设计方法,在后台尽量运用工业化方法,并且授予员工一定的决策权,通过这样的设计同时实现提高服务运营效率和顾客感知服务质量的双重目标。以上4种服务流程设计的方法各有特点和优缺点,服务企业可以根据自己的实际情况加以选择。服务流程设计可以采用服务流程图和质量屋等手段和工具来加以完成实施。

在服务设计中,服务过程中的排队管理也是不可忽视的内容。首先,我们应了解顾客在接受服务时的等待心理。其次,服务企业针对不同的情况可以采用不同的排队结构(多个队伍结构、单个队伍结构、拿号队伍结构)。服务企业应在设置合适的排队规则的基础上了解顾客等待心理、关注顾客等待时间、采取措施缓解顾客等待时的焦虑等手段来管理顾客的排队行为,从而提升顾客对服务质量的良好感知。

 关键概念

服务设计　服务场景　有形展示　服务流程　服务工业法　服务自助法　服务技术核心分离法　服务集成法　服务流程图　质量屋　服务排队与等待　排队结构

复习思考

▢ **复习题**

1. 什么是服务设计？服务设计的广义与狭义内涵是什么？
2. 服务设计的构成要素有哪些？服务设计需要满足的需求有哪些？
3. 服务场景的意义是什么？影响服务场景设计的关键要素有哪些？
4. 服务场景设计的原则及其步骤是什么？
5. 有形展示的意义及其构成要素有哪些？
6. 服务工业法的中心思想及其优缺点有哪些？
7. 服务自助法的中心思想及其优缺点有哪些？
8. 技术核心分离法的中心思想及其优缺点有哪些？
9. 服务集成法的中心思想及其优缺点有哪些？
10. 顾客等待服务时的心理有哪些？如何管理好顾客等待？

▢ **思考题**

根据技术核心分离法，用服务流程图工具来设计酒店客房或餐厅服务的具体服务流程。

案例解析

北京欢乐谷的排队管理

提供休闲娱乐的主题公园对于一个大都市来说似乎是不可或缺的。在美国已经有2000多个主题公园。但是对于北京这样一个大都市来说，虽然有着其他城市无法比拟的丰厚的旅游资源，但大多都是历史人文静态的文化资源，主题公园等参与性体验性强的休闲娱乐设施相对较少，而且游客往往都需要排队等候，这不仅浪费了游客的休闲时间，更是影响游客消费体验。针对游客排队等候的时间问题，北京欢乐谷从三个方面入手，对服务设计中的游客排队进行了较好的管理。

1. 确定可接受的等待时间

欢乐谷通过蛇形队伍减少游客对等待时间的感觉，还经常"隐藏"队伍的某一部分，这只是欢乐谷为游客创造满意体验战略的一方面。欢乐谷采取窄围栏保证的单队列排队方式，既有效地避免了插队的现象，又使游客感觉到服务的公平性。

2. 建立等待娱乐设施

游乐园在10多个游乐区域设置了排队游乐表演区，将一些特色表演专门安排在排队游客看得见的地方，缓解排队给客户带来的烦躁情绪。北京欢乐谷针对"五一"

游客高峰,专门对保安人员进行了培训,教会每位保安人员玩扑克牌游戏,并学一些小段子。保安人员在疏导秩序、维护治安的同时,还能给游客讲小笑话、变魔术。另外,小丑、卡通人也会在游客排队等候枯燥乏味的时候,与游客逗乐嬉戏,让排队等候"娱乐化";许多排队的地点设立在吸引人的娱乐项目周围,以延长游客的体验时间。在整个游乐园和等待时间里,声音被广泛应用,从熟悉的格局旋律到被吸引的游客的尖叫。在特洛伊木马场,排队的游客将会看到车翻过的瞬间,通过视觉和听觉的线索提高他们对娱乐的期望。在许多娱乐项目之前,游客先进入多个等候室,这样就分解了游客对等待时间的期望;同时也有机会展示自己的新品。游客们可以"坐"等,在回廊中长凳接成长龙,既可以遮阴又舒适等待。

3. 使游客拥有一些控制力

北京欢乐谷设有爱琴港、香格里拉、蚂蚁王国等6大园区,为了让游客有更多时间体验娱乐项目而不是把时间过多地耗在排队上,以及解决各个景区之间人员数量不均的问题,欢乐谷新增了多个广播站。通过广播,及时将各个景区的人流状况及排队时间向游客通报,让游客能更加合理地安排游玩次序;同时能让游客感到他们对自己所处的环境有决定权。

"等待能够破坏实际上十分完美的服务过程",既然顾客等待是难以避免的,必须对其进行有效的管理,从细节上提升顾客满意度,从而使自己的企业与其他企业区分开来,这将使企业具有其他企业不可模仿的竞争优势。

(资料来源:根据网络文献资料整理。)

问题:
试分析北京欢乐谷排队管理的成功之处及减少等待时间在服务业中的重要性。

分析提示:
(1)成功之处的三大措施。
(2)顾客在等待中的心理。
(3)顾客游玩体验的削弱。

第六章

旅游服务质量评价管理

学习目标

通过学习,了解旅游服务质量评价体系的构成,熟悉服务质量三方评价的方式及特点,掌握服务质量评价客体的具体内容及主要评价媒介形式。掌握感知服务质量的内涵及感知服务质量模型。熟悉服务质量评价中的定性研究方法和定量研究方法,掌握SERVQUAL及基于SERVQUAL的服务质量评价方法的应用。了解CIT和IPA等服务质量评价方法的应用及其基本程序。

旅游企业服务质量的高低将直接决定顾客的选择与购买,从而影响企业的经济效益。因此,客观、系统地评价企业的服务质量已成为提升旅游企业竞争力、促进旅游企业健康发展的重要因素。本章将对旅游企业服务质量的评价体系、评价理论与方法进行详细介绍。

第一节 旅游服务质量管理评价体系

案例引导

酒店房价变更后及时给客人优惠价 感动非洲客人

2014年7月1日凌晨1点多钟,来自非洲科特迪瓦共和国的母女两人Ms. Saphiatou Toure、Ms. Kouass Aude带着长途飞行后非常疲惫的倦容进入酒店大堂,当值的大堂副理立刻迎了上去把母女俩送至总服务台,由于事先已有预订且是担保预订,所以前台接待员已经为Ms. Saphiatou Toure、Ms. Kouass Aude母女俩

准备好了房卡和钥匙,同时将外宾入住登记表请 Ms. Saphiatou Toure 确认房价和入住天数并签字,当 Ms. Saphiatou Toure 看到登记表上房价一栏中填写的是 RMB 578 元/间/晚时,便用疑惑的眼光看着大堂副理说:"我在 Booking.com 网站上预订时房价应该是 RMB 980 元/间/晚呀?"这时当班大堂副理微笑着礼貌地对 Ms. Saphiatou Toure 说出原因:原来就在 6 月 30 日上午,前厅部经理例行检查每日国内外网络预订客人信息时,突然发现来自非洲科特迪瓦共和国的 Ms. Saphiatou Toure、Ms. Kouass Aude 母女在 Booking.com 网上预订了酒店一间标准房,从 6 月 30 日入住到 7 月 5 日退房,预订房价显示为 RMB 980 元/间/晚,他立即意识到这个房价有些问题,因为此时段酒店已推出了客房优惠价,标准间只要 RMB 578 元/间/晚,前厅部经理马上查看 Booking.com 的预订传真,看是否有变更房价的通知,但是没有找到。于是前厅部经理马上拨打了 Booking.com 的客服电话进行核对,客服专员核对证实 Ms. Saphiatou Toure 确实担保预订了一间标准房,房价也确认了是 RMB 980 元/间/晚,客服专员还解释,按惯例担保预订在当天是不可以取消和变更的,所以不更改房价也是不违规的,客人也不会提出质疑。但是前厅部经理认为对于客人来说,讲诚信是酒店的"立店之本"和"待客之道",既然房价已经下降了,就应该让客人享受,酒店需要的是客人长久的信任,于是前厅部经理说服 Booking.com 的客服专员,将 Ms. Saphiatou Toure 预订的房间变更房价通知单发到了酒店。

Ms. Saphiatou Toure、Ms. Kouass Aude 母女听完大堂副理的这番介绍,脸上露出了惊喜的笑容,一边在登记表上签字,一边高兴地对大堂副理说:"你们太让我们感到惊喜了,你们的诚实让我们感到来上海、来中国非常高兴,谢谢你们,今后我们来上海就住到你们酒店来。"

(资料来源:人民网旅游频道,《酒店房价变更后及时给客人优惠价 感动非洲客人》,2014 年 11 月 19 日,http://travel.people.com.cn/n/2014/1119/c390785-26056281.html。)

一、旅游服务质量评价体系的构成要素

旅游服务质量评价体系的构成要素包括评价主体、评价客体和评价媒介三大方面,如图 6-1 所示。

(一)评价主体

评价主体是指由谁来对旅游企业的服务质量进行评价。旅游企业的服务质量评价主体包括顾客、旅游企业组织和第三方组织。顾客作为评价主体是因为顾客是旅游企业服务的消费者和直接受益者,顾客对旅游服务企业的服务质量满意与否直接影响到旅游服务企业的质量评价结果。因此,要对顾客满意实施持续的评价,并积极寻求顾客评价中的正面和反面意见,以保证旅游企业服务质量评价的客观性。旅游企业组织作为评价主体之一是因为

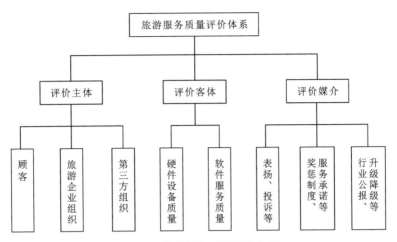

图 6-1 旅游服务质量评价体系

它自身是旅游服务的提供者,也是服务质量评价的受益者。旅游服务组织通过自我评价可以了解、检验和改造服务项目提供、服务过程运作中的不足与缺陷,保证向顾客提供优良的服务质量。第三方组织是独立于顾客和旅游服务企业的组织,如旅游协会、旅游企业协会、旅游企业星级评定机构等。其作为评价主体是因为第三方组织作为独立于服务消费者和服务提供者之间的非受益者,其评价具有较高的客观性和可信性,能让顾客对旅游企业服务质量产生正确的预期并予以高度信赖。

(二)评价客体

评价客体是指评价旅游服务企业质量的具体内容。旅游服务企业的评价客体应当包括旅游企业的各个方面:由设施设备、服务用品、实物用品、服务环境等构成的硬件有形产品质量;由服务项目、服务过程中的服务意识、服务态度、服务礼仪、服务方法、安全卫生等方面构成的软件无形产品质量。顾客的评价应集中在服务项目、服务规范、服务提供过程是否满足顾客的需求等方面;企业组织评价应侧重于服务设施、服务用品、服务意识、服务态度等方面;第三方评价则应较侧重于对硬件设备质量的考查评价和软件服务的需求满足评价。

(三)评价媒介

评价媒介是指旅游企业服务质量评价的表现形式,以及各评价主体反映评价结果的渠道。顾客、旅游服务企业以及第三方组织评价由于在评价旅游服务质量时的立足点和侧重点不同,所以在进行服务质量评价时所使用的评价媒介也会有所不同。通常顾客通过表扬、抱怨、投诉甚至控告等形式来表现其对旅游服务质量的评价。通过对顾客意见调查表结果的统计分析也可以反映顾客对旅游服务质量的满意程度如何。旅游服务企业以奖惩制度、绩效考评、晋升评级等方式来反映其评价结果。第三方组织评价则以行业公报、企业升级、降级等奖惩方式来对评级结果进行公布和公开。

二、旅游服务质量的三方评价

顾客方、企业方和第三方作为旅游服务质量的评价主体有着各自的评价特点和作用。

（一）顾客方评价

1. 顾客作为评价主体的依据

顾客是旅游企业服务的接收者和购买者，也是旅游企业决策层的"参谋"和企业发展的推动力。顾客对旅游企业服务质量的评价是旅游企业管理者做出决策的重要依据。旅游企业的经营管理是紧紧围绕如何满足顾客需求而进行的，对顾客服务质量评价的剖析是管理者发现问题、找到顾客期望的服务与顾客感知服务之间的差距、促使管理者加强对"真实瞬间"的管理、弥补顾客与企业在接触过程中的不足之处的依据。当旅游企业的服务达到或超过顾客的期望时，企业就会获得顾客的优良评价，同时会形成良好的口碑，有利于在公众面前树立起良好的企业形象，提高企业竞争力，从而推动企业的发展。

2. 顾客评价的形式

（1）顾客意见调查表。顾客意见调查表是被旅游企业广泛采用的一种顾客评价方式，此种调查方式的评价完全由顾客自愿进行，评价范围广泛，评价的客观性较强。另外，目前许多企业利用互联网和其他一些在线服务或自媒体进行顾客的调查，取得了满意的效果。旅游企业将需要顾客评价的内容发布在网上或自媒体的公众号上，顾客只要将评价结果在网络上或手机上提交即可。这种方式不仅保证了获取顾客评价信息的快速与及时性，也将大大降低旅游企业为取得顾客评价而耗费的成本。

（2）电话访问。电话访问可以单独使用，也可以结合销售电话同时使用。电话访问可以根据设计好的问题进行，也可以没有固定问题，因此，自由度与随意性较大，如旅游企业总经理或销售部经理打给老顾客的拜访电话。

（3）现场访问。其做法是抓住与顾客会面的短暂机会，尽可能多地获取顾客对本旅游企业服务的看法与评价。成熟的旅游企业管理者应善于抓住并创造机会展开对顾客的现场访问调查。事实上可以利用的机会很多，如对特殊 VIP 顾客在迎来送往中的交谈访问、对消费大户的现场访问等。

（4）小组座谈。小组座谈是指企业邀请一定数量的有代表性的顾客，采用一种聚会的形式就有关服务质量方面的问题进行意见征询、探讨与座谈。企业利用小组座谈的方式开展顾客评价时，一般宜结合其他公关活动同时进行，如旅游企业贵宾俱乐部会员的定期聚会等。参与聚会的店方人员应尽可能与被邀请的顾客相互熟悉，同时也不要忘记向被邀请的顾客赠送礼物或纪念品。

（5）常客拜访。研究表明，商家向潜在客户推销产品的成功率是 15% 左右，而向常客推销产品的成功率则达 50%。可见，常客的购买频率高，购买数量大，因而其顾客价值和对旅游企业的利润贡献率也最大。因此，旅游企业的管理者应把常客作为主要目标顾客和服务重点，对常客进行专程拜访，显示出对常客的重视与关心，而富有忠诚感的常客也往往能对企业的服务质量提出宝贵意见。

3.顾客方评价的特点

(1)顾客评价的多元性。由于顾客的消费需求各种各样,顾客的素质也相差悬殊,因此,顾客对旅游服务质量的评价必然呈多元性。个别带有偏见甚至有意挑刺的客人的评价是欠公平的。因此,对旅游服务质量的评价都应是综合的。获得美国最高质量奖的丽思·卡尔顿饭店联号的宾客满意率是97%,其总经理坦言,100%是不可能的,因为需要满意评价本身就有合理与不合理之分。

(2)顾客评价的被动性。顾客只有在特别满意或特别不满意的情况下,才会主动地表扬、批评或投诉,在大多数情况下并无外在的表示。对此,旅游服务企业除应采取必需的措施诱导与刺激宾客积极参与评价外,还可从投诉率、回头率等角度进行综合分析与评估。

(3)顾客评价的模糊性。顾客对所提供服务的评价通常以主观评价为主,大多数客人缺乏检验服务质量的有效工具与手段,难以评测服务效率、产品构成等。同时,一般客人也不了解旅游服务的规程和评价的尺度。因此,顾客的评价具有模糊性。

(4)顾客评价的差异性。顾客有不同的文化背景、心理特质、个人经历。因此,影响他们满意度的服务要素不尽相同,即顾客会关注构成的满意度服务要素的不同之处。关注点的差异性使得不同的顾客关注不同的服务要素,也就是说顾客对各类服务要素会给予不同权重的关注。

(二)旅游企业方评价

1.企业作为评价主体的依据

首先,旅游企业是服务的提供者。由于服务具有生产与消费同一性的特点,因此,旅游服务与其他产品相比有其特殊性。旅游服务的这种特殊性要求相关企业应注重服务的事前、事中与事后评价,以确保服务不产生不合格的产品。旅游服务企业对自身所提供的服务进行评价,能使企业吸取经验教训,以防止不合格服务的再次出现。其次,旅游服务企业是服务产品的相关受益者。旅游企业出售服务产品,来获取经济效益,企业员工通过自己的工作付出获得应有的工资报酬,从而实现自身价值。因此,旅游服务企业通过对自身服务产品的评价,掌握所提供产品的品质优劣、市场适应性以及产品的盈利水平,从而做出调整服务产品、开发新服务产品等一系列管理决策,以获取更大的效益。最后,服务质量评价是旅游企业质量管理的环节之一。旅游服务企业对自身提供的服务水平进行评价是其质量管理的重要环节,也是其整体工作和管理水平的综合体现以及旅游服务管理工作的重点和中心。企业在制定和实施服务质量方针之后,对服务质量进行评价是考核服务质量方针的落实与最终贯彻。通过企业组织的自我评价,可以在了解服务实际提供情况的基础上,不断修正与完善各服务质量标准,避免出现顾客不满意或不符合顾客需要的情况。

2.旅游企业方评价的组织形式

为切实做好旅游企业的服务质量评价工作,就需要建立相应的评价机构。在具体实施旅游企业自我服务的过程中,各个旅游企业采取了不同的形式:有些旅游企业成立了专职的部门——服务质检部;有些旅游企业在培训部或总经理办公室内设立相应的检查评价机构;有些旅游企业设立服务质量管理委员会来执行服务质量的评价工作。这些都是为了做好旅

游企业的质量评价工作而建立的相应评价机构,各种组织形式都具有优点和不足,旅游企业在进行自我服务质量评价的过程中,到底采用哪种组织形式,应根据自身的具体情况来决定。

3.旅游企业方评价的形式

旅游企业组织自我评价服务质量的形式可归纳为旅游企业统一评价、部门自评、外请专家考评、旅游企业暗评、专项质评等。

(1)旅游企业统一评价。这种评价形式由旅游企业服务质量管理的最高机构组织定期或不定期实施旅游企业统一评价,具有较高的权威性,容易引起各部门的重视。在这种形式的评价中,一是要注意对不同部门的重点考核,因为即使是在同一家旅游企业,部门与部门之间的服务质量也会有较大的差异;二是要注意评价的均衡性,旅游企业服务质量最终是通过旅游企业一线部门来实现的,但是不可忽视二线部门有时会起着决定性的作用;三是旅游企业应重视服务质量评价的严肃性,对于不达标或有问题的当事人和责任人必须依照旅游企业有关管理条例处理。

(2)部门自评。部门自评是指按照旅游企业服务质量的统一标准,各个部门、各个班组对自己的服务工作进行考核与评价。由于企业层级的考评不可能每日进行,但又必须保证服务质量的稳定性,因此,部门和班组的自评就显得尤为重要。需要强调的是,尽管是部门自评,但一定要按照旅游企业统一的服务质量标准进行,否则,旅游企业的服务质量系统就会出现混乱。此外,旅游企业的服务质量管理机构也要加强对部门考评结果的监督,随时抽查部门服务质量考评的记录,若出现部门考评结果与旅游企业考评结果存在较大差异的情况,应引起足够的重视并找出原因。

(3)外请专家考评。外请专家进行考评,不仅能使质量评价表现出较高的专业性,同时,这些专家还会带来其他旅游企业在服务质量管理方面的经验,有利于旅游企业质量管理的改进。此外,这些"局外人"在协助旅游企业进行服务质量评价时,会帮助旅游企业发现一些被内部考评人员容易忽略掉的问题。

(4)旅游企业暗评。随时随地"暗评"是由旅游企业中高层管理者来实现的,即将服务质量考评工作融入旅游企业管理人员每一次的基层考察中。旅游企业管理者的每一次走动都应作为对旅游企业服务质量的一次考评,对这一过程中发现的每一个问题都应及时纠正,并纳入管理人员对员工的实际操作行为的纠正与训练之中。无论是请专家考评还是管理者考评,进行暗评之后所做的考评报告,将作为旅游企业质量管理的成果及员工奖惩、晋升的依据之一。

(5)专项质评。专项质评是指旅游企业针对特定的服务内容、服务规范进行检查与评估。旅游企业通常对自己的优势服务项目在特定的时间内开展专项质评,并以服务承诺、服务保证的方式向顾客显示质评后的服务效果。例如,2008年8月8日奥运会在北京盛大开幕之前,北京的很多旅游饭店为迎接奥运会在京举行进行了专门的质量考评,并进而做出了优质服务的承诺,包括设奥运会的专门咨询服务台、为嘉宾提供VIP服务、实行明码标价保证质价相符、总服务台与值班经理24小时接待客人等。

4.旅游企业方评价的特点

(1)评价的全方位性。对服务质量的评价不仅是对被服务者的需求质量进行评价,还要对旅游企业的各种工作的质量进行评价。旅游企业质量管理是全方位的,因为优质服务的提供不仅仅是旅游企业前台人员努力的结果,同时也需要后台人员提供保障,而旅游企业评价的多层次性、全方位性正好可以做到这点。

(2)评价的全过程性。过程的评价与测量对达到和维持所要求的服务质量是不可缺少的。而从旅游企业或部门角度可以做到对旅游企业服务工作的全部过程的考评,包括服务前、服务中和服务后3个阶段。这样的考评不仅仅是面对客人所进行的服务的考评,还包括了这之前所做的准备工作和之后的善后工作的考评,有利于服务质量考评后的总结与完善工作。

(3)评价的片面性。由于考评人员长期处于一个固定的环境之中,难免会出现"不识庐山真面目"的情况。同时,还会因为走过场、"形式主义"等原因,使内部考评人员"麻痹"、"忽视"掉了本旅游企业服务质量中的一些重要问题而导致出现评价的片面性。

(4)评价的"完美"性。旅游企业自我评价中不论是哪个层次的考评,一般都是事先通知的,即了解到的是被考评者在较为充分的准备之后的服务质量状况。因此,可能会因经过过多的"装饰"而缺乏真实性。同时,也存在各部门、各班组之间的相互包庇现象。所以,旅游企业自我评价反映的是旅游企业服务质量临近最高水平的一个基本状态。

(三)第三方评价

第三方指除消费者和旅游企业组织以外的团体和组织。目前,我国旅游企业服务质量评价的第三方主要有国家及各省、市、县的旅游行政部门和行业协会组织。

1.第三方作为评价主体的依据

首先,第三方评价具有客观真实性。第三方既不代表接受服务的顾客利益,也不代表服务提供者的企业利益,是独立于旅游企业服务供应方和需求方的评价主体。由于没有利益关系,第三方的评价在客观性方面将胜于其他两方主体的评价。也正因为第三方能够客观地对旅游企业服务做出评价,其评价的结果较能让公众信服。其次,有利于行业管理。我国对旅游企业的行业管理主要通过相关的行业标准来评价和控制。已实施的涉及旅游企业的国家标准有如《旅游饭店星级的划分及评定》等。这些标准由国家旅游局(更名为中华人民共和国文化和旅游部)制定,并由第三方——国家及各省、市、县的旅游行政部门来执行。通过开展推行对全国旅游企业服务质量的考核评价,不仅规范了全国旅游企业行业的市场秩序,提高了旅游企业服务质量水平,而且实行了行业的科学化管理。最后,有利于推行标准化。第三方评价的作用还在于推行标准化。标准化是指为在一定的范围内获得最佳秩序,对实际或潜在问题制定共同和重复使用的规则的活动。要对整个旅游企业行业制定、实施统一的规则,这一任务无论是旅游企业的消费者还是单个旅游企业、集团都无法做到,而必须由第三方统一的活动规则方来完成。

2.第三方评价的形式

第三方对旅游企业服务质量的评价形式主要有等级认定,质量认证,行业组织、报刊、社团组织的评比等形式。

(1)等级认定。例如,在我国饭店业中存在着星级饭店体系、等级饭店体系两大认定体系。两者在等级标志、认定对象、评价项目、评价内容等方面均有差别。如星级饭店体系以各种经济性质的旅游饭店为对象,以五角星的多寡为等级标志,星形符号越多说明旅游企业等级越高。我国星级饭店常见的级别评定为一到五星和白金五星6个级别。而等级饭店体系则以政府宾馆和餐饮业为主要认定对象,以文字反映被评对象的档次,如特级宾馆、一级宾馆、二级宾馆等。我国饭店业的两大等级认定也是由第三方——国家及各省、市、县的旅游行政部门或相关的劳动管理部门来认定。

(2)质量认证。质量认证是第三方依据程序对产品、过程或服务符合规定的要求给予的书面保证。如目前,饭店业有ISO 9000系列和ISO 14000系列两大质量认证体系。我国自1993年开始实施质量体系认证工作以来,已有不少的旅游饭店企业取得了这两个质量认证体系的认证证书。

(3)行业组织、报刊、社团组织的评比。这是由第三方的代表,如行业组织、社团组织、民意调查所、市场研究公司、报刊等,通过各种不同的形式与方法对旅游企业服务质量进行评价。例如,我国的旅游饭店"百优五十佳"评比,就是在原来星级饭店实际经营的评比基础上,结合服务质量和宾客意见,进行的行业评比。

3. 第三方评价的特点

(1)客观性与权威性。第三方既没有旅游企业所要考虑的成本及要求回报的经济利益,也没有消费者希望得到的与自己付出相对等的享受利益的要求。因此,第三方评价一般不会受偏好和利益等因素的影响,从而使评价结果相对于其他方法较具客观性。如旅游饭店业的等级评定工作是由国家、各省市旅游行政管理部门履行的职能,其评定后的结果将在国际旅游市场上分别代表整个中国旅游饭店企业服务质量的形象,所以他们的评价具有权威性。

(2)局限性。一般而言,第三方评价只局限于产品或服务的主要功能、基本特征和通用要素,而未能也无法反映出顾客对服务质量的全面、特定、隐含的和日益提高且不断变化的需求。同时,因为必须考虑到整个旅游行业的现有水平,评价标准也不可能定得太高,所以第三方评价的标准往往要考虑其普遍适用性,使标准不是具有特殊性而表现出局限性。

(3)重结果性。以星评为例,"星级评定标准"只是一个对结果进行评价的标准,反映的是质量要求方面的预定的差异,并不表示比较意义上的质量优良程度,它更强调旅游饭店的总体结果而难以全面反映旅游饭店服务过程质量。

(4)滞后性。第三方评价所遵循的标准是统一的,但标准需要根据实践的发展不断更新。然而标准的更新往往是滞后的,因为制定出的标准有一个贯彻执行期和相对稳定期,通常是5年左右修订一次,标准的更新周期与飞速发展的市场需求之间客观上存在着不协调而造成标准的滞后性等问题。

三、旅游企业服务质量体系的评价指标

旅游企业服务或服务提供的特性既可以是可测量的,也可以是可比较的,这取决于如何评价以及是由旅游企业组织、第三方组织还是由顾客进行评价。旅游企业服务质量评价中的服务质量特性包括设施、能力、人员的数目和材料的数量等待时间、提供时间和过程时间;

卫生、安全性、可靠性；应答能力、方便程度、礼貌、舒适、环境美化、胜任程度、可信性、准确性、完整性、技艺水平、信用和有效的沟通联络等。因此，旅游企业服务质量的评价指标应包括以下内容。

（一）顾客满意指标

顾客满意指标是最重要的评价指标，包括顾客满意率、平均顾客满意度、顾客投诉率、投诉回复率、二次购买率等。

（二）服务硬件质量指标

服务硬件质量指标主要包括设施设备数量、设备完好率、设备维修率等。

（三）服务软件质量指标

服务软件质量指标包括服务限时效率、服务人员外语水平等。

（四）旅游企业经济指标

旅游企业经济指标包括利润总额、销售利润率、利润增长率、资产利润率等。虽然各项经济指标与旅游企业服务质量评价并没有直接的关系，但却可以从侧面反映出该旅游企业的服务质量水平。因为只有服务质量优良的旅游企业才会吸引顾客，并在竞争中取得优势，从而赢得较好的经济效益，而服务质量差的旅游企业必然会失去顾客而没有经济效益。只有加入对旅游企业经济指标的评价才是完整的。

第二节　旅游服务质量管理评价理论、方法与程序

外宾误将美金、机票丢进垃圾桶　酒店员工从垃圾堆中找回

2014年的某天夜晚，33层客房安静的楼道里突然传出一阵急促的咆哮声，循声看去，是外宾Mr.Eric的房间，"我的老天，太不可思议了！太恐怖了！居然不见了！连桌上的资料也一起没了！谁能告诉我这是怎么回事？……"

接到服务员的电话，正在服务中心填写夜床报表的领班小邹立即在电脑中查看了Mr.Eric的客史：Mr.Eric，西班牙人，五十多岁，萧山某一公司的技术顾问，房内文件多且不喜欢被整理；健忘，常找东西；2013年入住酒店两次。"估计是什么东西找不到了吧。"他一边推测，一边立即向33楼赶去。刚出电梯门，小邹就听到

了 Eric 的高调嗓门:"Who can tell me what happened?"(谁能告诉我这是怎么回事?)小邹紧步走上前,安慰 Eric 先生,并询问事由。原来是 Eric 中午草拟了一份合作议案后就离开房间去了公司,离开前还把打算要去杭州游玩兑换的 1300 元美金搁在了书桌上,可当他晚上回到房间时却发现这笔钱不翼而飞了。小邹虽然觉得事有蹊跷,但还是安慰他道:"Mr.Eric,很抱歉给您带来困扰了!您先不要着急,您回忆一下您离开房间时物品的摆放情况,我再帮您仔细找找,或许钱还在房间里。""不,那是不可能的!"Eric 用不可置疑的语气拒绝了小邹再找找的提议。"你们的员工有问题!请把你们的员工找来!我要当面问她!""好的,我会立即联系今天为您清扫客房的同事,请她协助回忆您的客房在打扫过程中的状态,同时我还会请大堂副理来为您做个房卡记录验证,您看这样可以吗?"小邹沉着的态度和有条理的应对,让 Mr.Eric 稍微冷静了下来。于是,在得到客人的认可后,小邹马上行动起来。

大堂副理来了,"滴滴……"读卡机里显示出的数据全部是宾客卡开门的记录,却没有任何员工进出的记录,这让小邹觉得很奇怪。"刚刚做的夜床报表上显示 Eric 房间是 DND,所以夜床是没开的,这说得过去,可是白天难道没打扫过这个房间吗?"满脑疑问的小邹又和当天的领班联系,确认这个房间白天是打扫过的,核实的结果是:打扫时 Eric 在房间,房门是 Eric 开的。"那是谁动了 Eric 的现金?"就在小邹百思不得其解的时候,清扫员又回忆出新的线索:在打扫 3302 的隔壁房间时,曾看到 Eric 将一袋湿漉漉的垃圾直接扔在了她的清扫车垃圾袋中。小邹脑中灵光闪现:"不会是……"

小邹立即和大堂副理做了沟通,兵分两路:由大堂副理陪同 Mr.Eric 做好情绪安抚,小邹则迅速奔向酒店垃圾房。当看到垃圾房的状态时,小邹忍不住吸了口冷气,因为部分垃圾已经被挪动,可能已被分拣人员处理过了。"但是只要有一线希望也得试试啊!"小邹屏住呼吸开始"地毯式"搜索,随着时间的推移,小邹脸上开始聚集汗水。而另一边,大堂副理也频频打电话过来询问寻找的情况,因为 Mr.Eric 的情绪已经非常激动了。眼见希望越来越渺茫,小邹终于在最后一个垃圾袋中找到了一堆满是咖啡污渍的纸质材料,里面夹裹着一个脏湿的信封,打开一看:13 张面值 100 美元的现金,还有一张机票。小邹立即通知大堂副理失物已经找到,让其转告客人让其安心,自己则飞奔去了工作间,用干净湿毛巾和吹风机对机票和现金进行去污和吹干处理,最后终于站到了 3302 客房门前,示意大堂副理将钱和机票交给 Eric。

"Mr.Eric,您的现金和机票,小邹帮您找回来了,您看看是不是这些?""机票?还有机票?!"Mr.Eric 猛然惊醒,"哦,我的天!我想起来了!我想起来了!对不起!瞧我这可怕的记性,看我干了什么啊!我想起来了,今天被合同的事情忙得晕头转向,把咖啡倒翻在资料上,我以为都是废弃的资料,就直接裹成一堆扔进了垃圾袋里,根本没想起来钱和机票还夹在里面。"这时,Mr.Eric 才看到站在门口的小邹,立即出来要和小邹来个拥抱。小邹却急得直摆手,指指自己说:"Sorry,bad smell。""天啊,你是从垃圾堆里把它们找回来的吗?"Eric 显得非常不好意思,并再三表达着他的歉意以及谢意:"真的,我都不知道该说什么了,谢谢,谢谢!""没关系的,能帮您找回它们我就很开心了!另外,我看到您回国的机票时间很早,所以联系了礼宾部同事,让他们帮您做网上值机,这样您的出行会更加便捷。"不顾小邹身上的异味,Mr.Eric仍然给了他一个大大的拥抱,"谢谢你,邹,你是我见到的最优秀的员工!你是这家酒店的骄傲!"

Mr.Eric离开的那天,管家部经理收到了这样一份委托转交的物品:一小瓶精致包装的雪莉酒,还有一封信。信里是这样写的:

"邹,谢谢你!即将回国的我,内心有两个小心愿,一是再次请你原谅我的不理智,在你的大度和宽厚面前,我是如此过激,你们中国人说'酒逢知己千杯少',那我就送上西班牙产的雪莉酒,聊表心意;二是你的心灵像西湖的春天一样美丽,我由衷地感到高兴,能认识到你这样的中国朋友,我也会将这次的经历转告我的合作伙伴,强烈推荐他们完全可以百分之百地放心把客户交给你们!希望下次来这里还能再见到你,下次见,最棒的中国小伙子!"

(资料来源:http://travel.people.com.cn/n/2014/1120/c390785-26058929.html.)

一、旅游服务质量管理评价理论——总体感知服务质量理论

(一)总体感知服务质量模型的提出

1982年,芬兰学者格罗鲁斯(Gronroos)教授根据认知心理学的基本理论,第一次提出了"顾客感知服务质量"(Customer Perceived Service Qualitiy)的概念,他认为服务质量本质上是顾客的一种感知,是顾客的一个主观体验过程,顾客将感知的实际服务实绩与自身的期望进行比较,比较的结果就是顾客感知的服务质量。1984年提出了总体感知服务质量模型(Model of Total Perceived Service Quality),见图6-2。

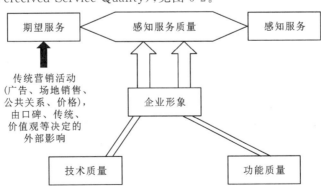

图6-2 格罗鲁斯顾客感知服务质量最初模型

(资料来源:Christian Gronroos. Service Quality Model and Its Marketing Implications[J]. European Journal of Marketing,1984(18).)

2000年格罗斯对该模型再次进行了修正(1988年格罗斯先生对模型进行了第一次修正,但修正后的服务质量模型并没有实质性的变化)。从内容上看,2000年的模型与1984年的模型有了一些变化,主要体现在新模型中对企业形象问题给予了特别的关注。格罗斯提出的总体感知服务质量模型如图6-3所示。格罗斯关于感知服务质量的定义和模型成为后来学者们研究顾客感知服务质量领域的重要基石。

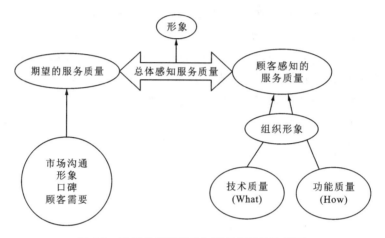

图6-3　格罗斯顾客感知服务质量修正模型

(资料来源:Christian Gronroos. Service Management and Marketing:A Customer Relationship Management Approach[M]. England:John Wiley & Sons,Ltd.,200.)

(二)总体感知服务质量模型的解读

1.服务质量是顾客感知的质量

格罗斯认为,服务质量是顾客的一种主观感知,服务质量的评判者是顾客,而不是企业。在服务质量管理工作中,企业对服务质量的理解必须和顾客的理解相吻合。否则,在制订质量改进计划时就会出现错误的行为,金钱和时间就会被白白地浪费掉。应当记住,重要的是顾客对质量如何理解,而不是企业对质量的诠释。

2.服务质量由技术质量和功能质量两方面构成

格罗斯将顾客感知的服务质量划分为技术质量(Technical Quality)(又称为结果质量)和功能质量(Functional Quality)(又称为过程质量)两个方面,即影响质量的双因素。技术质量是服务的结果,也就是顾客在服务过程结束后得到了什么(What)。由于技术质量涉及的是服务的有形内容,故顾客容易感知且评价比较客观。功能质量则是指企业如何提供服务以及顾客是如何得到服务的(How),涉及服务人员的仪表仪容、服务态度、服务方法、服务程序、服务方式等,相比之下更具有无形的特点,因此顾客难以做出客观的评价。在功能质量评价中顾客的主观感受占据主导地位。但顾客总体上是从技术质量和功能质量两个方面形成对企业实际服务实绩的看法。

3.服务质量是顾客期望与顾客感知的服务实绩比较的结果

服务质量是顾客期望与顾客感知的服务实绩比较的结果。在接受服务之后,顾客将自身对服务质量的期望与实际接受的服务质量进行比较,从而形成对企业服务质量的总体看法。当顾客实际接受的服务质量与顾客期望的服务质量相吻合时,这种质量水平便是顾客期待的,是一种合适与满意的服务质量。如果顾客的期望非常高,而实际感知的服务绩效相对低,那么顾客感知的总体服务质量就是失望的。如果感知的实际服务绩效超出了顾客的期望,那么顾客感知的总体服务质量则是优质和惊喜的。

4. 顾客的期望受多种因素的影响

顾客的期望受到许多因素的影响。有些是企业可以控制的因素,包括企业的市场沟通和促销活动,如广告、公关活动、直接销售、营业推广、企业的网站等,这些要素直接处于企业的控制之下,属于企业的可控因素。有些是企业不可控的因素,包括企业形象、口碑和顾客需要。这些要素是企业无法控制的。当然,企业的营销活动也会对企业形象和口碑产生间接影响,但这些都来自企业前期工作的长期积累,企业很难在短期内改变企业在公众中的形象和口碑。而且,企业的形象和口碑还受到许多企业以外因素的影响。

5. 企业形象是顾客感知服务质量的"调节器"

在格罗鲁斯的总体感知服务质量模型中,有三处出现了"企业形象",可见,企业形象与顾客感知服务质量有密切的联系。

1) 企业形象影响顾客的期望

企业形象是影响顾客期望的重要因素。在有多个服务供应商可供选择的情况下,顾客往往会选择具有良好声誉的供应商,同时,顾客的期望也会比较高。一般情况下顾客不会选择不知名或声誉不好的企业,如果顾客在不得已的情况下选择了这些企业,他们对服务的期望会较低。

2) 企业形象影响顾客对服务实绩的评价,是服务质量的"调节器"

除技术质量和功能质量外,企业形象也会影响顾客感知服务质量的评价。由于服务的生产和销售具有同时性,顾客参与服务过程并与服务组织发生互动关系,大多数情况下,顾客都能够看到、亲身感受到企业的资源及企业的现实运营状况。如果某旅游企业在顾客的心目中是一个优秀的企业,也就是说该企业的企业形象良好,那么即使该企业的服务出现了一些微小失误,顾客也会予以原谅。但是,如果该旅游企业的市场形象一般,而顾客在接受服务时即使服务失误偶尔发生,顾客也会认为该旅游企业的服务质量是不可接受的,企业的形象将会受到超过一般的损害。因此,企业形象对于旅游服务性企业而言是非常重要的,可以将其视为顾客对服务质量感知的"调节器"。

3) 顾客对服务质量的感知反过来又会影响企业形象

旅游企业在顾客心目中的形象是顾客在多次服务消费中逐渐形成的对企业的主观印象相叠加的结果。每次服务体验后,顾客对服务质量的感知结果都可能会改变原有的形象。如果感知质量与期望相符或超出期望,企业形象就会得到加强或提升;如果企业的表现不如期望,效果则相反。如果消费前企业的形象不清晰或顾客对其不了解,顾客体验后其形象就会逐渐清晰起来。

(三) 模型对管理的启示

格罗鲁斯的顾客感知服务质量对于指导旅游企业实践与实际操作,具有以下管理启示。

(1)服务质量受顾客感知的影响,因此旅游服务企业在制定有关标准时必须进行市场调查,按照顾客对质量的理解而不是管理者或标准制定者对质量的理解去制定标准。

(2)服务质量是技术质量和功能质量的统一,但二者的作用并不相同,技术质量和功能质量类似于赫茨伯格双因素理论中的"保健因素"和"促进因素",技术质量对于特定的服务来说是必备的,但是有时候该质量的改进并无助于顾客感知质量的提高,因此企业可以将它视为"保健因素"管理,而由于功能质量的改进与顾客可感知服务质量存在着正相关的关系,因此可以将其视为"促进因素"去管理。

(3)技术质量是形成良好服务质量感知的入门资格,优异的过程质量才是企业创造差异和持久竞争优势的真正推动力。由于服务创新不能通过专利来保护,一种新的技术一旦问世,很快就会被模仿,因此在旅游服务业建立技术优势比制造业更难,而通过以往对顾客的研究得知,只要服务的技术质量达到了顾客可接受的水平,则顾客就不会对此给予过多的关注。因此,企业应把建立竞争优势定位于服务的功能质量而不是技术质量方面。

(4)鉴于形象对顾客感知服务质量的作用,企业管理者应该重视形象的管理。企业管理者需谨记形象改善计划应该建立在现实的基础上,与现实不符的广告活动只会产生不可能实现的预期,如果预期提高而现实却没有改变,则会对人们的感知服务质量产生负面影响,从而破坏企业的形象。

(5)由于顾客感知服务质量等于体验质量减去预期质量,因此企业既不能将顾客头脑中的预期质量培养得过高,也不能培养得过低。预期过高,企业难以满足顾客期望则会使顾客不满意;预期过低,又难以吸引顾客前来光顾企业,造成生意清淡。因此,企业实施任何提高质量的方案,不仅要求直接参与这一方案的人员积极努力,还要求负责市场营销和信息传播的人员积极配合,才能有效地提高顾客将要形成的对企业产品或服务的感知质量。

(6)通过管理期望来提高顾客感知服务质量。管理者不仅应当认真研究影响顾客期望的因素,而且还应当了解顾客期望的内生机制和期望的动态性。

(四)模型的评价

格罗鲁斯顾客感知服务质量划分的理论依据最早来自斯旺(J.E.Swan)和康姆斯(L.J.Combs)二人在研究有形产品时提出的机械绩效(Instrument Performance)和表达绩效(Expressive Performance)的观点。其中,机械绩效是指产品的技术方面的质量,而表达绩效则是绩效的心理层面。在两人研究的基础上,格罗鲁斯对服务质量的构成进行了新的划分,这种划分是具有革命性意义的。虽然格罗鲁斯的模型忽略了几个对顾客服务质量感知起到重要影响作用的变量,如价格,也没有对顾客感知服务质量与顾客满意、顾客忠诚之间的关系进行进一步的探讨,但作为产生最早的服务质量模型,也是较具权威性的模型之一,格罗鲁斯对后来的学者们在这个领域的研究的影响是深远的,包括后来在服务管理领域成为另一学派代表人物的PZB等,都从格罗鲁斯的服务管理模型中借鉴了许多有益的成分。技术质量和功能质量的划分,期望质量与感知质量的差异比较,这些都为后来学者们对顾客感知服务质量的研究奠定了基础。

二、服务质量评价的方法

要提高服务质量,旅游服务企业管理人员首先必须了解本企业当前的服务质量水平,明确本企业服务系统的优点和弱点。企业管理人员应从本企业的外部顾客、竞争对手企业的顾客、本企业的员工三个方面获取信息,评价本企业的服务质量,找出服务质量管理工作中存在的问题,从而采取有针对性的改进措施,提高顾客感知的服务质量。

在实践中,旅游企业管理人员采用多种方法评价企业及其竞争对手的服务质量。根据不同的依据,可以把这些方法划分为不同的类型。

(一)定性研究方法和定量研究方法

根据服务质量评价依据的资料是数字化信息还是非数字化信息,可把服务质量的评价方法分为定性研究方法和定量研究方法。

1.定性研究和定量研究的含义与区别

1)定性研究的含义

定性研究(Qualitative Research)是一种通过发掘问题、理解事件现象、分析相关行为与观点以及回答提问来获取敏锐的洞察力的研究。定性研究是与定量研究(Quantitative Research)相对的概念,也称质化研究,是社会科学领域的一种基本研究范式,也是科学研究的重要步骤和方法之一。

2)定量研究的含义

定量研究是指通过收集用数量表示的数据、资料或信息,并对它们进行量化处理、检验和分析,以确定事物某方面量的规律性,从而获得有意义结论的研究过程。定量研究是科学研究的重要步骤和方法之一。定量,就是以数字化符号为基础去测量。定量研究通过对研究对象的特征按某种标准作量的比较来测定对象特征数值,或求出某些因素间的量的变化规律。由于其目的是对事物及其运动的量的属性做出回答,故称定量研究。

2.服务质量评价的定性研究方法

服务质量评价的定性研究方法主要包括深入访谈、专题座谈会和关键事件技术。采用这些方法时,调查人员多采用非结构化问卷,通过开放式问题调查受访者(顾客或员工)对服务质量的看法。下面主要介绍深入访谈和专题座谈会两种方法。

1)深入访谈

调研人员可以对顾客(包括现有顾客和潜在顾客、本企业顾客和竞争对手企业顾客、新顾客和老顾客)和员工进行深入访谈,了解他们对服务质量的看法,采取针对性的措施提高本企业服务质量。深入访谈可以在许多方面得到应用,可以在定性研究中单独使用,也可以结合定量方法帮助形成封闭式结构化问卷以提供信息帮助理解定量研究的结果。深入访谈通常是研究人员与被访谈者一对一进行访谈。

2)专题座谈会

专题座谈会是服务质量调研中非常实用且有效的定性调研方法。它是指由10人左右为一组,在一名专业主持人的引导下对某个主题或者概念进行深入的讨论。专题座谈会的调查目的在于了解被访问者对某项产品、某个概念、某种想法或者某个组织的看法,从而获取对有关问题的深入了解。根据座谈对象的不同,专题座谈会也可以分为针对顾客的专题座谈会和针对员工的专题座谈会。

3.服务质量评价的定量研究方法

服务质量评价的定量研究方法主要是问卷调查法。使用这类评价方法的调研人员需要设计结构化问卷,通过顾客或员工问卷调查收集数据,并对数据进行量化处理和分析。这类服务质量调查问卷亦称服务质量计量量表。在现有的文献中,国内外学者对顾客感知服务质量计量量表的形式及其使用方法进行了大量的研究,开发了许多不同的服务质量计量量表。其中,使用最广泛同时争议最多的是 SERVQUAL 量表。本章在后面将对 SERVQUAL 服务质量评价法作详细的介绍。

4.定性研究方法和定量研究方法的结合

定性研究方法和定量研究方法都是服务质量评价的重要方法,两类方法各有优缺点,适用的情况也不相同。在实践中,调研人员应同时采用定性和定量方法收集服务质量评价信息,既收集量化数据,也记录文字信息。量化数据给人以精确、简洁的感觉,便于管理人员分析和比较不同时期、不同企业或不同基层单位的服务质量。但是,量化数据不可能让管理人员听到顾客说话的腔调、语气。例如,一个服务质量报告列出:4%的顾客认为本企业服务质量很差,10%的顾客认为本企业服务质量较差,86%的顾客认为本企业服务质量较好或者很好。管理人员对这样的质量报告会感到比较满意,报告中用量化数据表示的 4%的劣质服务评价很可能不会引起管理人员的重视。但是,如果服务质量报告中引用顾客强烈不满事件的文字描述或录像,就可能会引起管理人员的高度重视。与书面记录相比较,录像的效果更好。调研人员可拍摄顾客投诉录像片、顾客座谈会录像片,以使管理人员更准确、全面地了解顾客对本企业服务质量的评价。在服务质量评价的不同阶段,调研人员可配合采用多种定性和定量方法。如在运用 SERVQUAL 量表对服务质量进行定量评价之前,调研人员通常会采用深入访谈、专题座谈会等定性研究方法,了解企业服务质量管理的现状和问题,明确服务质量评价的重点部门和重点环节。而在对服务质量进行定量评价和分析之后,研究者又可能会采用各种定性方法,借助对顾客或员工的访谈,找出量化数据发生规律性变化和各变量之间存在因果关系的原因。

5.服务质量的定性和定量研究的区别

表 6-1 列出了定性研究和定量研究的主要区别。

表 6-1 定性和定量研究的区别

不同点	定性研究	定量研究
着眼点	事物质的方面	事物量的方面
研究思路	归纳法	演绎法
研究依据	大量历史事实和生活经验材料	调查得到的现实资料数据
研究设计	非结构的、突发的、个案研究	结构的、系统化的、可重复的

续表

不同点	定性研究	定量研究
研究焦点	主题	变量
资料表述	文字的	数字的
研究手段	逻辑推理、历史比较等方法	经验测量、统计分析和建立模型等方法
研究结论表述方式	多以文字描述为主	数据、模型、图形、表格
学科基础	逻辑学、历史学	概率论、社会统计学

(二)基于顾客的服务质量评价方法和基于企业的服务质量评价方法

根据评价的主体,可把服务质量的评价方法分为基于顾客的服务质量评价方法和基于企业的服务质量评价方法。

1.基于顾客的服务质量评价方法

基于顾客的服务质量评价方法主要有交易调查,新顾客与流失顾客调查,服务实绩评论,顾客投诉、评论和问询记录,整个市场调查等。

1)交易调查

交易调查指调研人员在每次服务工作结束之后调查顾客感知的服务质量,收集顾客的反馈,以便管理人员采取改进措施。这种方法的局限性是企业调研人员只了解到顾客对最近一次服务工作的意见,而不能了解顾客对本企业服务的全面评价。此外,调研人员不调查竞争对手企业的顾客。

2)新顾客与流失顾客调查

这种调研方法指调研人员通过调查新顾客选购本企业服务的原因、老顾客在本企业消费额减少的原因、流失的顾客不再购买本企业服务的原因,分析服务质量和其他有关因素对顾客购买行为和顾客忠诚度的影响。持久采用这种方法的前提是,企业必须长期记录每位顾客的每次消费信息,识别每位顾客的类型(即属于新顾客、忠诚顾客还是流失顾客)。

3)服务实绩评论

服务实绩评论指管理人员定期走访一批顾客,了解顾客对本企业服务的期望和评价,与顾客探讨本企业服务改进工作的重点,以及双方应如何加强合作关系。管理人员应采用正式的调研程序,要求顾客回答一整套问题,在数据库中储存顾客的答案,并对顾客进行后续性双向沟通。这种调查方法需付出的时间和经济成本较大,但所获得的信息较全面、可靠。

4)顾客投诉、评论和问询记录

采用这种方法的企业长期记录顾客投诉、评论和问询情况,定期分类整理这些资料,以发现最常见的服务差错,采取有针对性的改进措施,这种方法的局限性是对企业不满的顾客往往不会向企业直接投诉,管理人员无法通过顾客投诉分析全面了解企业的服务质量现状。

5)整个市场调查

整个市场调查指调研人员不仅调查本企业的外部顾客,还调查竞争对手企业的顾客,计量顾客对本企业服务的全面评价,对本企业和竞争对手企业的服务实绩进行比较分析,以确定本企业服务改进工作的重点,了解本企业服务改进的情况。这种方法的局限性在于调研人员可计量顾客对本企业服务的全面评价,却无法计量顾客对本企业某一次服务的评价。

2. 基于企业的服务质量评价方法

基于企业的服务质量评价方法主要包括:员工现场报告、员工调查、神秘顾客调查/暗查、经营数据记录系统分析和质量检查。

1) 员工现场报告

员工现场报告指服务性企业采用正式的程序,收集、分类、整理、分发员工在服务现场获得的信息,以便管理人员了解顾客对本企业服务的期望和评价。这类调查方法的局限性是员工可能不愿向管理人员汇报不利的信息。此外,不同的员工反映情况的能力和自觉性也会不同。

2) 员工调查

调研人员向员工调查服务情况和工作环境质量,以便管理人员计量内部服务质量,发现员工在服务工作中面临的问题,了解员工的工作态度和精神状态。员工直接为顾客服务,能了解本企业服务质量问题产生的根本原因,为服务改进工作提出许多宝贵的意见。但是,员工对服务质量的看法不可能始终客观、正确。

3) 神秘顾客调查/暗查

神秘顾客调查方法是一种检查现场服务质量的调查方式,在 20 世纪 70 年代由美国零售行业"模拟购物"(Mystery Shopping)的调查方式发展而来。在这种调查中,神秘顾客通常是聘请的独立的第三方人员,如市场研究公司的研究人员或经验丰富的顾客,通过参与观察的方式到服务现场进行真实的服务体验活动。神秘顾客针对事前拟好的所要检查和评价的服务问题对服务现场进行观察,提出测试性问题并获取现场服务的有关信息,包括服务环境、服务人员态度、服务表现、人员业务素质、应急能力等。

4) 经营数据记录系统分析

通过经营数据记录系统分析和推测出顾客期望与顾客感受差异。企业记录、分类、整理、分发服务差错率、员工回应顾客要求的时间、服务费用等实际经营数据,监控服务实绩,以便采用必要的措施,改进经营实绩。

5) 质量检查

在旅游业中,需要定期对服务质量进行检查。所有外部授权的质量管理系统(例如 ISO 9000:2000)都要求在初始认证中执行"检查",然后进一步作定期检查。各种质量奖励都要对企业进行一次检查,看其是否有资格"赢得"奖项。例如,旅游饭店有星级评定标准。为维护国家的形象,保护消费者的利益,并指导旅游企业的科学发展,许多国家的政府机构和行业组织都颁布和实施了旅游企业等级制度,以此作为行业管理与行业规范的一种手段。随着旅游企业等级制度的普及,一家旅游企业所拥有的等级已成为对其设施与服务质量的鉴定和保证。因此,评定等级后,旅游企业在进行市场营销时便有了极具说服力的宣传工具,同时,也促使旅游企业不断完善设施和服务,提高管理水平。

3. 以上各种服务质量评价方法的选择和应用

以上各种基于顾客和基于企业的服务质量评价方法各有利弊,使用的情况也不相同。

在实践中,调研人员一方面应有针对性地选择某些方法,另一方面应将多种方法结合使用。

(1)根据本企业服务的性质、服务策略、企业与顾客的关系,有针对性地选择服务质量评价方法。① 根据企业服务的性质选择服务质量评价方法。例如,为少数客户提供复杂服务的企业可采用"服务实绩评论"方法,直接听取每位客户对服务质量的评价意见,与客户商定服务工作的重点,增强双方之间的关系;而以为众多顾客提供标准化产品和服务为主的快餐店则不宜采用这种费时、费钱的方法。② 根据企业的服务策略选择服务质量评价方法。强调服务可靠性的企业可采用"顾客投诉、评论和问询记录"方法,记录、分析顾客的投诉,发现服务体系中的薄弱环节;而强调销售网点优质服务的企业则可以采用"神秘顾客调查"方法,了解每个销售点的每位员工的服务实绩。③ 根据企业与顾客的关系选择服务质量评价方法。例如,高度重视关系营销的企业(如航空公司与通信公司)可采用"新顾客和流失顾客调查"方法,调查各类顾客对服务质量的评价,明确哪些因素会影响新顾客对企业的印象、降低老顾客忠诚度、造成顾客流失;而那些不易与顾客保持长期关系的企业(如出租汽车公司)就不宜采用这类调查方法,而更可能考虑采用"交易调查"方法,调查顾客对最近一次服务质量的评价。

(2)多种方法结合使用。企业可同时采用多种方法,利用某种方法的优点抵消另一种方法的缺点。例如,"交易调查"方法只能提供顾客对服务质量评价的信息,而"员工现场报告"方法则只能提供员工对服务质量评价的相关信息。研究结果表明,服务性企业顾客和员工会从各自角度评估服务质量,而且两者对服务质量的评价结果可能不同。因此,企业应同时采用"交易调查"和"员工现场报告"两种方法,同时从顾客和员工两个方面收集信息,以便更全面、准确地评价本企业的服务质量。贝里和帕拉索拉曼认为,几乎所有服务性企业都可采用"交易调查"、"顾客投诉、评论和问询记录"、"整个市场调查"、"员工调查"4类调查方法。同时采用4种方法,管理人员既可了解顾客对某项服务工作的反馈,又可从本企业顾客、竞争对手顾客和本企业员工三个方面获得本企业服务质量评价的全面信息。

三、服务质量评价工作的基本程序

(一)调查顾客期望,确定顾客服务质量评价的依据

根据"符合期望"质量定义,顾客的期望是顾客评估服务质量的依据,因此,企业评价服务质量首先应对顾客期望进行调查。即使在企业采用"符合规格"质量定义对产品和服务整体组合的某些成分进行质量管理的情况下,管理人员也需根据顾客的期望制定各产品和服务成分的标准,因此也应对顾客期望进行调查。

(二)建立服务质量信息系统,采用各种服务质量评价方法,收集服务质量评价信息

有效地收集服务质量评价信息是进行服务质量评价的重要环节。服务性企业应建立服务质量信息系统,使用前述多种调研方法,收集高质量的服务质量信息,以便对企业服务质量做出准确评价。

(三)整理、分析服务质量评价信息,向管理人员提交服务质量评价报告

企业的服务质量信息系统不仅应收集服务质量信息,而且还应对收集到的信息进行有效的整理和分析,并以适当的方式显示质量评价结果。服务质量信息系统研究人员通常采用平均数、百分比、相关分析、回归分析、因子分析、价值曲线分析、重要性-绩效分析、排列图等方法,整理、分析服务质量信息,并形成服务质量评价报告,用文字、录像、图表等方式显示服务质量评价结果。

(四)向每一位员工反馈服务质量信息

研究人员不仅应向管理人员报告服务质量评价结果,而且还应向企业的每一位员工反馈服务质量信息。

1. 向员工提供服务质量信息的必要性

根据授权理论,服务性企业的每一位员工都是企业的决策人员。企业应授予员工服务工作决策权力,以便他们在为顾客服务的过程中能主动地满足顾客期望,创造性地解决服务工作中出现的问题。管理人员与员工分享服务质量信息是企业授权措施得以奏效的重要保障。管理人员为员工提供各类服务质量信息,如顾客期望、顾客对服务质量的评价等信息,有利于员工理解顾客的期望,了解顾客的反应,及时调整服务方式和服务行为,提高顾客感知的服务质量。

2. 向员工提供服务质量信息的渠道和方法

研究人员可通过培训班、内部通信、录像片等渠道向员工提供服务质量信息。服务质量信息系统的设计人员要了解信息使用者的需要,才能做好服务质量信息系统设计工作。员工是服务质量信息的使用者,因此,设计人员应了解各类员工需要哪些信息,明确服务质量信息系统应在何时、如何为各类员工提供这些信息。

(五)根据服务质量评价结果,确定服务质量改进重点,实施有针对性的质量改进措施

在服务质量评价结果中,对各个评价结果进行比较分析,找到影响服务质量的关键因素,进而有针对性地确定服务质量改进的措施,提高改善服务质量的效果。

(六)定期评价服务质量,分析服务质量评价和改进活动的效果

服务质量评价是一项长期的任务。企业应定期评价本企业服务质量,并对前后各期的服务质量水平进行比较,了解本企业服务质量发展趋势,分析服务质量评价和改进活动的效果。

第三节 基于 SERVQUAL 的服务质量评价方法

长沙鑫远白天鹅酒店服务质量的网络评价

长沙鑫远白天鹅酒店是白天鹅酒店集团旗下的酒店。白天鹅宾馆是白天鹅品牌的旗舰店,开业于 1983 年,由霍英东先生与广东省政府投资合作兴建,被誉为印证改革开放成功典范的国内由中国人自主管理的首家高星级酒店。

长沙鑫远白天鹅酒店利用慧评网对客人点评进行分析,来提升酒店自身口碑和评分。

长沙鑫远白天鹅酒店在 2014 年上半年的慧评得分是 90.4 分,顾客观点整体评价的满意度为 95.32%,对价格的满意度为 93.14%,对服务的满意度为 92.62%,对卫生的满意度为 92.31%,对餐饮的满意度为 88.54%,顾客的旅行目的是商务出差。

鑫远白天鹅酒店位于长沙市天心区湘府中路 258 号,旁边有天心区政府和湖南省政府,距正在修建的地铁一号线"省政府站"非常近。从酒店出发,到武广、沪昆双高铁中枢的长沙南站仅需 15 分钟车程,非常方便。客人对酒店位置和交通的整体满意度较高,尤其对于乘坐高铁的人来说非常方便。以下是某位顾客写的入住体验。

我对长沙的服务行业不是特别了解,所以在酒店的服务上没有特别大的期待,但是从到达酒店入住直到离开感受到的都是暖暖的贴心服务。印象较深的是我到前台办手续,前面有客人正在办理,工作人员看到我之后会先问一句我的需求,然后告知稍等一下,马上为我办理。对后面客人的需求也作了预先了解,而且让我们的情绪得到了平复。当然,其实并没有久等。(客人对服务宏观的满意度为 93.75%)

在电梯间发现这个快速退房的投放卡箱子,很人性化,没有放在前台,客人出电梯即可投放。问了酒店服务员,得知这是白天鹅酒店对会员开设的快速退房通道,酒店可以直接从客人账户余额中扣除房费,让客人迅速离店。(客人对退房服务的满意度为 100%)

酒店客房不到 300 间,有标准客房、豪华客房、行政客房、标准套房、行政套房、总统套房等几个等级。(客人对客房卫生满意度为 100%,房间宏观满意度为 95.56%。)本次入住的是 20 层行政楼层的行政套房,客厅、客卫、卧室、主卫、衣帽间等设施一应

俱全。客厅有一组五人沙发，对面是书桌和液晶电视，书桌上还配了一套 iMac 苹果电脑，有线宽带与 Wi-Fi 覆盖速度快。(客房设施满意度为 100%)

卧室有 2 米×2 米舒适大床，床单被罩贴身也很舒服。夜床服务除了安神的牛奶之外，还有一只可爱的小动物公仔出现在床上。床的对面有液晶电视，落地窗边还有沙发榻一张。整个卧室的感觉就是让你进去之后容易入睡，对于我这种睡眠质量不高的人，在这里的两夜也能达到 6~7 小时的高质量睡眠。主卫除了与卧室相连，也与衣帽间相通，洗手间配单水盆洗手台、独立淋浴间与马桶间，还有一个梳妆台提供给女性客人。特别抢眼的就是那个白色圆形大浴缸，每次看到它都觉得它在跟我讲"快到我碗里来"。(客人对卫生间设施满意度为 85.71%，其中对洁具满意度为 100%)

餐厅是位于酒店 1 层的自助餐厅，在那里用了一顿早餐和一顿午餐，餐品丰富，种类多，标志清楚，尤其服务做得比较到位，收杯盘的速度很及时。要尝尝长沙的口味虾，这里也有准备。还有一个特色就是广式蒸点，因为酒店管理集团是广州白天鹅酒店管理公司，据服务员说行政总厨就是从广州派过来的，所以相当地道。(客人对餐饮环境满意度为 91.89%，早餐菜品满意度为 88.89%)

总体来说，长沙鑫远白天鹅酒店性价比很高。(客人对酒店整体满意度为 95.32%)

长沙鑫远白天鹅酒店在保证现有酒店产品及服务的品质的同时，对顾客的点评进行整体把握和梳理，对客人不满意的地方及时跟进纠正，对客人的点评及时回复跟踪，从而确保在了解顾客需求的情况下改进服务质量，以便向顾客提供更优质的服务。

(资料来源：钟志平，谌文.酒店管理案例研究[M].重庆：重庆大学出版社，2015.)

虽然诸多学者对顾客感知服务质量的基本内涵和框架已经有了共识，但是，对于如何去衡量感知服务质量，用什么样的评价方法去获取最终的顾客感知服务质量的结果，尚存在较多的分歧，不同的学者根据自己的见解提出了自己的看法。本章主要介绍基于对顾客感知服务质量的理解所创建的不同的顾客感知服务质量模型，通过这种方法来揭示服务质量的内涵、服务质量的决定要素和服务质量的度量方法。因此，本节将着重介绍如 SERVQUAL、SERVPERF、归因模式、"非差异"评价法、关键事件技术等主要的服务质量评价方法。

一、SERVQUAL 评价方法的简介

SERVQUAL 为英文 "Service Quality"(服务质量)的缩写。20 世纪 80 年代末，美国市场营销学家帕拉索拉曼(A. Parasuraman)、隋塞莫尔(Zeithaml)和贝里(Berry)三人在《SERVQUAL：一种多变量的顾客感知服务质量度量方法》的文章中首次提出了 SERVQUAL 一词(Service 和 Quality 两个单词前半部分的组合)，它是一种建立在对顾客

期望服务质量和顾客感知服务质量的基础之上的依据全面质量管理理论而提出的全新服务质量理论。它的核心内容是"服务质量差距模型",即服务质量取决于顾客所感知的服务水平与顾客期望的服务水平之间的差距程度,用户的期望是开展优质服务的先决条件,提供优质服务的关键就是要超过用户的期望值。SERVQUAL 评价方法主要包括衡量服务质量的 5 个评价维度,即有形性、可靠性、响应性、保证性、移情性。这 5 个维度又可以细分为若干个不同的问题,通过问卷调查、顾客打分等形式让顾客针对每个问题给出实际服务感知的分数、最低可接受的分数以及期望服务水平的分数,然后通过综合计算得出服务质量分数,模型见图 6-4。

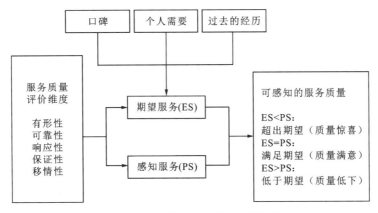

图 6-4　PZB 顾客感知服务质量模型

SERVQUAL 评价方法对顾客感知服务质量的评价是建立在对顾客期望服务质量和顾客接受服务后对服务质量感知的基础之上的。PZB 提出的衡量服务质量的 5 个评价维度包括 22 个问题项的调查表,学者们后来将其称为 SERVQUAL 评价方法。以下是对 5 个维度的解释。

（一）SERVQUAL 评价中的 5 个维度

1.有形性

有形性包括实际设施、设备以及服务人员的外表等。所有这些都被提供给顾客,特别是提供给新顾客用来评价服务质量。有形性经常被服务企业用来提高形象、保持一致性及向顾客表明质量。在调查表中为第 1~4 问题项。

2.可靠性

可靠性是可靠地、准确地履行服务承诺的能力。从更广泛的意义上说,可靠性意味着企业按照其承诺行事,包括送货、提供服务、问题解决及定价方面的承诺。顾客喜欢接受信守承诺的企业的服务,特别是那些能信守关于核心服务质量方面的企业。在调查表中为第 5~9 问题项。

3.响应性

响应性是指帮助顾客并迅速地提高服务水平的愿望。该维度强调在处理顾客要求、询问、投诉和问题时的专注和快捷。响应性表现在顾客在获得帮助、询问答案及对问题的解决前等待的时间上。响应性也包括为顾客提供其所需要服务的柔性和能力。在调查表中为第10～13问题项。

4.保证性

保证性是指员工所具有的知识、礼节以及表达出自信与可信的能力。在顾客感知的服务包含高风险或其不确定自己有能力评价服务的产出时,如银行、保险、证券交易、医疗和法律服务,该维度可能非常重要。在调查表中为第14～17问题项。

5.移情性

移情性是指关心并为顾客提供个性化服务。移情性的本质是通过个性化的或者顾客化的服务使每个客户(顾客)感到自己是唯一的和特殊的,用户能够感受到为他们提供服务的企业对他们的足够理解和重视。规模较小的服务公司的员工通常知道每个用户的姓名等信息,并且与用户建立了表示了解用户需要和偏好的关系。当这种小规模的公司与大企业竞争时,移情能力可能使其具有明显的优势。在企业对企业服务的情况下,用户想要供应商理解他们所处的行业和面临的问题。即使大型企业有较丰富的资源,小企业仍被认为更了解用户的问题和需要,并且能够提供更加顾客化的服务。在调查表中为第18～22问题项。

表 6-2 所示为 SERBQUAL 量表。

表 6-2　SERBQUAL 量表

维度	定　　义	组　成　项　目
有形性	服务中的实体部分,包括服务设施、设备和员工的外表	1.有现代化的服务设施 2.服务设施具有吸引力 3.员工有整洁的服务和外表 4.公司设施与他们所提供的服务相匹配
可靠性	可靠地、准确地提供所承诺的服务的能力	5.公司向顾客承诺的事情能及时完成 6.顾客遇到困难时,能表现出关心并提供帮助 7.公司是可靠的 8.能准确地提供所承诺的服务 9.正确记录相关的服务
响应性	乐于帮助顾客,提供及时的服务	10.他们能告诉顾客提供服务的准确时间 11.他们能提供及时的服务 12.员工总是愿意帮助顾客 13.员工不会因太忙而无法提供相关服务
保证性	员工的知识与态度使顾客信任、放心	14.员工是值得信赖的 15.在从事交易时顾客会感到放心 16.员工是有礼貌的 17.员工可以从公司得到适当的支持,以提供更好的服务

续表

维度	定 义	组 成 项 目
移情性	关心并为顾客提供个性化服务	18.公司能针对不同的顾客提供个性化服务 19.员工会给予顾客个别的关怀 20.员工了解顾客的需求 21.公司能优先考虑顾客的利益 22.公司的服务时间能符合所有顾客的需求

（资料来源：Parasuraman A., Zeithaml V. A., Berry L. L., SERVQUAL: A Multiple-item Scale for Measuring Consumer Perceptions of Service Quality[J]. Journal of Retailing, 1988(1).）

对于每一个指标，在 SERVQUAL 标尺中都计算出顾客感知到的服务与所期望的服务之间的差距，即 $Q_i = P_i - E_i$，其中，Q_i 表示该指标上的服务质量差距，P_i 代表顾客对该指标服务实际的评价，E_i 代表顾客对该指标期望的评价。总体服务质量即为各个指标上服务质量差距的加权平均，即 $Q = \sum I_i \times Q_i$，其中，I_i 为指标的权重。

该模型自提出以来已经被管理者和学者广泛使用。尽管服务质量评价方法门类较多，但 SERVQUAL 评价方法无疑是其中最重要的方法，因为它不仅是一种度量服务质量的方法，同时也为其他一些评价方法在不同程度上起了借鉴作用。随着该模型的普遍推广，目前该模型已被广泛应用到服务业和管理层面的方方面面。

（二）SERVQUAL 评价方法的具体步骤

SERVQUAL 评价方法是一种建立在服务质量 5 个维度基础之上的衡量顾客感知服务质量的工具。它通过对顾客感知到的服务与所期望的服务之间的差距比较来衡量服务质量。具体的评价步骤可以分为以下两步。

1.顾客通过调查问卷打分

根据 PZB 的 SERVQUAL 量表，通常调查问卷有 22 个指标，被调查者根据其对服务的期望与实际体验来回答问题（每个指标的分值都采用 7 分制，分值从 7 分到 1 分，分别代表着"完全同意"至"完全不同意"），说明他们期望的服务质量和感知的服务质量，由此确定总的感知服务质量的分值。分值越高，说明被调查者期望的服务质量和实际感知的质量的差距越大，相反分值越低，则期望的服务质量与实际感知的服务质量比较接近。

2.计算服务质量的分值

对服务质量进行评价实际上就是对得到的各指标的分值进行计算。顾客的实际感受与期望往往不同。因此，顾客对某一问题的打分存在差异，这一差异就是在这个问题上服务质量的分数，用式(6-1)表示

$$SQ = \sum_{i=1}^{22} (P_i - E_i) \qquad (6-1)$$

式中：SQ——SERVQUAL 评价方法中的总的感知服务质量；

P_i——第 i 个问题在顾客感受方面的分数；

E_i——第 i 个问题在顾客期望方面的分数。

式(6-1)表示的是单个顾客的总的感知质量。所得的总分值平均(除以 22)后就得到了单个顾客的 SERVQUAL 分值。然后把调查中所有顾客的 SERVQUAL 分数加总后再除以顾客的数量就得到了企业的平均 SERVQUAL 分数。

当然,式(6-1)中存在一个假定条件,即对于企业提供服务的 5 个属性来说,在每个顾客心中的重要程度是相同的,即所占权重是一样的。但在实际生活中,显然不同的服务其 5 个属性在每个顾客心中所占的分量是各不相同的。例如,餐饮企业的顾客认为这 5 个属性中保证性最重要,而软件企业的顾客则不一定认为保证性是最重要的,他们认为可靠性更为重要。因此,在评估企业服务质量时要进行加权平均。在式(6-1)的基础上可以得到加权计算的公式,见式(6-2)。

$$SQ = \sum_{j=1}^{5} W_j \sum_{i=1}^{R} (P_i - E_i) \qquad (6-2)$$

式中:SQ——SERVQUAL 评价方法中的总的感知服务质量;

W_j——每个属性的权重;

R——每个属性的问题数目;

P_i——第 i 个问题在顾客感受方面的分数;

E_i——第 i 个问题在顾客期望方面的分数。

PZB 指出"感受—期望"差异理论体现的是一种与特定标准的比较关系,而不是描述期望的服务与获得的服务之间的具体差别,该理论及上述的式(6-1)和式(6-2)不是用来预测的模型,而是一套用来评估与"感受—期望"相关的感知服务质量的评估方法。

(三)SERVQUAL 评价方法的应用

SERVQUAL 评价方法在服务性企业管理中有着广泛的应用,用以理解目标顾客的服务需求以及感知,并为企业提供了一套管理和度量服务质量的方法。该模型既可以横向地与同一行业的不同企业的服务水平做出比较,结合其他的评价手段,找出本企业在服务质量上与其他企业存在的差距,从而找出弥补差距的途径与方法,也可以纵向地了解企业内部在服务水平上所存在的问题,有利于企业及时弥补服务的缺陷,提高服务质量水平。此外,还可以结合其他的评价方法对企业未来的服务质量进行较为准确的预测等。

1. 能够更好地了解顾客的期望与质量感知的过程

通过 SERVQUAL 评价方法的应用,可以更好地了解顾客的期望与质量感知的过程,从而达到提高服务质量的目的。SERVQUAL 评价方法的 5 个维度并非是一成不变的,这一特点使得服务质量的 5 个维度可以在应对不同的行业时进行"微调",以满足对不同行业的服务质量进行评价。

2. 能够横向地比较分析行业内的服务水平

运用 SERVQUAL 评价方法可以结合其他的评价方法对同一行业的不同企业的服务水平进行比较分析。通过计算本企业现在的服务水平与其他企业的服务水平的差距,可以更好地做出决策提高企业的服务水平。该模型不仅可以分别计算出服务质量的各个维度的水平,也可以找出各维度中对顾客感知影响较大的部分,从而使企业可以有针对性地找到影响顾客感知的关键问题,有利于采取果断措施,提高服务质量。

3.能够预测企业服务质量的发展趋势

定期地利用 SERVQUAL 评价方法,在结合其他评价方法的基础上可以较好地预测企业服务质量的发展趋势。SERVQUAL 评价方法是一种基于顾客的服务质量评价方法,按照 PZB 的观点,他们谈及的顾客不仅包括普通的顾客,也包括企业的员工,通过对企业员工的调查,我们可以更好地找出影响、阻碍企业良好服务向顾客传递的途径,从而找到解决这一问题的方法。

4.有助于改善企业服务质量

通过不同顾客群体对服务质量维度重要性的认知,找出在不同文化背景下,顾客感知服务质量方面的差异。由于文化背景的差异,顾客对服务质量的定义与要求是不同的。通过对不同文化层次的顾客进行分层抽样,我们可以得出顾客对服务质量的 5 个维度的感知情况,从而可以有侧重点地对影响企业服务质量的因素进行改善。

5.能够有针对性地对顾客进行分类

SERVQUAL 评价方法还有一个重要应用,就是它可以针对每一个单独的顾客对 SERVQUAL 的得分进行分类,从而可以更加方便地找到目标顾客。经过对参与调查顾客评分情况的分析和分类,以及度量顾客对各维度重要性的认识,可以对顾客做出更多有益的分类,以考察评分较高的顾客接受服务的次数。如果评分较高,同时又接受过企业的服务,那么这些顾客成为企业忠诚顾客的可能性就比其他类型的顾客要大得多。

二、基于 SERVQUAL 的其他服务质量评价方法

SERVQUAL 评价方法自从诞生以来,就受到学术界广泛的关注,许多学者对 SERVQUAL 评价法从各个方面进行了检验,提出了许多修正意见。PZB 从 20 世纪 90 年代起,对 SERVQUAL 评价法进行了多次的修改。一些学者也针对 SERVQUAL 评价法存在的问题提出了改进意见,形成了一系列基于 SERVQUAL 的服务质量评价方法。其中比较有代表性的为 SERVPERF 评价方法和 Non-difference 评价方法。

(一)修正 SERVQUAL 评价方法

不可否认,SERVQUAL 评价方法的诞生对于服务管理来说是一个历史性的突破,SERVQUAL 评价方法有效地解决了服务质量这一主观性强而难以量化和度量的历史难题。但很多学者的研究也表明,决定服务质量的 5 个属性对于某些服务企业可能是有意义的,但对于另外一些服务企业而言可能意义就不大,因此,服务质量的 5 个维度在不同行业中的重要程度(即权重)应该是不同的,而 SERVQUAL 评价方法认为其 5 个属性的重要程度都是一致的;另外,SERVQUAL 评价方法所选择的 22 个指标也存在同样的问题等。基于此,自 20 世纪 90 年代以来,PZB 对 SERVQUAL 评价方法进行了多次修改和完善。

修正后的 SERVQUAL 评价方法有以下变化。

首先是在研究样本的容量上有大幅度增加,以保证调查的稳定性和分析的可信度。其次,PZB 对问卷项目的设计进行了改革。在之前的问卷中,响应性和移情性两个维度中包含否定性的问句,由此造成信度的降低。修正后的 SERVQUAL 量表问项中的所有问句都采用了肯定性问句,这样就大大提高了调查的效率,也极大地方便了对数据的处理与分析。再次,修正后的 SERVQUAL 通过调查三个行业(电话公司、保险公司和银行)发现,虽然服务质量各维度的比重存在差异,但 5 个维度的排序大致是一致的,即可靠性、响应性、保证性、移情性、有形性(见表 6-3)。最后,计算公式上跟 SERVQUAL 有差异。由于 5 个维度的权重在不同的行业可能不同,因此,服务质量的计算公式也必须考虑各个维度的权重情况,其计算公式参见公式 6-2。

表 6-3　服务质量 5 个维度的重要性的比重

维度	电话公司	保险公司 1	保险公司 2	银行 1	银行 2	均值(约)
有形性	12	10	11	11	11	11
可靠性	32	33	29	30	32	31.2
响应性	22	22	23	23	22	22.4
保证性	18	19	20	19	19	19
移情性	16	16	17	17	16	16.4
总计	100	100	100	100	100	100

(资料来源:Parauraman A., Valarie Zeithamal, Leonard Berry. Refinement and Reassessment of the SERVQUAL Scale[J]. Journal of Retailing,1991(67).)

另外,针对 SERVQUAL 评价方法所得出的结论不一定适用于所有行业,PZB 提出两点:一是将 SERVQUAL 评价方法应用于不同的行业时,必须对表中的问项做出适当的调整,这样才能保证 SERVQUAL 评价方法的科学性;二是如果需要的话,对服务质量的 5 个维度也可以做出适当的调整,以满足不同类型企业进行研究的特殊需要。由此我们不难看出该方法自从诞生之日起,PZB 就将其视为一种动态的服务质量度量的方法。

(二)SERVPERF 服务质量评价方法

1.SERVPERF 服务质量评价法的产生

克罗宁和泰勒(Cronin 和 Taylor,1992)将 SERVQUAL 的方法用在不同的行业,认为 SERVOUAL 量表在开发过程中存在概念性和测量性问题。因此,为了克服 SERVQUAL 所固有的缺陷,他们提出了仅仅基于服务实绩感知的另外一种测量方法——绩效感知服务质量度量法,即 SERVPERF(Service Performance 的缩写)。SERVPERF 摒弃了 SERVQUAL 所采用的差异比较法,而是只利用一个变量,即顾客感知的服务实绩来计量顾客感知服务质量。以克罗宁和泰勒为代表的学者认为,服务质量属于一种长期态度,而客户满意度则是根据某一特定的服务经历所形成的一种顾客对企业的短暂判断。直接测量服务质量认知结果的方法(SERVPERF)比较能够反映消费者对各种服务质量的长期态度。此项研究整理出以下 4 种衡量服务质量的方式。

(1)SERVQUAL:服务质量=顾客对服务实绩的感知—顾客期望。

(2)加权重的 SERVQUAL：服务质量＝重要性×(服务实绩－顾客期望)。

(3) SERVPERF：服务质量＝顾客对服务实绩的感知。

(4)加权重的 SERVPERF：服务质量＝重要性×顾客对服务实绩的感知。

Cronin 和 Taylor(1992)在 4 个先前没有进行实证研究的服务行业中对这 4 种衡量服务质量的方法进行了实证检验。研究发现，基于服务表现感知的 SERVPERF 量表的解释能力要优于 SERVQUAL 量表，其次是加权重的 SERVQUAL，最后是加权重的 SERVPERF。此外，在研究过程中，克罗宁和泰勒分别采用因子分析、T 检验、幅合效度和方差检验等方法，对这两种评价方法的信度与效度进行了研究，实证研究表明，SERVPERF 无论在信度还是效度方面确实都优于 SERVQUAL。并且，Grapentine 和 Tery(1998)，以及中国台湾学者苏云华(1997)通过相同方法进行实证比较后，支持了 SERVPERF 优于 SERVQUAL 的观点。

2.SERVPERF 与 SERVQUAL 的联系与区别

1) SERVPERF 与 SERVQUAL 的联系

从继承和发展的角度来看，SERVPERF 与 SERVQUAL 有不少重叠之处。① 维度和计量指标相同：SERVPERF 继承了 SERVQUAL 对服务质量维度的划分与度量指标的设定。在 SERVPERF 的研究过程中，仍然采用了 SERVQUAL 所采用的 5 个维度和 22 个问题项的研究模式，而且所有的问题项和语气没有任何改变。在问题项的衡量尺度上，也是采用李克特的 7 点尺度。② 概念界定和维度内涵相同：两者对服务质量概念的界定和对各服务质量维度内涵的解释完全相同。

2) SERVPERF 与 SERVQUAL 的区别

① 计量法则不同：PZB 坚持，服务质量是服务实绩与顾客期望比较的结果。SERVQUAL 评价法的基本法则是服务质量＝顾客对服务实绩的感知－顾客期望。而克罗宁和泰勒认为，虽然期望对顾客感知的服务质量会有所影响，但顾客对服务实绩的感知减去顾客期望的衡量方式并不适用于服务质量的测量。服务质量直接受到顾客感知的服务实绩的左右。因此，SERVPERF 评价法只是利用了一个变量，即顾客感知的服务实绩来计量顾客感知服务质量，即 SERVPERF 的基本计量法则是：服务质量＝顾客对服务实绩的感知。② 调查的变量不同：由于 SERVQUAL 评价法的基本法则是服务质量＝顾客对服务实绩的感知－顾客期望，因此，采用此评价方法的研究人员必须同时调查顾客期望和顾客感知的服务实绩两个变量然后以两者之差计量服务质量。而 SERVPERF 评价法则只需要调查顾客感知的服务实绩并以此直接计量服务质量。③ 数据量不同：SERVPERF 只采用一个变量计量服务质量，用此方法设计的问卷包含 22 个问题项，问卷调查结果产生 22 组数据，比起 SERVQUAL 的 44 个问题项、44 组数据，整整少了一半，既缩短了受访者回答问卷的时间，又简化了研究人员处理数据的程序。

综上所述，SERVPERF 最大的特色在于其在对服务质量进行测评的时候，没有对顾客的期望进行测量。此模型比较简单，减少了调查的工作量，在比较不同企业的服务质量以及同企业不同时期的服务质量上有着良好的应用前景，但是存在因信息量较少而导致分析能力较差的缺陷。

(三)Non-difference 服务质量评价方法("非差异"评价方法)

如上所述,许多学者对 SERVQUAL 评价法使用实绩感知减去顾客期望作为理论基础测量服务质量这种做法的合理性提出质疑。Carman(1990)建议解决这个两难问题的一个方法是直接询问顾客对特定服务的实绩感知和顾客期望之间的差距,而不是分别询问实绩和期望后人为地计算二者之间的差值。Babakus 和 Boiler(1992)的观点也与之不谋而合。根据上述建议,布朗、丘吉尔和彼得(Brown、Churchill and Peter,1993)提出了 Non-difference(非差异)的评价法,即直接询问顾客感知的实绩与期望之差,并以此评价顾客感知的服务质量。

1.Non-difference 与 SERVQUAL 的联系

① 计量法则相同:两种评价方法的基本法则都是顾客感知的服务质量等于顾客感知的服务实绩与顾客期望之差。② 维度和计量指标相同:Non-difference 评价法同样采用 SERVQUAL 量表的 5 个维度和 22 个问题项。③ 概念界定和维度内涵相同。

2.Non-difference 与 SERVQUAL 的区别

① 调查的变量不同:采用 SERVQUAL 评价法,研究人员需要同时调查顾客期望和顾客感知的服务实绩两个变量,然后以两者之差计量服务质量。而采用 Non-difference 评价法,研究人员则只需要直接调查顾客感知的服务实绩与期望之差这一个变量,并以此直接计量服务质量。② 提问和打分的方式不同:与 SERVQUAL 问卷不同,Non-difference 评价法问卷的每个问题都用 How 的表达式来提问(如"员工有多愿意帮助我"),而打分则采用 7 分值法(从"远比我期望的低"为 1 分到"远比我期望的好"为 7 分)。布朗、丘吉尔和彼得的实证研究结果表明,此种方法能够解决 SERVQUAL 量表分值差异引起的问题。③ 数据量不同:尽管 Non-difference 评价法同样采用 SERVQUAL 量表的 22 个指标,但是,SERVQUAL 需要对顾客期望与绩效感知分别进行度量,并计算两者之差得到感知服务质量,共牵涉 66 组数据;而 Non-difference 评价方法则只对期望及实绩之差进行度量,涉及的数据只有 22 组。从这个角度而言,后者类似于 SERVPERF,比较简洁实用。

(四)基于 SERVQUAL 的服务质量评价方法的总结与关系

表 6-4 将顾客感知服务质量中的三种主要评价方法进行了归纳和总结。在这三种度量方法中,SERVQUAL 评价法奠定了基本的理论和方法基础,而 SERVPERF 评价法则以其简洁、方便和高信度受到许多学者的推崇,相比之下,Non-difference 评价法的影响则相对小得多。

表 6-4 三种主要服务质量评价方法的总结

内容	SERVQUAL	SERVPERF	Non-difference
服务质量的决定因素	顾客感知的服务实绩和服务期望二者之间的差异	顾客感知的服务实绩(由顾客来认定)	顾客心中对服务实绩与自身期望之间的差距的评价
方法表达	问卷	问卷	问卷

续表

内容	SERVQUAL	SERVPERF	Non-difference
基本问项	44项	22项	22项
是否跨行业运用	是	是	是
问项是否可调整	可调整	可调整	可调整
问项是否和SERVQUAL相同	/	和SERVQUAL量表的服务实绩部分相同	询问方式完全不同,但各询问事项相同
变量数	Va 顾客感知的服务实绩 Vb 顾客期望	Va 顾客感知的服务实绩	Va 顾客感知的服务实绩与自身期望的契合程度
问项尺度	七度	七度	七度

(资料来源:韦福祥.服务质量评价与管理[M].北京:人民邮电出版社,2005.)

另外,从图 6-5 中还可以看出 SERVQUAL、SERVPERF 及 Non-difference 三种方法在运用上是非常相似的,皆是以 SERVQUAL 的 22 个问项为基础问题项,只是在测量的方式上有所不同:SERVQUAL 是分别测量顾客的期望与感知的服务实绩;SERVPERF 方法是因为顾客的期望不易测量,所以只测量顾客感知的服务实绩;而 Non-difference 方法是直接测量顾客心中期望与实绩的契合程度,在实际运用中,研究人员要根据研究目的来选择具体的研究方法。如果研究人员只是想对服务质量的变动趋势进行预测,那么 SERVPERE 方法是最优的;如果研究人员想进行服务质量方面差距的计量和诊断,那么 Non-difference 方法是最好的;如果研究人员在对服务质量差距进行测量和诊断的同时,还希望了解顾客的期望,那么 SERVQUAL 方法则是最理想的。

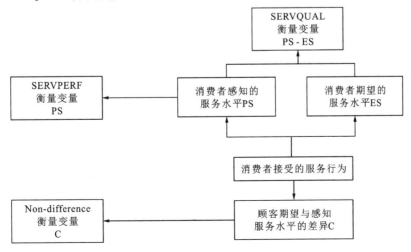

图 6-5 三种主要评价方法的关系图

三、归因模式方法

归因模式最初是由美国心理学家维纳（Weiner）于1985年提出。1990年，比特纳（Bitner）对该模式进行了实证研究，从而将归因模式正式引入服务管理领域。但由于该方法涉及的变量过多，应用起来非常复杂，所以并没有得到学者们的高度关注，研究和使用该方法的也比较少。

在服务质量评价环境下的归因就是指消费者在遭遇服务结果和期望不一致时所进行的自发的探究原因并调试绩效感知与期望之间关系的心理状态。不同的顾客，其调试的方式不一样，从而他们感知的服务质量也会产生差异。图6-6所示为比特纳的归因模式流程图。

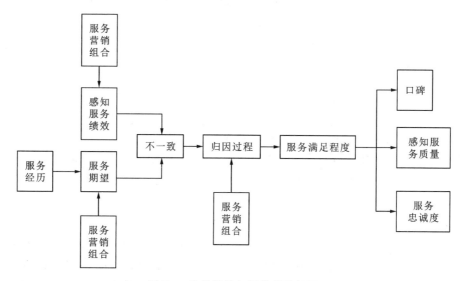

图6-6 比特纳的归因模式流程图

从图6-6可以看出，营销组合在顾客服务期望、服务质量感知和归因的过程中，都起到非常重要的作用。归因的结果形成顾客满意或不满意的心理，而满意或不满意的心理又会决定顾客对服务质量的总体感知和顾客忠诚及口碑，这就是顾客整个的归因过程和结果。

四、关键事件技术

关键事件技术（Critical Incident Technique，CIT）是由美国匹兹堡大学心理学教授弗兰拉根（Flanagan）于1954年提出的。它是通过记录服务过程中成功或失败的事件和行为，来发现质量问题或质量优势，从而对服务质量现状做出评价，并采取措施，提高顾客感知质量和满意度的一种分析方法。关键事件技术用于收集和分类导致顾客在服务接触过程中产生非常满意或非常不满的经验事件。他们通过定性的访谈来获得这种关键事件。访谈中他们询问顾客，让他们回忆经历过且记忆深刻的事件，以及在哪里接受的这种服务，并对事件进行详细的描述。然后，将事件分为几组，相似的主题归在一起，进行渐进的内容分析。

(一)CIT 的理论基础

CIT 的理论基础包括两个,即角色和剧本理论、归因理论。归因理论前面已经简单介绍过了,此处只简单地说明角色和剧本理论的基本内涵。如果顾客和员工对各自角色的预期是相同的,并且服务的剧本情节也很确定,那么顾客和员工对服务接触的看法就更有可能趋于一致(Mohr & Bitner,1991;Solomon et al.,1985)。一种角色(Role)就是与一种特定的社会职责相联系的行为,特别是对于富有经验的员工和顾客,角色早已被定义好了,顾客和员工都清楚可以从对方处获得什么。在角色确定的过程中,许多形式的服务接触在人的一生中重复地进行,从而形成牢固、标准而演练纯熟的剧本。尚克和埃布尔森(Schank & Abelson,1977)将剧本定义为"对角色行为的恰当顺序进行描述的一种结构"。角色和剧本理论对于服务接触的研究和分析具有非常重要的意义,它可以使我们明确顾客和员工对服务接触的看法应当具有相同之处,其他学者的实证研究也证明了这一点,尽管学者们对一些问题还存在分歧。

(二)CIT 的基本程序

(1)设计开放式表格,收集员工或顾客在近期内所经历的具体服务事件。收集的内容包括事情发生的原因、造成这种局面的特定环境等,并要求顾客做出满意或不满意的结论,提出质量改进建议。

(2)对调查表进行分类。分类依据可以依照比特纳等人(Bitner,Booms & Tetreault,1990;BBT)所创建的分类系统来进行。

(3)对分类后的调查表进行分析,从而得出服务质量现状的结论和改进策略。CIT 方法是询问顾客(包括内部和外部顾客)对服务质量的看法,即哪些服务环节(包括服务结果)与服务标准不一致,是良好还是不好。这些经常与服务标准产生偏差的服务环节或过程就是所谓的关键事件。然后被测试者要具体说明为什么他会将这些环节列入关键事件范畴。最后,研究人员要针对顾客对关键事件的描述进行分析,以找到服务质量问题及这些问题产生的原因。对评价良好的服务环节同样要找出原因并将其标准化,以指导以后的服务过程。

利用关键事件方法可以使营销人员得到服务失误的大量数据,同时可以寻找到改进服务质量的新的方法。有一些问题,如服务资源缺乏、服务人员技术低下或态度恶劣等都是造成关键事件评价不好的原因,而关键事件评价低下的直接后果是顾客感知服务质量的低下。对关键事件研究所得出的结论通常向企业昭示了企业应当采取什么样的质量改进措施。所以,管理人员可以利用对关键事件的研究为提高顾客感知服务质量策略的制定提供依据。对于内部顾客可以得到同样的信息。

我们现在以比特纳等人所做的一项研究为例来说明 CIT 是如何应用的。该调查于1994 年完成,调查对象为旅店、餐馆和航空公司,当时共分析了员工报告的 74 次关键的服务接触,得出了许多有益的结论,可以使我们进一步明确员工和顾客对服务质量看法的基本态度(相同点与不同点)。

(三) CIT 分析中事件的分类

比特纳等人将 CIT 分析中导致顾客(内外部顾客)是否满意的来源分为 4 类:补救(失误之后)、适应能力、自发性和应对。比特纳等人的研究是基于员工的服务质量度量方法,所以他们将分类缩减为三类,即员工对服务传递系统失败的反应、员工对顾客需要和要求的反应和自发的、不经要求的员工行为。在 774 件员工事件中,有 668 件可以归入这三组中,这三个组又被分为 12 类。但有 68 次接触(总数的 11%)无法归入预先设定的任何一组中,所以他们又增加了一组,即"问题顾客行为",作为组 4。经过对实际调查资料汇总后,将满意和不满意事件分开,从而形成组别及分布情况(见表 6-5)。

表 6-5 不满意事件与满意事件的分布

事件类型	不满意事件		满意事件	
排名顺序	分组	百分比(%)	分组	百分比(%)
1	组 1——对失败的反应	51.7	组 1——对要求的反应	49.4
2	组 2——"问题顾客"	22.1	组 2——对失败的反应	27.4
3	组 3——对要求的反应	16.4	组 3——自发的行为	22.4
4	组 4——自发的行为	9.8	组 4——"问题顾客"	0.8

(资料来源:克里斯托弗·H·洛夫洛克.服务营销[M].3 版.陆雄文,庄莉,译.北京:中国人民大学出版社,2001.)

从表 6-6 可以看出,归因理论在这里起着非常重要的作用,当员工被要求汇报引起顾客不满意的事件时,他们倾向于描述一些由外界原因引起的问题,如服务提供系统的失败或不恰当的顾客行为;而当顾客满意时,员工则通常会将引起顾客满意的原因归结为自身对待顾客的能力和努力。当然,CIT 的意义并不仅在于让员工了解服务质量的基本认知特点,同时,它还可以用来比较分析员工和顾客对相同事件的看法,从而可以使企业从两个角度,即外部顾客和内部顾客的角度,来探讨提升服务质量的问题。

表 6-6 比较员工和顾客的反应:根据事件结果的类型来对事件分类

具体内容	事件结果类型					
	满意		不满意		合计	
	数目	百分比(%)	数目	百分比(%)	数目	百分比(%)
组 1 员工对服务传递系统失败的反应						
员工数据	109	27.5	195	51.7	304	39.3
顾客数据	81	23.3	151	42.9	232	33.2
组 2 员工对顾客需要和要求的反应						
员工数据	196	49.4	62	16.4	258	33.3
顾客数据	114	32.9	55	15.6	169	24.2

续表

具体内容	事件结果类型					
	满意		不满意		合计	
	数目	百分比(%)	数目	百分比(%)	数目	百分比(%)
组3 自发的、未经要求的员工行为						
员工数据	89	22.4	37	9.8	126	16.3
顾客数据	152	43.8	146	41.5	298	42.6
组4 "问题顾客"行为						
员工数据	3	0.8	83	22.0	86	11.1
顾客数据	0	0.0	0	0.0	0	0.0
合计						
员工数据	397	51.3	377	48.7	774	100
顾客数据	347	49.6	352	50.4	699	100

(资料来源:克里斯托弗·H·洛夫洛克.服务营销[M].3版.陆雄文,庄莉,译.北京:中国人民大学出版社,2001.)

观察表6-6,我们会发现员工和顾客在对服务接触中的满意或不满意原因的认知方面有许多相似性。但需要注意的是,当时研究的是相对规范化的服务接触,而且顾客也是服务经历较为丰富的顾客,所以他们对角色的认知是比较清楚的。但在新增加的第四组中员工和顾客对服务失误从而导致顾客不满意等方面的原因存在着很大的差异。员工认为,导致顾客不满意或者服务失败,主要的原因是由顾客本人造成的,而顾客则认为是由服务人员或企业服务系统失误造成的,从组4员工和顾客数据栏,我们可以清楚地看到这一点。在顾客的报告中,没有一件不满意的事件是由他们自身的不良行为引起的。但我们也可以看出,在组1和组2中,顾客的看法和员工的看法还是相当接近的。

(四)CIT方法在企业管理中的意义

对于企业来说,CIT方法具有非常重要的意义。

1.为企业的服务质量评价和诊断提供了新的思路

我们前面所介绍的服务质量评价方法全部是建立在外部顾客基础之上的,从服务质量的定义和基本内涵来看,这是非常必要的,也是科学的。但问题是,在许多情况下,如果我们单纯地依靠这种评价得出的结论而采取管理措施,就可能会导致不良的结果。因为前面方法建立的基本理论前提是"顾客永远是正确的",但事实上,顾客并不永远是正确的,在服务接触中,还存在我们前面所说的"问题顾客"。比如在旅游企业服务中,有在菜肴中故意放入玻璃或苍蝇的顾客;在租车公司中,有不良驾驶记录的顾客;而在超市中,也有偷窃的顾客。因此,企业必须对顾客加以分类,并培训员工如何应对"问题顾客"。

同时,需要注意的是,有些"问题顾客"的"问题"也可能是顾客对企业服务内容的理解有偏差,从而造成角色的"模糊"。因此,服务提供者应当教育或引导顾客,使其明确他们在服务过程中的角色。有的学者认为,把顾客看成"部分的员工"可以使他们学习用提高自身满意度的方式为服务做贡献(Bowen,1986)。

2.不能将员工作为顾客信息的唯一来源

以前的研究已经显示,与顾客接触的员工是关于顾客态度的最好的信息来源(Schneider & Bowen,1985;Schneider,Parkington & Buxton,1980)。比特纳等人的研究结果也证实了这一点。但必须注意,我们不能将员工视为顾客信息的唯一来源,因为:第一,尽管员工与顾客报告的事件的基本类型是相同的,但员工报告类型中时间的比例与顾客的报告存在着显著差异;第二,在有些服务程序不是特别固定的行业中,一线员工可能并不真正了解顾客的期望,或者了解得并不准确。因此,在质量评价过程中,应当将两种信息有机地结合起来加以研究。

3.在服务质量的5个维度中,可靠性是最关键的维度

比特纳的研究揭示了这一点:员工报告的大部分不满意事件的产生是由于对服务传递系统的失败没有做出充分的反应,这说明顾客将服务可靠性作为唯一重要的质量维度,因此,企业应当力争首次将服务做好而不是依赖于服务补救。确保满意度最好的方法是从一开始就不要有失败。需要注意的是,许多学者在应用 CIT 进行分析时,所采用的理论平台依然是 SERVQUAL 所确立的基本理论框架,尽管这种理论框架的维度分解得并不是十分清楚。同时,我们在利用 CIT 进行分析时还有一个问题需要注意,即从顾客角度和从员工角度对质量的分析是否具有科学性。虽然我们在前面的分析中已经提到,许多学者支持内部顾客和外部顾客对服务质量看法一致性的观点(Mohr & Bitner,1991;Solomon et al.,1985;Zeithaml & Bitner,2000),但也有学者对此持相反的观点(Folkes & Kotsos,1996;Dornoff Dwyer,1981)。在国内,白长虹和范秀成教授(2000)经过研究也发现,从顾客角度和从员工角度服务质量感知存在差异。因此,这种方法究竟是只应用于外部顾客(格罗鲁斯,2000)还是适用于内外部顾客(泽斯曼尔,2001),尚需进一步研究。

五、IPA 评价法

IPA 评价方法的全称为服务重要性-绩效分析(Importance-performance Analysis)方法,又称为服务重要性-绩效分析方法。IPA 技术是一种通过测量服务对顾客的重要性以及顾客对服务表现的感知来确定特定服务属性优先顺序的技术,即通过对消费者关注的某些服务因素或项目的重要性和消费者对服务的满意度进行组合评价,从而为确定服务中究竟应该突出哪些服务因素、淡化哪些服务因素作为确定服务质量的客观依据。

(一)重要性-绩效分析方法的程序

1.数据收集

(1)确定你的顾客、产品和服务。常用的方法有头脑风暴法、多轮投票法、需求矩阵和需求-测量树法。

(2)选择重要顾客,让他们给服务打分,分值范围从 1~5。让顾客同时给服务对于他们的重要性和服务的好坏(绩效)打分,如表 6-7 所示。

表 6-7 重要性-绩效分析的分值

重 要 性	绩 效
5＝必需 4＝重要但不是必需的 3＝有一些重要 2＝愿意拥有，但不必需 1＝不需要	5＝大大超过期望 4＝超过期望 3＝产品和服务足够 2＝有待提高 1＝缺乏一致性

2.记录顾客的打分情况

表 6-8 所示为某餐厅重要性-绩效分析的打分表。

表 6-8 某餐厅重要性-绩效分析的打分表

属性序号	属性说明	重要性评分表	绩效评分
1	饭菜可口	4.50	2.65
2	经济实惠	4.10	2.75
3	服务殷勤	3.40	3.10
4	上菜准确	3.35	3.50
5	分量充足	3.30	2.00
6	上菜迅速	3.25	3.30
7	到达方便	2.50	2.05
8	餐具高档	2.30	2.50
9	就餐氛围友好	2.10	2.25
10	提供个性化服务	2.10	3.50

(二)重要性-绩效分析

根据表 6-8 中这 10 项因素的评价数据，可以绘制出 4 个象限的重要性与绩效图，如图 6-7 所示。

(1)象限 A 表示没有达到期望水平的重要服务因素，包括因素 1、2、5，餐馆应在这些因素上改进服务部门的绩效。

(2)象限 B 表示服务部门做得很好的重要服务因素，包括因素 3、4、6，餐馆要努力将高绩效保持下去。

(3)象限 C 表示服务部门在次要的服务因素上表现糟糕，包括因素 7、8、9，但由于它们不是很重要，所以改正的需求不是特别迫切。

(4)象限 D 表示服务部门在次要的服务因素上表现非常出色，包括因素 10，但这属于不必要的过度行为。该餐馆应将更多的精力集中于改进其重要服务属性。不过，这一因素也可以作为餐馆的特色要素加以保留，只不过不需要予以特别关注。此外，重要性-绩效分析方法还可以在每个项目上与附近的同类企业进行对比。

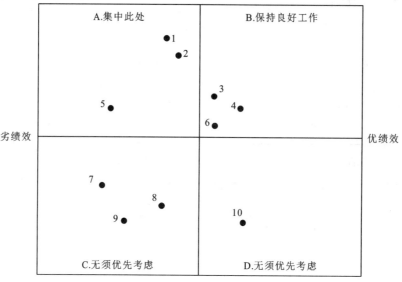

图6-7 某餐馆服务质量的重要性与绩效图

本章小结

本章主要对旅游服务质量的评价体系、评价理论和SERVQUAL以及基于SERVQUAL的评价方法等进行了相关探讨。

旅游服务质量的评价体系由评价主体、评价客体和评价媒介三大方面构成。评价主体包括顾客、旅游企业组织和第三方组织,即旅游服务质量的三方评价,每一种评价主体皆有其各自的特点与形式。评价客体是指评价旅游服务企业质量的具体内容,包括硬件有形产品质量和软件无形产品质量。评价媒介是指旅游企业服务质量评价的表现形式,以及各评价主体反映评价结果的渠道。旅游企业服务质量的评价指标可以从不同角度来设置,大体包括顾客满意指标、服务硬件质量指标、服务软件质量指标以及旅游企业经济指标等几种类型。

格罗鲁斯提出总体感知服务质量是旅游服务质量管理评价的经典理论。服务质量是顾客感知的质量,它由技术质量和功能质量两方面构成,是顾客期望与顾客感知的服务实绩比较的结果,而企业形象是顾客感知服务质量的"调节器",该理论模型对旅游企业的管理实践具有重要启示。格罗鲁斯提出的总体感知服务质量理论具有革命性的意义,它是最早的服务质量模型,也是较具权威性的模型之一,该理论对后来的学者们在这个领域的研究具有深远的影响,为后来学者们对顾客感知服务质量的研究奠定了基础。服务质量的评价方法主要有定性研究方法和定量研究方法。

在服务质量的定量研究方法中,SERVQUAL 及基于 SERVQUAL 的服务质量评价方法是目前最有代表性的评价方法。由 PZB 开发的 SERVQUAL 评价方法根据 5 维度属性即有形性、可靠性、响应性、保证性、移情性设置了顾客期望和顾客感知两个量表,两个量表均由 22 个评价项构成,通过调查顾客对期望和感知的评价,比较两者之间的差距,从而得出总体的服务质量评分。SERVQUAL 评价方法解决了无形的服务质量评价不能量化评价的历史难题,具有开创性的历史意义,因而具有广泛的应用领域。之后 PZB 对 SERVQUAL 进行了修正,不仅在研究样本的容量上有大幅度增加,还对问卷项目的设计进行了改革,并考虑各个维度的权重,从而使修正后的 SERVQUAL 更具科学性。基于 SERVQUAL 模型,克罗宁和泰勒提出了 SERVPERF 服务质量评价方法,即服务质量的评价就是对服务绩效的评价,不需考虑服务期望的影响。布朗、丘吉尔和彼得等提出了 Non-difference(非差异)的评价法,即直接询问顾客感知的实绩与期望之差,并以此评价顾客感知的服务质量。另外,其他学者如维纳提出了服务质量评价的归因模式,比特纳将该模式正式引入服务管理领域。美国匹兹堡大学心理学教授弗兰拉根提出了关键事件技术(CIT)评价方法。此外,服务重要性-绩效分析(IPA)方法是一种通过测量服务对顾客的重要性以及顾客对服务表现的感知来确定特定服务属性优先顺序的评价方法。

关键概念

服务质量评价体系　服务质量评价主体　服务质量评价客体　服务质量评价媒介　服务质量评价理论　服务质量感知模型　SERVQUAL 评价方法　SERVPERF 评价方法　Non-difference 评价方法　服务质量的归因模式　关键事件技术(CIT)评价方法　服务重要性-绩效分析方法(IPA)

复习思考

□ 复习题

1. 服务质量评价的 5 个维度是什么?

2. 如何利用 SERVQUAL 进行服务质量的评价?SERVQUAL 评价方法有哪些优缺点?

3. Non-difference、SERVQUAL 和 SERVPERF 的区别和联系是什么?

4. 简述关键事件技术(CIT)的基本程序,这一方法对企业管理有什么意义?

5.简述服务质量的归因模式及其特点。

6.简述服务重要性-服务绩效分析(IPA)方法的基本过程及所构建的4个象限的含义。

□ 思考题

试评价顾客总体感知服务质量和SERVQUAL评价方法之间的联系与历史地位。

案例解析

温泉劝阻顾客酒后沐浴　有钱不赚关注顾客健康

2013年10月7日晚上9点左右,这是国庆节的最后一天,相较过节的忙碌已经慢慢开始恢复平静。此时重庆某温泉养生店前厅停下了一辆出租车,前厅员工急忙赶过去帮助客人打开车门。当客人一下车,员工就闻到了浓浓的酒味,客人更是摇摇晃晃根本站不稳,员工赶忙上去扶好客人,下来的四位客人中有三位都醉醺醺的,其中一位可能喝得稍少,搀扶着另外两位,员工努力把客人扶进休息区,为客人送上养生茶并温婉地告知客人酒后不宜沐浴温泉,因为饮酒后,酒精会使血管扩张,而入浴后血管的扩张会加大,血液大量涌向皮肤会引起大脑的供血不足而产生晕厥造成溺水,同时脉搏急剧加快会使心脏负荷过大而造成损伤并且很容易诱发心脏病。意识较清晰的那位客人听完后,感慨道:"我原以为泡温泉可以醒酒还可以养养身,原来不是这样啊。"可是喝醉的一位客人在模糊中听说不能沐浴温泉,一下子大发雷霆,怒道:"为什么不让我们泡温泉,我们又不是不给钱,你们收钱就是了,还管那么多?"员工试图通过解释让他消气,然而可能是酒精作用过于厉害,这位客人拍桌而起:"你们不给老子面子!"并大骂服务人员。清醒的客人看见他朋友确实醉得厉害,赶忙制止道:"好的,我们知道了,谢谢你们,麻烦你们帮我叫一下出租车吧。"由于节假日乘坐出租车的人太多,温泉附近的出租车很少,工作人员于是用电瓶车送客人到温泉外面路口,以方便客人乘坐出租车,比较清醒的客人满心感谢。由于另外三位客人已经不省人事,安排了两名员工协助搀扶。刚才情绪激动的客人看到他的朋友离开了,忽然抱住一名员工,一口咬到他的耳朵,那名工作人员顿时血流不止,那位清醒的同行客人与另一位员工看到情况不对,立刻拉开了那位醉酒客人,被抱住的醉酒客人还不停地挣扎,想打员工。在清醒客人的极力劝阻下,他终于安静了下来。清醒的客人不停表示歉意,并取出一些现金,让受伤的员工收下,赶紧去医院看看。受伤的员工婉言谢绝了客人的好意。送走客人后,才赶紧回到公司医务室把伤口处理好。

第二天,醉酒客人和同伴一起来到温泉养生店,真诚地表示了歉意,并再次表示要支付被咬员工的医药费。温泉养生店表示受伤的员工没有大碍,也希望客人今后少喝酒,特别是酒后一定不能泡温泉,以免发生意外。客人万分感激,表示一定注意,并会给朋友宣传。后来这几位客人就成了该温泉养生店的常客。

该温泉养生店正是秉持"以诚待客,以信守礼"的经营原则,主动、真诚、热情地为客着想,打造真正的贴心服务,才赢得了顾客的称赞与良好评价,长期以来得到了广大顾客的青睐。

(资料来源:人民网旅游频道,《温泉劝阻顾客酒后沐浴 有钱不赚关注顾客健康》,2014-11-20,http://travel.people.com.cn/n/2014/1120/c390785-26062512.html.)

问题:

长期以来"顾客就是上帝"是服务行业奉行的准则,但该案例中,员工却没有按照"上帝"的要求提供服务,请分析其拒绝提供服务的深层缘由。

分析提示:

(1)服务的基本原则。
(2)顾客的消费安全。
(3)诚信服务的效果。

第七章

旅游服务质量的诊断与控制管理

学习目标

掌握服务质量差距模型的构成与服务质量差距的管理内容,了解服务质量差距模型的管理意义。掌握服务失误的类型,了解顾客对服务失误的反应。了解影响顾客抱怨的相关因素与顾客抱怨时的心理,掌握处理顾客抱怨时的基本原则。了解服务补救处理的基本原则与基本要求,掌握对客服务补救的方式与方法。了解提升服务质量的管理思路,掌握提升服务质量的管理方法。

第一节 旅游服务质量管理差距模型

案例引导

导游真诚服务日本年迈夫妇 登顶峨眉许中日友好愿望

2013年8月12日,四川绵阳海天国际旅行社的导游何俊带领一行16人,参观游览峨眉山、乐山大佛。该团是一个来绵阳参加婚礼的亲友团,团队成员包括女方的湖北亲友,女方在上海理工大学的教授以及中日文化交流中心名誉主任工藤圆子及其丈夫工藤先生。

刚接到此团,何俊第一眼见到这两位日本客人时,发现他们是两位快80岁的长者,工藤先生腿脚不方便,乘坐着轮椅。何俊迎上前去,帮助推扶轮椅,帮两位老人将行李物品放进旅游车行李箱。在此过程中,两位日本老者谦卑有礼,不停地说谢谢!

在车辆前往乐山市的途中,何俊在车上做了自我介绍,介绍了此行的行程安排、景点、酒店以及旅游过程的游览安全注意事项,还因为团上的两位老人,特别强调了景点游览的细节,以便他们可以知晓特别需要注意的地方。在旅游车上,何俊还热情细致地介绍了绵阳,一个富有热情好客、温文尔雅特性的绵阳,一个具有三国历史文化、汉唐文化的历史文化名城,同时也是西部大开发奋力前进的城市,中国唯一的科技城,一个在"5·12"汶川地震后正在崛起的感恩城市。全体游客对于绵阳也十分感兴趣,提出了不少关于城市建设、灾后重建、地震时的各种问题,二位日本游客的翻译也不停在他们耳边给他们进行细致的翻译。

当天第一个景点就是乐山大佛。由于工藤先生腿脚不方便,不能上下乐山大佛的九曲凌云栈道,于是何俊留下来陪工藤先生,由绵阳当地的地接导游带领其他团员上山游览乐山大佛。

乐山大佛的游览大约需要2小时,何俊想工藤先生不能游山,但应该可以游船,来一趟乐山,不见大佛真容岂不遗憾。由于语言不通,何俊就用简单的英语与老先生交流,工藤先生大致听懂了何俊的话。于是何俊就带着他一起游江观大佛全景,一路搀扶着他上下船,老先生看到了世界最大的坐佛,游江看了不一样的风景,同时何俊还给他拍照留念,工藤先生十分高兴。后来工藤圆子老师知道了这件事,非常感谢何俊。何俊告诉她,这是他应该做的,他也没有特别地去对待他们,只是做好了自己的本职工作,只是把游客当作自己家人一样对待,不论是哪国人,都会尽自己所能,尽量让所有游客在旅游过程中都能感受到导游无微不至的服务、亲人般的照顾。

第二天在峨眉山的游览过程中,历经千辛万苦,工藤夫妇成功登上了峨眉金顶,瞻仰了四方十面普贤金身塑像,许下了中日世代友好的愿望。

工藤夫妇回去1个月后,何俊收到了工藤老师给他的一封感谢信,这封信是用工整的日文和中文书写的,工藤老师还特别在日本武道馆给何俊买了个腰包。这份心意,让何俊十分感动!何俊从事导游工作10余年,一直致力于纯净的旅游服务,在旅游的过程中,导游应该有良知,用真心去服务游客,做一个人性化的导游,把每次的导游服务当作是陪自己家人、亲人一般。

(资料来源:人民网旅游频道,《导游真诚服务日本年迈夫妇 登顶峨眉许中日友好愿望》,2014-11-20,http://travel.people.com.cn/n/2014/1120/c390785-26062640.html.)

一、服务质量差距模型的构成

为了分析服务质量问题产生的原因并帮助服务性企业的管理者了解应当如何改进服务质量,美国的服务管理研究组合PZB(Parasurama、Zeithaml、Berry)对服务质量进行了深入而系统的研究。他们通过对零售银行、信用卡、证券经纪和家电维修4个服务行业的实证研究,提出了服务质量差距模型(Gap Model),如图7-1所示。

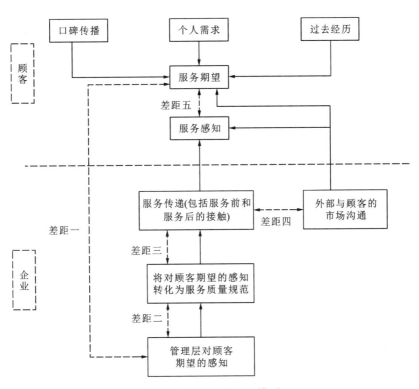

图 7-1 服务质量差距模型

（资料来源：Parasuraman A,Zeithaml V A,Berry L L.A Conceptual Model of Service Quality and Its Implications for Future Research[J]. Journal of Marketing,1985(3).）

模型总体上由两部分构成。模型的上半部分与顾客有关，主要由顾客期望与顾客感知构成。顾客对服务质量的期望是口碑传播、个人需求、过去的经历等几个方面共同作用的结果，同时还受到企业与顾客沟通时所做的营销宣传的影响。顾客实际感知的服务就是顾客对服务的体验，它是服务企业一系列内部决策和活动的结果。模型的下半部分与服务企业的管理者、服务标准、服务传递、外部服务沟通有关。管理者对顾客期望的感知决定了企业所制定的服务标准，一线员工按照服务标准向顾客提供服务，顾客则根据自身的体验来感知服务的生产和传递过程。该模型还指出，营销传播对顾客的服务感知和服务期望都会产生影响。

二、服务质量模型中的五重差距解读

如图 7-1 所示，服务性企业中可能存在着五种服务质量差距，这五种差距的名称和含义分别如下。

（1）差距一——管理者认知的差距：指管理者对顾客期望的理解与顾客实际期望之间的差距。

（2）差距二——服务质量规范的差距：指服务企业制定的服务质量规范与管理者对顾客期望的认识之间的差距。

(3)差距三——服务传递的差距:指服务在传递的过程中表现出的质量水平与服务企业制定的服务质量规范之间的差距。

(4)差距四——市场信息传播的差距:指服务企业在市场传播中关于服务质量的信息与企业实际提供的服务质量之间的差距。

(5)差距五——顾客感知服务质量的差距:指顾客实际感知的服务质量与自身期望的服务质量之间的差距。

差距一、二、三、四属于企业差距,差距五属于消费者差距。显然,差距五是差距一到差距四积累的结果,前面四个差距的大小决定了差距五的大小,而差距一到差距四最终要通过差距五体现出来。五种差距之间的关系见图7-2。

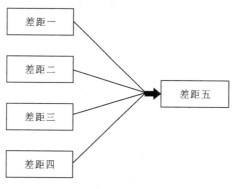

图7-2 各服务差距之间的关系

三、服务质量差距产生的原因及管理策略

(一)差距一——管理者认知的差距

1.管理者认知差距产生的原因

差距一是由于服务性企业的管理人员不能准确地理解顾客对服务的期望而造成的差距。引起这类差距的主要原因有:① 企业没有进行市场调研和需求分析;② 企业进行了市场调研和需求分析,但得到的信息不准确;③ 企业从市场调研和需求分析中获得的信息是准确的,但管理人员对这些信息的理解不正确;④ 企业一线员工无法或没有向管理人员传递顾客的需求信息;⑤ 一线员工向管理人员传递的信息不准确;⑥ 由于企业内部管理层级过多,阻塞或歪曲了一线员工向管理人员传递的信息。

2.缩小管理者认知差距的策略

以上6种原因可归结为市场调研、信息沟通、管理层级三大方面。企业要减少管理人员对顾客期望的认识偏差,缩小差距一,就必须从这三个方面下手。具体措施有:① 改进市场调研方法,实施有效的市场调研;② 管理人员亲临服务现场,观察服务过程,与一线员工和顾客进行交流;③ 通过电话、信件等方式与顾客建立联系,直接从顾客那里获得需求信息;④ 改进和完善管理人员与一线员工的信息沟通渠道,保证服务一线的信息能够准确及时地传递到最高管理层;⑤ 减少管理层级,提高信息传递的效率。

(二)差距二——服务质量规范的差距

1.服务质量规范差距产生的原因

差距二是由于管理人员未能把自身所理解的顾客期望准确地转化为企业的服务质量规范而引起的。引起这种差距的主要原因有：① 企业对服务质量的规划失误或规划程序有误；② 企业对服务质量规划的管理不善；③ 企业缺乏清晰的目标；④ 服务质量规划的过程缺乏最高领导层的有力支持；⑤ 企业针对员工工作任务所定的标准化程度不足。

2.缩小服务质量规范差距的策略

差距二的产生大多是因为企业的高层管理人员对服务质量规划认识不足、重视不够而造成的。因此，要缩小差距二，首先要从加强管理人员对服务质量规划重要性的认识入手，认真仔细地做好质量规划工作；其次在制定质量规范和标准的过程中要重视员工的参与和配合。缩小差距二的具体措施有：① 制定清晰明确的企业目标，把提高服务质量看成是优于一切的目标；② 高层管理人员高度重视服务质量规划，亲身参与规划并对规划全程给予大力的支持；③ 建立清晰的服务质量规范，制定既有挑战性又可达性的服务质量标准；④ 鼓励员工参与服务质量规划，充分听取一线员工的意见。

企业的服务质量规范既要具体全面，又要具有一定的柔性，留给员工适当的空间，不制约员工主观能动性的发挥，适当授权，鼓励员工灵活地为顾客解决问题，从而提高顾客感知服务质量。

(三)差距三——服务传递的差距

1.服务传递差距产生的原因

差距三是由于服务人员没有严格按照企业的服务质量规范来向顾客传递服务而引起的，引起这种差距的主要原因有：① 企业的服务质量规范或标准过于复杂、僵硬或死板，以致员工无法执行；② 一线员工对这些规范或标准不认同，因此拒不执行；③ 这些规范或标准与企业的组织文化不一致；④ 新的规范或标准出台前在企业内部宣传、引导和讨论不够充分，使员工对规范和标准的认识不准确，即企业缺乏有效的内部营销；⑤ 员工的能力低下，无法胜任服务规范所要求的服务；⑥ 企业的技术设备达不到服务质量规范和标准的要求；⑦ 各职能部门之间分工不明确或各部门之间缺乏有效的衔接，相互之间发生矛盾或冲突，以致影响规范或标准的执行；⑧ 企业的监控系统不科学，对员工服务工作的评价和考核不是其实际的服务表现；⑨ 一线员工与顾客和上级管理人员之间缺乏有效的协作。

2.缩小服务传递差距的策略

引起差距三的原因有很多，但可以归结为三大类：管理和监督不力、缺乏技术和营运系统支持、员工对规范和标准的认识有误或能力不足。企业要缩小差距三，就要从这三个方面入手。具体措施包括：① 尽量保持服务质量规划和标准与企业现行文化相一致；② 对企业的硬件设施、设备进行技术更新，以达到服务质量规范和标准的要求；③ 重新调整组织的机构设置或各部门职责及职能的分工，使其利于服务质量规范和标准的执行；④ 建立针对员工服务质量的奖惩措施，对严格执行规范和标准的行为进行奖励，对违反规范或标准的行为

给予相应的惩罚;⑤ 建立科学的监控系统,根据员工的实际工作表现对员工进行评价和考核;⑥ 将服务质量规范和标准的执行情况与员工的考评、选拔、晋升和激励制度挂钩;⑦ 对员工进行培训,提高员工的服务水平,使其达到服务规范和标准的要求;⑧ 通过选拔和招聘,或在企业内部进行岗位调整,将具备提供优质服务的员工安排到服务第一线;⑨ 加强内部营销,使员工正确理解和认识企业的服务质量规范和标准。

(四)差距四——市场信息传播的差距

1.市场信息传播差距产生的原因

差距四是由于企业在市场传播中做出了与企业实际不相符的服务质量承诺而引起的。造成这种差距的原因主要有:① 企业的市场营销系统与企业的服务运营系统缺乏有效协调;② 企业对外信息传播与内部实际的服务运营情况不同步;③ 企业在对外宣传时夸大了服务企业的服务质量水平;④ 企业向消费者过度承诺。

2.缩小市场信息传播差距的策略

差距四是由于企业在市场传播中做出了与企业实际不相符的服务质量承诺而引起的,因此,缩小差距四的主要策略在于实事求是地进行宣传推广,并做好销售部门与运营部门间的沟通与协调。具体措施如下:① 加强企业内部的水平沟通,特别是营销系统和服务运营系统的有效沟通,促进部门之间、人员之间的相互协作,做到企业的每一次对外推广和宣传活动都要与服务部门的管理者和员工进行协商,相互配合;② 对企业市场传播行为进行计划管理;③ 选择思维稳健的人负责广告策划或其他对外传播工作;④ 管理层对市场信息的传播进行实时监控,一旦发现有不适当的信息传播就要及时纠正,减少负面影响。

(五)差距五——顾客感知服务质量的差距

差距五是由于顾客实际感知的服务质量与其所期望的服务质量不一致而引起的。如前所述,差距五的产生是由前面四个差距所引起的,可能是前面所说原因中的一个,也可能是多个原因同时作用的结果。差距五会给企业带来以下不良影响:① 顾客认为实际接受的服务比不上预期,因此对企业的服务持否定态度;② 顾客可能会将自身的不愉快体验和感受向亲友诉说,为企业带来不好的口碑;③ 顾客的负面口头宣传破坏了企业形象,损害了企业的声誉;④ 企业将失去老顾客并对潜在顾客失去吸引力。

当然差距五也可能是正值,这意味着顾客实际感知的服务质量大于他所期望的服务质量。这时,差距五对企业的影响就是正面的,顾客感觉消费了优质的服务,会感到很满意,下次很可能会再次消费该企业的服务,并且乐意向他人推荐该企业的服务。

四、服务质量差距模型的意义

首先,此模型揭示了产生质量问题的可能依据,有利于企业找出产生质量问题的根源。模型揭示了引起消费者不满的对服务的预期和享受到的服务之间的差距(差距五)是由服务过程中四个方面的差距决定的:差距五=f(差距一、差距二、差距三、差距四),所以要提高服务质量水平就要尽力缩小这四个方面的差距以使消费者满意。同时由于这些差距难以完全避免,因此进行及时的服务补救也是提高服务水准的重要途径。

其次,差距模型说明了当企业进行服务质量管理规划时需要考虑的步骤。管理者需要对服务质量的差距进行分析,进而确认服务质量管理规划的重点。差距模型指导管理者发现引发质量问题的根源,并寻找适当的消除差距的措施。它可以发现服务提供者与顾客对服务观念存在的差异,明确这些差距是制定战略、战术以及保证期望质量和现实质量一致的理论基础。这会使顾客给予服务积极评价,提高顾客满意度。

可以说服务质量模型的重要意义在于为企业指明了提高其服务质量的方向。借鉴该服务质量模型并结合行业的特点,对于顾客服务日益重要的服务业而言,提升其服务水平也可以从缩小认知差距、标准差距、交付差距和宣传差距入手,以争取并留住顾客。最重要的是,该模型显示了服务设计的提供过程中不同阶段产生的五项差距,这些差距都是由质量管理过程中的偏差造成的。

第二节 服务失误与服务补救管理

案例引导

返程航班取消打乱游客安排 嘉信及时采取补救措施

2014年7月2日嘉信国旅组织的长白山双飞五日游团队,一行28名游客和1名全陪导游,搭乘航班前往延吉,进行延吉长白山五日的游览活动。截止到行程第四天,一切都按照计划顺利进行,大家玩得非常高兴。可就在回程的前一天,全陪导游忽然接到总社计调的电话,称因航空公司原因,原计划第五天的返津航班因故取消,航班改期到了第二天。听到此消息,全团游客非常震惊,完全打乱了大家的计划,于是在游客中出现了各种问题。

(1)有位老人是糖尿病患者,身上的胰岛素是按原计划出行5天携带的剂量。

(2)有几位上班族,因原计划返程时间是周日,参加此团回程后不会影响周一上班,但因航班推后一天,导致周一不能正常上班。

(3)有位癌症患者说身上的抗癌药品剂量也不能维持到第六天。

……

总之,每个人的计划都被严重打乱,游客情绪非常激动,虽然是航空公司原因造成了此次行程不能按照原计划进行,但为把客人的损失降到最低,嘉信国旅的计调操作人员一直在与航空公司方面协商,但是航空公司也无法使航班按原计划飞行。客人们的情绪越来越激动,在酒店大堂开始聚集,场面一度有些失控。与此同

时，嘉信国旅的计调正在积极地联络各种渠道，及时积极做出了两项补救措施对行程做出调整。

第一，为不影响周一正常上班的游客，调整的新计划是：让游客改变交通方式，乘坐7月6日由长春开往天津的高铁回津，高铁速度较快，能够保证游客周一早上按时到公司上班。但因高铁只能从长春发出，延吉并没有高铁，所以由嘉信国旅安排车辆将乘坐高铁的游客从延吉送到长春火车站，车程3个小时。

第二，其他游客正常按照航空公司变更的时间搭乘航班返津，嘉信国旅为受延误的客人安排好住宿的酒店，同时安排2顿正餐和1顿早餐，于7月7日下午前往延吉机场。

这一行28名游客从得知航班取消的一刻起，有不理解的，有埋怨的，甚至有责怪嘉信国旅工作人员的，但是看到嘉信国旅的工作人员为了游客着想，一直在积极给大家解决问题，并采取了合理的补救措施，也深深地为嘉信国旅诚信经营、诚信服务的态度所打动，纷纷做出了选择。其中有2名游客选择搭乘高铁返津，延吉至长春车费及长春至天津的高铁费用，共计2200元，全部由嘉信国旅承担；其他26名游客均选择搭乘7月7日航班返津，所产生的食宿费用共计5320元，也全部由嘉信国旅承担。

在酒店等待期间，天空下着雨，嘉信国旅的全陪导游小庞更是尽到了一个导游员应尽的职责，时刻本着诚信态度为每一位游客提供服务。患有糖尿病的老人游客，因胰岛素只携带了5天的剂量，第6天他不能够正常用餐，不能多吃东西，饿的时候只能吃一口馒头。小庞得知此事，向酒店工作人员询问周边市场的位置，冒雨外出买了4个馒头回来给这位老人，虽然老人之前因航班取消有很大的不满，但是看到小庞这样尽职尽责，非常感动。最终，嘉信国旅的真诚服务得到了所有客人的理解与认可。

事情圆满顺利地解决了，客人们也非常满意，虽然嘉信国旅损失了7520元，但是嘉信国旅通过及时的服务补救和真诚的服务态度，践行了诚信经营的理念、赢得了游客的信任与认可，获得了更大的社会效益。

（资料来源：人民网旅游频道，《返程航班取消打乱游客安排 嘉信及时采取补救措施》，2014-11-14，http://travel.people.com.cn/n/2014/1119/c390785-26055961.html.）

与顾客保持长期的关系对于服务企业来说至关重要。要想获得顾客忠诚，在每次服务过程中，服务企业都应该尽量让顾客感到满意，甚至超出顾客的期望。由于服务的独特性质，服务过程中出现服务失误在所难免，服务失误可能会轻易地破坏企业好不容易建立的顾客满意，造成顾客流失，因此，加强对服务失误、服务补救及顾客抱怨管理有着非常现实的意义。

一、服务失误

(一)服务失误产生的原因

服务失误是指服务未达到顾客期望,或者说未达到顾客对服务的评价标准。服务是依赖人与人的接触和互动来完成的,强调的是服务人员与顾客的互动。因此,对服务企业来说,服务过程完美无缺是最理想的状态,但实际上,顾客不满意的情况是不可避免的,顾客产生抱怨也是难以完全避免的。这是由服务自身的特征所决定的。

1.服务的无形性与异质性使服务失误的发生具有必然性

由于服务的无形性,很多情况下服务难以制定有形而明确的质量标准,质量控制也很难做到精确。顾客对服务感知与期望的比较是一种高度主观的评价,一般用经验、信任、感受和安全等方面的语言描述服务,方法上十分抽象。再加上服务的异质性影响,即使是相同标准的服务,不同的顾客也会有不同的服务质量感知。甚至在某些情况下,即使服务工作完全符合企业的质量标准,顾客仍然可能会认为服务工作存在某些缺陷,从而认为服务是有失误的,这就导致服务质量控制难度加大。

2.服务的生产和消费的同时性决定了服务失误的发生是不可完全避免的

由于服务是一系列的行为或过程,具有生产与消费的同步性。而且在服务的生产过程中,顾客或多或少会参与其中,顾客本身的活动、与服务提供者的互动以及与其他顾客的互动,这些都会增加问题出现的即时性、可能性以及问题的难度,一旦发生服务生产差错,顾客就已经消费了劣质的服务,从而导致服务失误的发生。因此,服务质量控制的难度、服务过程出现失误的可能性都比有形产品要大得多。

3.不可控因素的存在也令服务企业难以完全避免服务失误

一些不可控因素也会导致服务失误的发生。比如航班误点的原因有很多种,天气状况、设备故障、突发事件等都会引起航班误点。企业稍有不慎就会出现令乘客焦急等待甚至抱怨的情况,导致服务失败。尽管企业可以向顾客解释延误并不是因为企业的过失引起的,但许多顾客可能并不理解,或者即便能理解,但还是会对企业的服务质量感到不满,产生消极情绪,他们很可能会选择下次不再乘坐该航空公司的航班,并将其经历告知他们的亲友或其他顾客,给企业带来负面的影响。

PZB的服务质量差距模型很好地解释了服务失误产生的原因。在实际服务提供过程中,由于服务提供者决策、服务标准的制定、服务活动的传递以及外部营销沟通、顾客自身等原因,都会产生系列的差异,从而导致了最终的服务期望与感知之间的差距。从理论上讲,这些差距是造成服务失误的主要原因。

(二)服务失误的种类

服务失误在所难免,但服务失误的类型是可以预见的。比特纳、布姆斯和泰特罗特(Bitner、Booms and Tetreault)从顾客、员工和企业的角度将服务失误归结为4种类型:服务提交的系统失误;对顾客的需要和请求的反应失误;员工行为导致的失误;问题顾客导致的失误。参见表7-1。

表7-1 服务失误的类型

主要失误类型	失误子类
服务提交的系统失误	没有可以使用的服务
	不合理的缓慢的服务
	其他核心服务的失误
对顾客的需要和请求的反应失误	特殊的需要
	顾客的偏好
	被公认的顾客的错误
	其他混乱
员工行为导致的失误	注意程度
	异常行为
	文化惯例
	形态
	不利条件
问题顾客导致的失误	醉酒
	语言与肢体的滥用
	破坏企业政策
	不合作的行为

(资料来源：K.道格拉斯·霍夫曼,约翰·E.G.彼得森.服务营销精要：概念、策略和案例[M].3版.胡介埙,译.大连：东北财经大学出版社,2009.)

1.服务提交的系统失误

服务提交的系统失误是指企业提供的核心服务中的失误。例如,航班没有准时起飞,旅馆没有整理房间,保险公司没有理赔,这些都是服务提交的系统失误。一般来说,服务提交的系统失误包括以下三种。

(1)没有可用的服务。没有可用的服务是指那些通常可用,但现在缺少或没有的服务。

(2)不合理的缓慢服务。不合理的缓慢服务是指那些顾客认为在执行时特别慢的服务。

(3)其他核心服务的失误。这种分类有意划分得比较宽,目的是反映不同行业所提供的各种核心服务,例如金融、健康保健、保险、旅游、零售服务等,它们都有自己特有的核心服务问题。

2.对顾客的需要和请求的反应失误

第二类服务失误是对顾客的需要和请求的反应失误,包括员工对个别顾客的需要和特别请求的反应。顾客的需要可以是隐含的,也可以是明显的。有隐含需要的顾客是不必提出请求的。例如,在饭店,坐在轮椅中的顾客不应该被领至高处的座位。相反,明显的请求是公开的要求,一位要求牛排五分熟、土豆泥代替菜单上的烤土豆的顾客就是提出了明显的请求。一般来说,顾客的需要和请求是由员工对4类可能失误的反应所组成的。

(1)特殊的需要。员工对特殊需要的反应,包括满足顾客特殊的医疗上、饮食上、心理上、语言上或社会方面等的请求。例如,为一个素食者准备饭菜就是要满足他的特殊需要。

(2)顾客的偏好。员工对顾客的偏好的反应需要结合顾客的需求来修改服务提交系统。在饭店里顾客要求把一样东西替换成另一样东西就是顾客偏好的典型例子。

(3)顾客的错误。员工对顾客错误的反应包括员工对于公认的顾客错误的反应(例如旅馆钥匙遗失)。

(4)其他混乱。员工对其他混乱的反应要求员工解决顾客中发生的混乱,例如,要求电影院内的观众保持安静,或者要求顾客不要在饭店的非吸烟区吸烟。

3.员工行为导致的失误

第三类服务失误是员工行为导致的失误,是顾客所不期望的。这些行为既不是顾客提出来的,也不是核心的服务提交系统的一部分。这类失误还可以再分为以下几个子类。

(1)注意程度。在员工自发而多余的行为所引起的失误中,注意程度这个子类是指积极的和消极的两类事件。积极的注意程度是员工主动满足顾客需求并预计顾客需求发生。消极的注意程度包括态度差的员工、忽视顾客需求的员工,以及始终表现出无所谓态度的员工。

(2)异常行为。异常行为也反映了积极和消极的事件。例如,某比萨饼店的员工在为顾客送比萨饼时,看到有一家人在他们失火后的房子的断壁残垣中寻找东西,这位员工把这件事情向经理报告,该店决定免费向这家人提供比萨饼。不过,异常行为也可能是消极的,像粗鲁、辱骂和不适当的接触等员工行为就可以看作异常行为。

(3)文化惯例。文化惯例有两个方面的含义:一方面是积极强化的文化惯例,如平等、公正和真诚;另一方面是违反社会规范的文化惯例,包括歧视行为、不诚实的活动,如欺骗、偷窃和其他顾客认为不公正的活动。

(4)形态。形态是指顾客所做出的整体性评价,即顾客不会把服务过程描述为一些具体的事件,而是会使用像"高兴的"或"可怕的"这样的总结性词汇。以航空公司的顾客为例,他们不会说出导致服务失误的具体事件,而只是说"你们员工的服务实在太糟糕了,这简直就是顾客服务中的一个反面案例"。这种抱怨就能归入形态评价这一类。

(5)不利条件。不利条件这个子类包括员工在压力条件下的积极和消极的行动。如果当员工周围的人出现错误时,员工采取有效的手段控制了局面,则顾客对于这种不利条件下的员工表现会留下深刻的印象。相反,如果一艘船正在下沉,船长和水手抢在乘客之前先登上了救生艇,显然这是不利条件下的一种消极行动。

4.问题顾客导致的失误

最后一种服务失误的类型是服务失误既不是由员工过失也不是由服务企业过失造成的,而是由顾客自己的不当行为造成的。这种类型失误所涉及的问题包括以下几个方面。

(1)醉酒。醉酒顾客的行为会对其他顾客、服务人员或服务环境造成不利影响。

(2)语言与肢体滥用。语言与肢体滥用指顾客对服务人员或其他顾客滥用语言和肢体。

例如,一对情侣在饭店里争吵起来,并且开始尖叫和动起手来,这种情形就可以定义为语言与肢体滥用。

(3)破坏企业政策。顾客破坏企业政策是指拒绝遵守公司政策,例如不遵守排队政策、不能代替政策或几种优惠不能累加享受政策等。

(4)不合作的顾客。不合作的顾客是指那些粗野、不合作或提出不合理要求的顾客。尽管服务人员试图满足这些顾客,但他们往往是仍然不满意的。

(三)顾客对服务失误的反应

在面对服务失误时,顾客的反应是不同的,有的顾客会直接向企业抱怨,有的顾客会向亲近的人抱怨,有的顾客会向第三方抱怨(消费者权益组织、政府机构、传媒机构等),还有一些顾客不会抱怨,而选择直接离开。对于企业来说,只有明确顾客反应的类型以及顾客抱怨的类型与原因才能相应地采取服务补救措施,获得顾客的长期满意。

当服务失误发生时,顾客自然会产生不同程度的不满意或者否定的情绪。在这些情绪的影响下,顾客会产生不同的行为(见图 7-3),他们可能采取行动,也可能保持沉默,并最终根据对他们行为的反应做出不同的决策:选择退出或者继续接受该企业的服务。

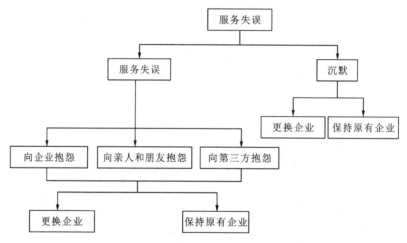

图 7-3 顾客对服务失误的反应

(资料来源:瓦拉瑞尔 A.泽丝曼尔,玛丽·乔·比特纳,德韦恩 D.格兰姆勒.服务营销[M].3 版.张金成,白长虹,等,译.北京:机械工业出版社,2004.)

在服务出现失误后,如果顾客采取最为消极的态度保持沉默,那么在一定程度上他们再次与服务提供商发生接触的概率相对于那些采取行动的顾客来说要小。即使他们再次光顾,如果企业没有意识到上次的失误并再次提供使他们不满意的服务,这些顾客最终的选择必然是离去。对于企业来说,消极面对不满意的顾客是不理智的。

对于那些可能采取行动的顾客,他们的选择也不尽相同。他们可能会当场对服务提供者进行投诉并等待企业的反应,或者会选择间接的方式,例如在这次服务之后通过电话或者信件向企业投诉。只要顾客在遭遇服务失误后告诉企业他的不满和要求,企业就有补救的机会。对于企业来说,这是最好的情况,因为企业有第二次机会满足顾客的要求,保留住企业在这位顾客身上的长期收益,并潜在地避免负面的口碑宣传。

在不同的情境下,有些顾客不会选择向服务提供者抱怨。即使有各种原因使他们感受到了低劣的服务质量,由于对情绪的控制、场合不合适或者性格原因,他们都不会让企业了解到他们的负面情绪,而是宁愿向朋友、同事和亲戚发泄他们的不满,传播有关企业的负面信息。这样的顾客行为不仅会加强顾客的负面情绪,还将这种负面情绪传播给他人。如果企业没有接收到投诉并感受到这种负面宣传,企业就没有机会对这次失误进行补救,企业的顾客会慢慢流失并影响到企业潜在顾客的范围和数量。顾客可能采用的第三种行动是向第三方抱怨,比如消费者协会、行业协会等。

无论顾客采取上述哪一种行动或者根本不采取任何行动,即保持沉默,他们都将做出最后的决策,决定是否再次光顾该企业或者转向其他企业。

二、顾客抱怨管理

(一)顾客抱怨的影响因素

在接受了失误的服务后,有些顾客倾向于抱怨,而有些顾客倾向于消极处理,这与个人的性格特征有关。然而在现实中,这些并不是影响顾客抱怨的唯一因素,顾客是否抱怨还受到许多其他因素的影响。

(1)抱怨求偿成功的可能性。即当服务失误发生时顾客对企业没有任何借口且愿意补救损失的可能性的认知。服务失误发生时,有些企业为维持保证满意的信誉,会全力补救失误;有些企业则局限于员工未被充分授权或政策僵硬等问题,未对顾客负责任,或者根本不理会顾客的抱怨。也就是说,顾客求偿成功的可能性是顾客的一种认知,这种认知是建立在企业的意愿和具体政策之上的。企业可能根本就没有补救的意愿,或者企业有意愿但投诉的程序复杂,让顾客望而却步。研究指出,当服务失误发生时,顾客认知抱怨求偿成功的可能性越高,向企业提出抱怨的可能性越大。

(2)抱怨的价值。即顾客抱怨后获得的利益与抱怨成本的比较。顾客抱怨后可能获得的利益往往是一个组合,包括物质利益和非物质利益。顾客的抱怨成本包括顾客的时间、精力、金钱、声誉等一切为抱怨所付出的代价。如果利益大于成本则抱怨价值为正,如果利益小于成本则抱怨价值为负,两者的衡量往往很难量化,仅是顾客的一种认知。抱怨价值会影响顾客的抱怨行为,顾客会衡量进行抱怨所需的成本与可能收到的利益,价值越高,越有可能进行抱怨。

(3)不满程度。是指顾客对服务失误对自己造成伤害的强烈程度的一种认知,也可以视为问题的严重性。一般认为,顾客不满程度越高,企业越应重视其投诉。

(4)消费事件的重要性。在酒店进行的重大商业或政务活动、私人宴会等关系到公司、政府或个人的声誉问题,这类消费事件往往在顾客看来很重要。一般而言,顾客期望酒店对自己的住宿或宴会活动都给予足够的重视,而酒店必须分清哪些是非常重要的,哪些是重要的,哪些可以按常规进行。另外,也可以根据消费事件所涉及的金额大小、参加人物的社会影响力等来区分重要性。

(5)顾客的购买知识与经验。如顾客的产品知识、消费权益、质量及满意度的认知程度、抱怨渠道。顾客的购买知识和经验受企业市场沟通活动的影响,也受顾客自身生活阅历、知识面等影响。随着社会的发展,顾客对酒店的服务和运作越来越了解,经常旅行的顾客已经成为酒店的"旅居专家",他们往往对酒店的服务非常清楚和敏感。

(6)顾客的转换成本。如果一种特定服务的提供商的数目很多,并且它们所提供的服务没有太大的差别,当顾客遇到服务失误时,很可能会选择离开。如果顾客为选择离开所承担的转换成本不高,顾客很可能不会抱怨,而是悄然离开。例如,如果在一个居民小区有很多便利店,服务失误很可能会导致顾客离开,而顾客很少会抱怨。此外,年龄、收入、教育、职业、果断性、自信心等也影响顾客的抱怨。

(二)抱怨顾客的类型

基于以往对顾客心理学的研究,抱怨可能是有效的,也可能是无效的。有效抱怨(instrumental complaint)是指顾客为了改变事情不利的局面而表达的抱怨。无效抱怨(no-instrumental complaints)是指顾客对于抱怨后情况得到改善并不抱任何期望,这种抱怨比有效抱怨多得多。根据顾客对服务失误做出的反应,可以将顾客分为4种类型:消极者、发言者、发怒者和积极分子,每种类型的服务失误反应者具有不同的行为特征,具体见表7-2。

表7-2 对服务失误的4种反应类型顾客的特征

特征 类型	直接向服务 供应者投诉	向亲戚好友 传播负面消息	更换服务 供应商	向第三方 投诉	保持沉默
消极者					√
发言者	√				
发怒者	√	√	√		
积极分子	√	√	√	√	

(1)消极者。这类顾客很少会采取行动。与那些进行负面宣传的人相比,他们不大可能向服务提供者表达他们的情绪,也不会向第三方抱怨。他们经常怀疑抱怨是否有效,认为抱怨的结果和花费的时间不成比例;有时可能是顾客个人的价值观或者标准决定了他们不进行抱怨。与发怒者相比,消极者不会感到市场疏远。

(2)发言者。这类顾客乐于向服务提供者抱怨,不太可能传播负面信息、更换服务提供商或者向第三方抱怨。这类顾客对于服务提供者应该是最有益的,他们不传播负面信息因而不会造成潜在顾客的流失;他们主动抱怨,给企业创造了弥补服务过失的机会。这类顾客觉得向第三方或者周围人抱怨并不解决问题,他们更倾向于认为抱怨有益于社会,因此会直接说出自己的感受,并认为向服务提供者抱怨将会使服务得到改进。与发怒者、积极分子相比,他们也不会感到市场疏远。

(3)发怒者。这类顾客与其他类型的顾客相比,更有可能极力向朋友、同事和亲戚传播负面信息并改变提供商。他们更倾向于向提供商抱怨而不太可能向第三方抱怨。他们会用更愤怒的方式对待提供商,虽然他们确信向提供商抱怨会带来社会利益,但是他们不可能给服务提供商第二次机会,相反,他们会转向提供商的竞争对手,并向身边的人传播负面信息。相对于消极者和发言者来说,这类顾客不会给企业服务补救的机会并更容易造成负面影响,并且他们会逐渐感觉到与市场越来越疏远。

(4)积极分子。这类顾客的特点是,在各方面都更具有抱怨的习性,他们向提供商抱怨,向周围人抱怨,并比其他类型的顾客更有可能向第三方抱怨。抱怨符合他们的个人标准,他们对所有类型抱怨的潜在正面结果都非常乐观。就像发怒者一样,他们会比其他类型的顾客更疏远市场。

(三)顾客抱怨时的心理特征

通常来说,顾客进行抱怨或投诉时一般有以下几种心理特征。

(1)求尊重。顾客如果对服务人员的服务态度与服务行为感到不满意,就会期望通过抱怨或投诉来找回尊严,希望处理抱怨的职员在情感上能理解自己,尊重自己,支持自己的行为并表示歉意。

(2)求发泄。如果顾客由于对服务不满意,心中有怨气,就会希望主管人员能够对相关部门的人员做出相应的处理,这样心中的气愤与郁闷才会得以发泄。

(3)求补偿。如果由于企业的服务失误给顾客造成物质上或精神上的伤害,顾客抱怨或投诉的目的就是要求相关部门给予物质上的补偿,以求心理上的平衡。

(4)提意见。顾客对服务企业进行批评、指正,希望企业的服务能得到改善,具有这种心理特征的顾客往往是忠诚度很高的顾客。

(5)自我表现。希望通过抱怨来表现自己见多识广以及有丰富的消费经验,如同行、专业人士等。

(四)顾客抱怨的处理原则

对企业来说顾客抱怨是有价值的,但是利用不好会给企业带来更大的灾难。处理顾客抱怨不但增加企业的成本,还会分散员工的精力,影响员工的工作热情,甚至会破坏企业的运作秩序,因此,企业必须谨慎处理顾客抱怨,最重要的是,企业必须从顾客的角度出发,为顾客着想。具体来讲,企业应该把握以下三个原则。

(1)关注顾客抱怨,理解顾客意图。顾客抱怨是发泄不满的情绪,在抱怨处理过程中,企业应该尽快发现顾客不满意的原因究竟是什么,以及对顾客造成了多大的伤害(包括精神上的伤害)。企业员工还应该发掘顾客抱怨的真正意图,为进行服务补救做准备。

(2)真诚对待顾客,稳定顾客情绪。真诚是缓解矛盾的有效手段。当顾客抱怨出现时,企业员工应该体现出真诚的态度,为顾客着想,体会顾客感受,稳定顾客情绪,从而有利于问题的解决。

(3)采取补救措施,迅速处理抱怨。企业必须让顾客知道企业是关注他们的,在顾客抱怨出现时,最重要的是迅速行动,采取补救措施。如果企业没有迅速行动,顾客的不满就会随着时间的推移而增加,企业恐怕得花更大的代价。

三、服务补救管理

对于企业而言,没有服务补救或无效的服务补救会给企业带来相当大损害。企业无动于衷或者态度冷淡的服务补救,很容易给顾客火上浇油,糟糕的服务再加上低劣的补救,可能导致顾客极大的不满,对企业来说无疑是在"与死亡接吻"。

(一)服务补救的含义及重要性

所谓服务补救,是指服务企业为重新赢得因服务失误即将或已经失去的顾客而做的各种弥补性努力。美国学者泰克斯(Stephen S.Tax)和布朗(Stephen W.Brown)认为,补救性服务是一种管理过程,它首先要发现服务失误,分析失误原因,然后在定量分析的基础上,对服务失误进行评估并采取适当的管理措施予以解决。

补救性服务不同于顾客投诉处理。顾客投诉后,企业需要进行补救服务,但服务失误后,绝大多数顾客并不会投诉。因此,服务性企业应该鼓励服务人员在服务工作中主动发现服务问题,及时采取服务补救措施,使不满的顾客转变为满意的顾客。

研究表明,有效的服务补救措施能使不满的顾客改变对企业的不满,甚至提高顾客对企业的忠诚度,从而提高企业的利润。图 7-4 从企业的利润链角度考察了企业补救性服务对最终利润的影响。

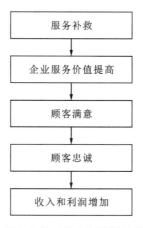

图 7-4　服务补救对企业利润链的影响环节

从图 7-4 可以看出,服务失误造成了企业服务价值的减少,但服务补救使得原本降低的服务价值得以提升。随着服务价值的提升,顾客满意度相对于服务补救前也会有比较大的提升,顾客满意度的提升则有可能导致顾客忠诚度的提升,从而最终提升企业的收入和利润。美国的一项调查结果也显示了这种关系:那些因投诉而使其问题迅速得到解决的顾客与那些投诉但问题未得到解决的顾客相比,更可能发生再次购买行为。但那些从未投诉的顾客相对来说更不可能再次购买,这也就是企业为什么会非常重视忠诚顾客投诉的原因。

(二)服务补救的框架

服务补救是企业服务质量管理的重要内容之一,与服务过程质量紧密相关,会影响顾客对功能质量的感知。有效的服务补救可以提高顾客满意度及忠诚度,是顾客保留策略的有力工具。相对于那些遭遇服务失误但问题没有得到解决的顾客,那些虽经历服务失误,但经过企业努力补救最终感到满意的顾客拥有更高的忠诚度,这种忠诚度会转化为企业的利润。

服务补救悖论认为,经历了服务失误但之后问题得到圆满解决的顾客有时比那些没有遇到任何问题的顾客更有可能再次购买服务。当顾客在经历第一次服务失误并得到令其完全满意的补救时,服务补救悖论成立。例如,一位顾客到酒店前台登记入住时发现他想要的房间没有了,如果前台人员立即以原价格向顾客提供了更好的房间,顾客会对这次经历非常满意,甚至获得比以前更深的印象,并成为忠诚顾客。然而,如果第二次又发生服务失误,悖论就消失了。顾客似乎会原谅企业一次,但如果失误重复发生,就会感到失望。顾客对服务补救能否满意也取决于服务失误的严重程度和可补救性,最佳的策略是一开始就做到最好。

服务补救包含三个阶段,补救前阶段体现顾客期望,包括服务保证;第二阶段包括对一线员工的训练和指导,使他们能够对服务失误做出适当反应;最后一个阶段是鼓励顾客再次光临,如图7-5所示。

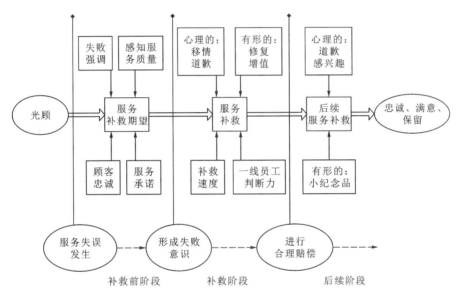

图7-5 服务补救框架

(资料来源:詹姆斯A.菲茨西蒙斯,莫娜丁·菲茨西蒙斯.服务管理:运作、战略与信息技术[M].7版.张金成,范秀成,杨坤,译.北京:机械工业出版社,2013.)

(三)服务补救的关键

在采取服务补救措施之前,先要了解顾客能够在服务补救中获得什么,如何才能使顾客在服务补救过程中获得满意。有研究显示,在服务失误出现时,能否获得公平感是顾客评价服务补救的关键,其中包括结果公平、程序公平和交互公平。

1.结果公平

结果公平是指当事人感觉交换结果的公平程度。顾客抱怨通常伴随着经济损失,因此对顾客进行有形补偿至关重要。在这一过程中,顾客会采用不同的心理原则来判断结果公平性。第一是需求原则,即顾客要求企业的补偿能满足自己的要求。需求是驱动顾客抱怨的根本原因,服务企业在面临服务失误时,首先就要分析顾客到底损失了什么,满足顾客的哪些需要才能使其满意。如对等菜时间过长的顾客提供果盘,对登机困难的老人提供轮椅等。第二是平等原则,即顾客拿自己得到的待遇和其他顾客在相似情况下得到的待遇相比,这里的其他顾客既可以是本企业的其他顾客,也可以是其他企业的顾客。例如,就餐的顾客发现餐馆只对熟客提供果盘,服务企业应清楚地认识到,这可能是顾客受到的直接损失,还包括在抱怨过程中付出的时间和精力等间接损失,因此简单的赔付甚至是加倍的赔付都不能使顾客满意,还应通过真诚的道歉使顾客获得精神上的补偿。第三是横平原则,即顾客用自己在抱怨中的付出与自己所获得的补偿相比较,当他认为二者相当时,就会感到公平。顾客的付出,既包括顾客的直接损失,又包括在抱怨过程中付出的时间和精力等间接损失。

2.程序公平

补偿只是抱怨处理的最终结果,为了实现补偿需要采取一定的方法,依照一定的程序。所有在抱怨处理中的结构性因素组成了抱怨处理的程序,包括抱怨的提出、处理、补偿以及做出相关决策的过程。程序公平包含以下5个方面的内容。

(1)倾听。也就是在与补偿有关的决策过程中,服务提供商能否认真地听取顾客对事件的倾诉和表白。如果服务商能够与顾客自由地交换意见,顾客就会产生公平的感觉,进而真诚地配合服务商共同解决问题。顾客倾诉也是宣泄情感的过程,人们往往在宣泄后会达到一个相对平静的情绪阶段,这往往更有利于企业与顾客友好地解决争议。

(2)顾客参与决策。这是指当做出一项决定后,顾客能在多大程度上自由地接受或者拒绝这一决定,也就是顾客对决策结果是否拥有自由的选择权,充分的选择权能使顾客对抱怨处理过程产生公平感。因此,企业为达到顾客对决策的控制,可以设计多种补偿形式供顾客选择,使得顾客感觉双方是在公平的基础上处理争议。

(3)信息的完整性和准确性。指服务商在做出决策前是否对背景信息有足够的了解,如只听取服务员的反馈信息势必影响对顾客的公平性,这就要求服务商应全面向服务员、顾客甚至其他顾客了解真实情况,客观地评估事件,从而做出正确的补救方案。

(4)补救速度。这是指企业完成补救程序的响应时间。如果企业缺乏对顾客抱怨的快速反应,就会加深顾客对抱怨处理过程的不满,对抱怨处理的满意度产生负面影响。快速反应会显著提高顾客对处理过程的评价,一方面,体现了对顾客的尊重,表达了企业希望尽快解决问题,以减少由此给顾客带来的不快;另一方面,时间是顾客的一种付出,反应速度慢,意味着顾客为得到一个结果要付出更多的精力,因此间接损失就高,所要求的补偿也就相应提高。

(5)补救柔性。这是指抱怨处理程序能否体现出不同情况之间的差别。没有两个顾客是完全相同的,也没有两件抱怨事件是完全相同的。顾客的人格特征和抱怨发生的情境千差万别,顾客也会由原来的追求共性转为更注重个性,企业以完全标准化的抱怨处理过程去处理每一件抱怨自然无法做到令顾客满意,更无法取悦顾客。柔性就是要求企业在处理抱怨中考虑到不同顾客和不同事件的差别,区别对待。表面上,柔性是通过过程中的因素来体现的,如允许顾客对过程发表意见,给予顾客多种可供选择的决策结果,提供不同形式的补偿方式。在深层次上,柔性更多的是反映制度及管理上的灵活性。没有深层次的柔性作保障,抱怨处理中的柔性就无法实现。

3.交互公平

交互公平是指在抱怨处理的过程中,顾客在与服务商进行人际接触过程中感觉到的公平性。很多顾客不是将对抱怨处理结果不满意的原因归于结果公平和程序公平,而是直接归于对抱怨处理人员的不满,如态度恶劣、没有礼貌等。顾客不仅要通过抱怨获得经济上的补偿,还要获得心理上的满足。交互公平就要在抱怨的处理过程中,通过企业对顾客的尊重,使顾客获得心理上的满足。抱怨的处理不单单是企业为顾客提供补偿的一种物质上的交易,还要通过交互公平来实现顾客与企业之间情感的交流,消除隔阂,建立相互信任。这就要求企业在抱怨处理的过程中充分考虑顾客的利益,而不是片面强调自身利益。在交互公平中有以下4个维度。

(1)解释。由企业对造成失误的原因做出合理的解释。企业的解释对顾客心理上的满足有较大影响。一方面,顾客蒙受服务失误对自身造成的损失,有权知道引起问题的原因,合理的解释有助于取得顾客的谅解;另一方面,提供失误原因反映了企业对抱怨的重视和解决问题的诚意,只有企业知道了引起抱怨的原因,才能避免类似事件再次发生,使顾客放心地消费。一定要注意的是,解释不等于推卸责任。如果把自身的原因推到外因甚至顾客身上,反而会使顾客产生对抗和排斥心理,使得服务失误事件激化升级,更难以处理。

(2)礼貌。礼貌是指员工在接受和处理抱怨过程中所表现出来的良好举止。员工的礼貌行为是解决问题的润滑剂,轻松舒缓的语言、自然的微笑、深深地对顾客鞠上一躬,都会最大限度地缓解顾客的不满。礼貌表达了企业对顾客的尊重,显示了员工的素质,也展示了企业的形象。

(3)努力。努力是指员工在处理抱怨中积极地投入。员工投入时间和精力来帮助顾客解决问题。失误发生后,顾客往往对员工的态度非常在意。顾客受到损失,员工是全力弥补还是反应冷漠,对顾客的影响非常大。员工的努力一方面会被顾客视为员工个人的行为,对员工本人产生好感;另一方面也会被顾客视为企业的行为,使抱怨得以顺利解决。

(4)移情。移情是指员工为顾客提供个性化的关注,包括设身处地为顾客着想,急顾客之所急。移情包括的范围很广,在抱怨处理中,必须通过员工的行动来体现,以使顾客强烈地感受到关怀和温暖,进而增进对服务商的满意度。

(四)建立服务补救机制

服务失误在所难免,如何在服务失误发生时有效地采取措施是企业应关注的重点。建立系统的服务补救机制是应对服务失误的有效手段,能快速准确地对服务补救做出反应,更好地满足顾客需求。服务补救机制包括预警机制、启动机制、执行机制、反馈机制。

1.服务补救预警机制

预警机制是在失误尚未发生之前就采取行动。预警的主要功能有两个方面:一是促使或限制有利或者不利的结果发生;二是为正确、及时地采取应对措施准备条件。服务补救的预警机制就是对可能发生的服务失误进行事先预测,在判断和分类的基础上,认真剖析服务失误的特点及其影响,并有针对性地采取预防措施。

服务补救的预警机制由以下三个方面组成。

第一,对可能发生的服务失误进行识别和分类。

根据前面对服务失误原因的分析,服务失误的原因可以归结为4类:① 服务提交的系统失误;② 对顾客的需要和请求的反应失误;③ 员工行动导致的失误;④ 问题顾客导致的失误。企业应结合自身服务的具体特点,对各种企业已发生的服务失误进行逐项剖析,对潜在的服务失误进行识别,以便预测和判断有可能发生的服务失误。

第二,对各种服务失误所造成的顾客影响进行判断。

在对可能发生的服务失误进行识别和分类的基础上,企业应进一步判断各种服务失误对顾客造成的影响,包括这些影响的性质和程度等。服务失误及其补救可视为一个包括实用维度和表征维度的复合式交换。实用维度与经济资源有关,如金钱、物品、时间等,表征维度与心理或社会资源相关,如状态、信念、同情等。顾客因服务失误而遭受经济和心理上的损失,会因服务补救而得到补偿性收益。因此,在进行服务补救之前,企业应对顾客遭受损失的性质和程度有个初步判断,这样才能保证服务补救工作有针对性以及公平合理。

第三,采取积极有效的预防措施。

前述两项工作的最终目的是预防服务失误的发生。尽管有研究证实成功的服务补救能提升顾客对企业的忠诚,但是企业不能因此陷入服务补救悖论的怪圈,应尽量防止服务失误的发生,服务补救必须坚持预防在先的原则。为有效预防服务失误,企业可采取以下措施:一是借助故障树分析找出潜在服务失误的根源及原因;二是通过服务设计改进来稳定地消除服务失误的根源及原因;三是通过内部服务补救将服务失误消灭于给顾客造成损失之前。

2.服务补救启动机制

研究表明,在遇到服务失误时,只有少数顾客直接向企业抱怨,因此,有必要在服务补救体系中设立启动机制,通过鼓励顾客抱怨和倡导员工观察与调查等手段,识别更多的服务失误和服务中存在的问题,及时启动服务补救。发现服务失误是启动服务补救措施的必要前提,包括依据一定标准来判断是否出现服务失误和通过什么途径来发现服务失误两大问题。服务补救启动机制由以下4个主要环节构成。

1)服务质量标准的设定

明确的、高质量的服务质量标准,对内可作为作业标准来规范员工行为和让员工明确努力方向,对外可作为服务质量保证来降低顾客感知风险并使顾客测量与监督服务企业的表现有据可依。企业在制定服务质量标准时,应认真遵守以下原则:一是从顾客角度出发,坚持顾客导向;二是力求服务标准具体、明确;三是服务标准力争简明扼要、重点突出;四是服务标准要兼具可行性与挑战性;五是服务标准应兼具稳定性与动态性。

2)服务承诺的设计与实施

服务承诺是服务组织就自身服务质量对顾客做出的承诺。由于服务承诺可促使企业聚焦于顾客需求和质量控制,能对服务失误的发生起到有效的预防作用,并且服务承诺的赔偿承诺对消除服务失误对顾客的不利影响做出了明确的规定,因此,服务承诺是服务补救管理体系的重要内容,尤其在服务补救的启动机制中扮演着重要角色。

在企业进行服务承诺设计时,应对其所涵盖的质量承诺与赔偿承诺具体化和明确化,即明确质量承诺的范围、水平与标准,明确赔偿承诺的赔偿形式、赔偿力度等。对制定的服务承诺,企业应无条件地履行。企业在制定服务承诺时,要综合考虑企业声誉、服务特征和顾客等因素,确保服务承诺能够履行。

3)顾客抱怨的鼓励与收集

顾客抱怨是启动服务补救机制最清晰、明确的信号,但正如前面反复提到的,主动向企业抱怨的顾客毕竟是少数。为有效地得到顾客抱怨的信息,企业应做好鼓励顾客抱怨、丰富和完善抱怨渠道、降低顾客抱怨难度、提升抱怨沟通质量等工作。具体措施包括:① 建立多种投诉渠道,方便顾客投诉。多种投诉渠道能够尽最大可能捕捉到顾客投诉的信息,如投诉电话和热线电话、投诉信箱、值班经理、咨询台、顾客意见调查表以及网络信箱与留言等等。② 设立醒目的提示。研究表明,对顾客抱怨的提示物、现场的有关抱怨提示会促使和加快顾客的抱怨行为,通过醒目的提示消除顾客的畏惧心理以及投诉不值得、伤"面子"的心理,这对注重"面子"的中国顾客尤为重要。例如,在酒店主要的面客区域,如前台、大堂经理处、宴会预订处等,应设置小立牌提醒顾客遇到不满可随时投诉。③ 对投诉的顾客进行奖励。对投诉或提出意见的顾客给予奖励表明企业对顾客抱怨的态度,是一种承诺,是对不满意的顾客直接向企业投诉的一种激励。④ 对顾客投诉进行培训。很多不满意的顾客不投诉是因为不了解投诉的效果、不知道投诉的程序或感觉投诉太麻烦等,因此,企业应对顾客进行培训,教会顾客投诉,告诉顾客投诉对其权益的保障等。例如,向顾客宣传消费者权益及相关的法规、程序、案例等。让更多的顾客在不满意时直接向企业抱怨,这无疑增加了企业挽回顾客、获得顾客意见的机会。

4) 员工观察与调查

员工,尤其是一线员工,通常是顾客抱怨信息最先的发现者、接触者和处理者,他们最清楚企业经营中哪些环节容易出现问题、哪些是潜在的问题点,在服务补救中起着重要的作用。

处在顾客与企业交界处的一线员工通常面临很大的角色模糊和角色冲突,对一些问题可能会采取回避的态度,例如,提出的改进措施可能造成企业费用的增加或其他部门会认为给他们的工作带来麻烦等,因此,从内部顾客(员工)那里发现顾客不满意信息并非易事。鼓励员工发现顾客不满意信息,除了在企业中形成以顾客满意为导向的文化和管理层积极倡导及支持外,还应注意在员工中树立"从顾客抱怨中学习"的理念和建立相应的学习机制,要求员工不仅要正确认识顾客抱怨,还要从顾客抱怨中体会、学习、改进工作流程和服务方式等;在工作流程、规章制度中要求员工对各种顾客不满意信息进行记录并对一线员工充分授权,提高他们的工作积极性和热情,提高员工对工作改进的参与,同时,对提出有价值信息的员工进行适当的精神或物质奖励。

3.服务补救执行机制

服务补救启动机制发现服务失误之时,也就提出了执行服务补救方案的要求。执行机制的目的是消除服务失误给顾客造成的不利影响,以防止其转化为促使顾客采取不利于企业行为的动机。

服务补救策略和方案的具体执行受到组织资源状况和资源投入情况的影响,包括企业文化、员工技能、组织政策和价值网络等资源的影响。服务补救执行机制的第一个环节是建立补救工作执行的基础。具体的服务失误和具体的顾客对服务补救会有个性化的补救需求,因此,应提炼出一定的补救原则、策略,并让员工知晓、理解,这样才能增强员工的应变能力,这是服务补救执行机制的第二个环节。最后,实施服务补救时,企业应制定相应的步骤或程序,以提高员工服务补救的效率。

4.服务补救反馈机制

福内尔和韦斯布鲁克(Fornell and Westbrook,1979)将投诉管理定义为"传播信息以便发现和消除消费者不满意的原因"。服务补救是一个反思失误教训的过程,是一个与顾客深度交流的过程,因此,在服务补救过程中存在着大量有价值的信息,某种程度上服务补救可以看作对顾客不满意信息的收集、传递、处理和利用的过程。服务补救反馈机制要解决的是关于企业如何有效地接收、处理和运用反馈信息的问题。

1)信息集成

目前很多企业信息管理中存在的一个主要问题是"信息孤岛"现象,不同职能、不同部门、不同功能的信息系统彼此孤立存在,很难真正发挥信息的作用。若能将不同的系统集成在一起,不仅能减少不同系统的工作量,而且能实现信息共享,最大限度地发挥信息的作用。以星级酒店的信息管理系统为例,将服务补救信息系统同酒店的客户系统等模块联系到一起,顾客投诉时,投诉信息被详细记录、建立档案并自动转化形成一个统一的档案模块,便于及时、准确地对服务补救进行跟踪和查询。同时,投诉过的客人档案可设置标记,在客人再次光顾时,标记会自动弹出,以引起服务人员的注意。

2)顾客管理

从企业管理的整体上说,服务补救信息属于顾客信息的一部分。目前多数企业顾客信息管理系统主要包括顾客基本信息管理、顾客订单信息管理、顾客需求分类管理、顾客报表输出等。如将服务补救信息融合到顾客信息管理系统中,企业可通过计算机及网络技术,进行全方位的顾客管理。在接到顾客投诉时,信息系统能将该顾客的购买、消费记录迅速调出,传送到解决投诉的相关部门,提高顾客投诉处理的效率。服务补救信息输入顾客数据库后,信息系统在一定时间内会提醒业务部门,该顾客已经有多长时间没有光顾、是否超过消费周期等,提示业务人员回访。对反复投诉的顾客,系统会出现警示标志,员工会谨慎地对待该类顾客。

3)业务重组

通过对顾客满意度、顾客抱怨频率、业务利润率的分析,企业能识别最有效的业务机会,从而进行业务重组,实现最佳效益。美洲航空公司研究发现,频繁旅行的商务旅客占乘客总数的6%,贡献了37%的收入,但他们是最不满意的顾客。根据这些数据,美洲航空向商务旅客提供更好的座椅、食品,提供更多的折扣,可以预先登机而无须排队,提供中途可以洗澡等服务措施。这种业务组合的调整,改进了服务水平,提升了服务业绩。

4)服务改进

顾客的不满通常是由于需要没有满足而引起的,顾客的抱怨往往能反映产品或经营中的弱点,从而为企业产品和服务的改进提供重要的信息和思路。例如,通用电气公司拥有世界上最大的客户记录资料库与解决问题资料库,通过对顾客意见和需求的量化,通用电气源源不断地开发出适合顾客需要的产品。

5)流程优化

很多服务失误源于服务过程的失误,企业可以通过对服务补救信息的统计、分析,重新设计、优化服务程序,提高顾客的满意度和忠诚度,使企业处于持续的质量改进过程中。

(五)服务补救的要求

与顾客接触的员工可以发现并解决服务失误,解决服务失误必须依靠有效的服务补救系统。下列要求有助于企业建立服务补救系统。

1.计算服务失误的成本

服务失误会导致顾客流失,这就需要企业争取新的顾客来弥补顾客流失所造成的损失,更重要的是,顾客流失会给企业带来坏口碑,这些都构成服务失误的成本。争取新顾客的费用通常比维持老顾客的费用要高出几倍,良好的服务可以避免因服务失误而付出额外费用,但企业很少能意识到糟糕的服务所带来的经济损失,因此,精确地计算出这笔费用对于提高企业的质量意识会有帮助。出现服务失误后,即使对顾客进行超值补偿,对企业来说也可能是有利可图的。

2.征求顾客意见

绝大多数顾客都不会把他们糟糕的服务体验告诉企业,他们会转向企业竞争对手的怀抱。因此,当服务失误出现后,一定要主动地向顾客征求意见,了解服务失误的原因、服务系统失误的原因以及顾客不满意的原因等。员工,特别是那些与顾客接触的员工,应当有能力控制服务失误的局势,让企业意识到服务失误的严重性,即使顾客没有提出这样的要求也应当如此。最先发现问题的肯定是顾客,应当使顾客能够很容易地就服务过程中的失误或问题进行抱怨,这是企业能够获取的关于服务失误的第一手资料。通过对这些资料的分析,可以找到解决问题的策略和方法。有些情况下,可以对顾客进行培训,如印发小册子或文字资料教会他们如何抱怨。有的企业利用信息技术来帮助顾客向企业提供服务失误的信息。员工必须对那些进行抱怨的顾客表现出应有的尊重和关怀。

3.发现服务补救需要

服务失误可以在任何时间、任何地点发生,通过对服务过程、人力资源、服务系统和顾客需要的详尽分析,可以找到服务失误的高发地带,并采取措施加以预防。有些时候一个服务失误会引发一系列反应(如航班误点),对这一类问题必须高度重视,分析可能的服务补救需要,从而做好预防工作,防患于未然,使服务补救取得更好的效果。

4.服务补救必须迅速

一个不满意的顾客可能会向12个人倾诉其糟糕的服务体验,而一个满意的顾客在人群中传播企业好口碑的机会比这要少得多。服务补救越慢,口碑传播得就越快。迅速进行服务补救对于挽回服务失误所造成的较差的质量感知比缓慢的服务补救要有效得多。

5.员工培训

与顾客接触的员工必须明确为什么要关注服务失误,为什么要对其做出及时的补救,也必须明白他们所担负的职责。企业必须对员工进行培训,让员工具备及时发现服务失误和不满意顾客,以及教会顾客参与到服务补救过程中的能力,要让员工明确自己的职责,即做好顾客的工作、迅速改正错误并及时做出赔偿。培训的目的是培养员工的顾客意识和处理问题的技巧。如果不这么做,员工对服务补救的看法可能五花八门,难以形成统一的认识。

6.充分授权并使与顾客接触的员工具备服务补救的能力

培训可以使员工更明确服务补救的意义和自己在服务补救中应当扮演的角色,以及必须具备的技巧。如果员工必须根据管理层的决策来决定对顾客如何进行补偿及补偿多少,他们必须首先了解上层对服务补救、顾客抱怨的看法,这显然不利于服务补救效率的提高。因此,必须对员工进行授权,使其了解关于服务补救的信息和赔偿方法等,以便具备服务补救的能力,如对遭受服务失误的顾客做出何种担保,能否给予顾客免费的票证或者金钱的补偿等。

7.使顾客处于知情状态

顾客希望看到企业承认服务失误并且正采取措施解决这一问题。如果不能当场解决服务失误,就应当坦诚地告诉顾客,企业正在努力,请给企业一些时间。当问题得到解决时,应当告诉顾客解决的结果,同时告诉顾客,企业从这次服务失误中得到的经验教训以及将来如何避免此类事情发生。

8.从错误中吸取教训

企业必须拥有并创造性地运用服务补救系统,必须从组织、员工等各个方面来查找服务失误、质量问题及其他错误出现的原因。对于企业来说,找到失误根源并对流程做出相应的修正是一项非常重要的工作,唯有如此,才能避免此类事情再度发生。

(六)服务补救形式和服务补救方法

1.服务补救的形式选择

除了对错误及时纠正、快速反应和合理补偿被认为是服务补救的关键因素外,不同的服务补救时机和方式对顾客感知服务质量的影响也很大。服务补救方式可以分为三种,即管理式服务补救、防御型服务补救和弹性服务补救。

(1)管理式服务补救,也称为被动的服务补救方式,这种方式不是在服务失误发生后、服务流程尚未结束时立即加以解决,而是等服务流程结束后,由专门处理顾客抱怨的部门来加以解决。服务补救作为一个单独的服务片段,列在主服务之后。这种服务补救方式与传统的顾客抱怨处理基本相同,更重要的是,服务失误所造成的顾客情感问题被忽略了,这将直接影响顾客感知服务质量水平。服务失误对顾客感知服务质量的负面影响并没有消除,即使顾客最后得到了完全合理的赔偿。

(2)防御型服务补救,即主动的服务补救方式。在服务流程设计中,服务补救是一个独立的情节,但这个情节被纳入主服务片段之中。出现服务失误后,尚未等到这个服务流程结束,顾客也不必到指定的部门去提出正式意见,问题就会得到解决。这种服务补救方式要求顾客自己来解决问题,正式的补救措施以后进行,这个流程也被列入总的服务片段之中。这种方式虽没有充分地考虑顾客的情感问题,但情感问题对感知服务质量的影响比管理式服务补救要小得多,因此一定程度上可以挽回服务失误对感知服务质量的不良影响。

(3)弹性服务补救,也就是超前服务补救方式。服务过程出现失误,立即加以解决,而不是等到服务过程结束之后。服务补救已经成为顾客服务主流程中遇到服务失误时一个不可分割的组成部分。按照这种补救方式,顾客的情感问题可以得到较好的解决。顾客会为服务提供者的补救行为感到惊喜,顾客感知服务质量很可能更高。

2.服务补救的方法

服务补救有4种基本方法:逐件处理法、系统响应法、早期干预法和替代品服务补救法。

(1)逐件处理法。强调顾客的投诉各不相同。这种方法容易执行且成本低,但是也具有随意性。例如,最固执或者最好斗的投诉者经常会得到比通情达理的投诉者更令人满意的答复。这种方法的随意性会产生不公平。

(2)系统响应法。使用规定来处理顾客投诉。由于采用了识别关键失败点和优先选择适当补救标准这一计划性方法,它比逐件处理法更加可靠。只要响应规定不断更新,这种方法就非常有益,因为它提供了一致和及时的响应。

(3)早期干预法。这是系统响应法的另一项内容,它试图在影响顾客以前干预和解决服务流程问题。例如,一名发货人发现由于卡车故障影响了出货,他就可以马上通知顾客,在必要时顾客可以采取其他方案。

(4)替代品服务补救法。通过提供替代品服务补救,利用竞争者的错误去赢得顾客。处于竞争中的企业支持这种做法。由于竞争者的服务失误通常是保密的,这种方法实行起来比较困难。服务失误的大小和危险程度是影响顾客未来再次购买决策的一个因素。不管补救工作如何做,失误越严重,客户就越有可能更换服务提供商。总之,服务更换可以被视为由系列决策和重要的服务决策相结合而产生的一个过程,而不是做出决策的一个特定瞬间。更换服务提供商的决策可能不会在服务失误的服务补救之后马上发生,而是需要系列事件的积累。

第三节　旅游服务质量的控制与提升管理

星巴克的代价

1995年4月,吉里米·多罗森花299美元从伯克利的一家星巴克买了一台咖啡机,回家后发现这台咖啡机有问题,于是,他带着咖啡机到星巴克去维修。由于维修需要时间,星巴克就借给他一台咖啡机使用,有问题的咖啡机留在星巴克进行维修。多罗森是星巴克的忠诚客户,很喜欢星巴克的咖啡机,刚好有一个朋友不久要再婚,而这位朋友之前得了癌症,顽强地与病魔战斗了很久才得以康复,再婚将是她新生活的开始,多罗森想送她一台咖啡机作为再婚的礼物。

大约两周后，多罗森到星巴克换回那台维修好的咖啡机，他看到一款410型号的咖啡机很好，于是就决定买这种咖啡机送给将要再婚的朋友。可是，星巴克的服务员告诉他，他看好的这台咖啡机已经被人预订了，星巴克没有现货，如果他要买的话，需要等几天才行。

过了几天，多罗森去取货时发现，咖啡机的包装好像是被打开后又重新用胶纸粘上的。星巴克的服务员说，由于咖啡机是从欧洲运输过来的，所以包装看上去有点损坏，但是咖啡机一定是原装的，没有人动过。多罗森让服务员另外换一台咖啡机，但是服务员说，现在店里只有这一台了。多罗森相信了星巴克服务员的话，买了这台咖啡机。每一台咖啡机都配送1/2磅的咖啡，当多罗森向收银员索要配送的咖啡时，收银员说，没有免费配送的咖啡给他。多罗森说他买的咖啡机应该得到配送的1/2磅的免费咖啡，但收银员就是不给他，让他感觉到很不舒服，此后，抱怨渐渐在心底里积累。

朋友收到这份结婚礼物后发现，咖啡机没有说明书，而且有些地方还生了锈。他的朋友还以为他买了一台二手的咖啡机呢。这让多罗森十分没有面子，明明是花了189美元买的新咖啡机，可得到的却是一台二手的咖啡机，他的形象在朋友面前严重受损。多罗森越想越气愤，前后他买了两台星巴克的咖啡机都是有问题的，这都是星巴克惹的祸。于是，他又来到星巴克找到店里的经理投诉。经理说，他可以退货。但是多罗森认为退货于事无补，由于星巴克的过错，他已经受到了精神上的损害。

多罗森来到星巴克位于旧金山的地区总部进行第二次投诉，多罗森在旧金山没有得到满意的答复。

多罗森给星巴克位于西雅图的总部打电话开始第三次投诉，多罗森提出：第一，星巴克应该给他的朋友一封道歉信；第二，用星巴克目前价值2459美元顶级的咖啡机换回原来那台生锈的410型咖啡机，作为对他造成精神损害的一种补偿。不过，星巴克总部负责客户关系的主管没有答应多罗森的要求，认为这种要求有点离谱。他告诉多罗森：第一，将送一台价值269美元的新咖啡机换回多罗森最早买的那台价值299美元的咖啡机；第二，给他的那位新娘子朋友写一封道歉信；第三，送一台价值269美元的咖啡机换回生锈的价值189美元的410型号咖啡机。多罗森对这位客户关系主管提出的解决方案表示不满，坚持星巴克要用一台价值2459美元的咖啡机来补偿由于星巴克的过错给他以及朋友带来的损害。

谈了两次，星巴克依旧不答应多罗森提出的解决方案。

多罗森气愤到了极点，他向星巴克发出最后的通牒，两个小时的最后期限，要么是星巴克提供一台2459美元的咖啡机，要么他就要将他所遭受的损害公之于众，并且在《华尔街日报》刊登广告，征集其他对星巴克不满的客户，共同与星巴克战斗。但是，最后的通牒遭到星巴克的那位客户关系主管的断然拒绝。

对于星巴克这样一个大公司而言，多罗森这样要求并不是太过分的，本来可以在这个阶段熄灭的抱怨的火焰却燃成了熊熊的烈火。

1995年5月5日,多罗森首次在《华尔街日报》西海岸版上刊登广告:"你在星巴克遇到什么问题了吗?你并不孤单,有兴趣吗?我们谈谈。"

紧接着,5月10日,多罗森第二次在《华尔街日报》西海岸版上刊登广告。

广告像一记耳光,重重地打到了星巴克的脸上。

当星巴克的高层意识到问题严重性的时候,已经晚了。

星巴克告诉多罗森,他们正在按照多罗森的要求准备道歉信和顶级咖啡机,很快就会送到多罗森那位朋友的家中。多罗森回复,星巴克提供的补偿太少了,也太晚了。多罗森决定提高赌注,他要求星巴克在《华尔街日报》西海岸版上刊登一则广告,承认自己明明知道,但仍旧用二手的咖啡机充当新的咖啡机在卖,他希望广告上有星巴克董事会主席的亲笔签名,不仅如此,多罗森还要求他要审核广告的最终内容。星巴克又一次拒绝了。

于是,多罗森分别于5月19日和5月23日相继在《华尔街日报》西海岸版上刊登了广告。

连续四轮的广告多罗森花去了将近4000美元,显然,这时的多罗森已经不是为了钱在和星巴克战斗了。

星巴克陷入了严重的困境。

而多罗森却成为媒体的宠儿,新闻和脱口秀节目让多罗森一夜之间成为名人。多罗森成为美国人民心目中敢于捍卫消费者权益的英雄。随着多罗森越来越有名,他向星巴克提出的要求也就越来越苛刻,他要求星巴克为一个出走儿童中心提供资金的帮助。星巴克拒绝了。

多罗森办了一个网站starbucked.com,他还应邀到一些大学去发表演讲,讲述他与星巴克战斗的故事。

舒尔茨提出了一句非常精妙的总结:"零售就是细节(Retail is detail)。"这个故事说明,如果不谨慎对待服务失误,不对服务进行严密及时的监控与管理,即使是世界级的优秀服务性企业也可能陷入困境。现在的星巴克已经吸取了当年的教训。在星巴克内部,每个店员都会得到一本《绿围裙计划》,指点店员他们应做的事情。

(资料来源:世界经理人网站,http://www.ceconline.com/sales_marketing/ma/8800063563/fe5dc9e101/? from=RSS.)

要做好服务质量的控制与提升管理,必须从管理思路和管理方法上进行研究与探讨。

一、服务质量控制与提升的管理思路

(一)确定服务质量管理规划的重点

要制定服务质量管理规划,管理人员必须首先确定本企业的服务理念。服务理念规定了广大员工必须遵循的基本原则,可指导广大员工的服务行为。确定服务理念之后,管理人员应通过市场调研,通过分析顾客消费经历、设计问卷、收集并分析调研数据来获得顾客对服务的满意程度并征求顾客意见,发现本企业服务体系中的薄弱环节及存在的问题,以最终确定服务质量管理规划的重点。管理人员应组织有关部门经理研究改进措施。

(二)绘制顾客消费过程和服务操作程序图

确定本企业应改进的服务工作重点之后,管理人员应绘制顾客消费过程和服务操作程序图。例如,从顾客的角度来看,饭店客房送餐服务通常包括以下几个步骤:① 打电话,要求客房送餐服务;② 订餐;③ 等待一段时间之后,闻声开门,与服务员交谈,在账单上签名;④ 吃饭;⑤ 将托盘放到门外;⑥ 在结账离店时,检查客房送餐服务收费数额。

从饭店的角度来看,与上述消费步骤有关的服务工作都是客房送餐服务工作。图 7-6 显示了客房送餐服务的各个步骤,以及各个步骤的操作程序。

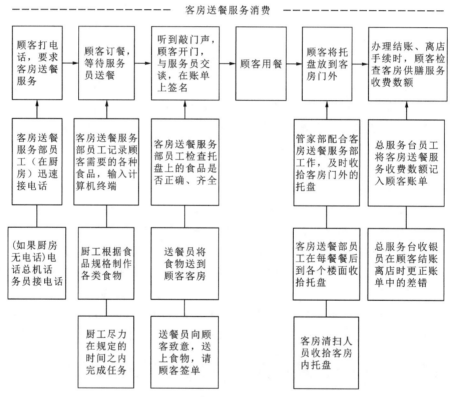

图 7-6　顾客消费过程和服务操作程序图

(资料来源:汪纯孝,等.服务性企业整体质量管理[M].2 版.广州:中山大学出版社,2001.)

(三)检查服务质量

根据服务质量标准检查服务操作程序,管理人员可发现服务工作中存在的问题,并采取必要的措施改进服务操作程序,从而提高顾客满意程度。图 7-7 说明管理人员应如何分析客房送餐服务工作中存在的问题。

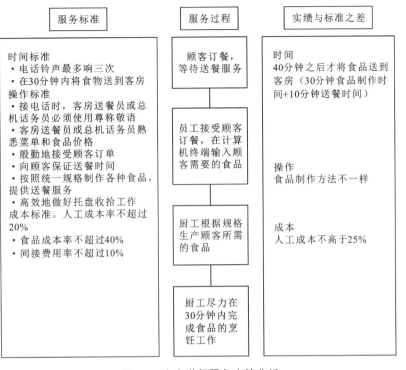

图 7-7 客房送餐服务实绩分析

(资料来源:汪纯孝,等.服务性企业整体质量管理[M].2版.广州:中山大学出版社,2001.)

以饭店为例,管理人员应为顾客的每个消费步骤确定质量标准。每项服务工作都应有成本标准、操作标准和时间标准。例如,管理人员可规定:① 时间标准,送餐服务员必须在顾客订餐之后 15 分钟之内将比萨送到顾客客房;② 操作标准,比萨的各种成分符合顾客的要求,送到客房的比萨仍然是热的;③ 成本标准,送餐服务费用率不超过 20%。在这三类标准中,管理人员最难根据操作标准衡量服务实绩。管理人员往往会根据顾客投诉次数、服务工作差错率、服务工作效率、赔偿顾客损失金额等数据衡量服务质量。管理人员应根据服务实绩评估结果制定新的质量标准。管理人员可通过现场观察、数据分析等方法检查目前各个操作步骤,以便发现服务实绩与质量标准之间的差异。

(四)征求顾客和员工的意见

管理人员应深入理解顾客认为最理想的服务剧本,以便详细了解顾客偏好的服务细节。管理人员应通过内部沟通活动,使员工了解顾客的偏好,授予员工必要的服务工作决策权以便员工根据顾客的需要,灵活地决定服务方法,并通过各种内部沟通渠道征求员工的意见,改进服务工作。

(五)学习其他企业的经验

学习本行业和其他行业先进企业的经验是提高本企业服务质量和经济收益的重要措施。要做好比较工作,管理人员首先要深入分析本企业某项业务的工作情况,向本企业、竞

争对手、其他行业同类业务工作负责人了解哪个企业最能做好这项业务工作;其次,管理人员也可通过查阅报刊资料和向行业协会了解情况等方法来确定比较对象;最后,管理人员应详细收集这个企业的信息,与这个企业的管理人员交流经验,研究本企业是否可采用这个企业的某些措施改进操作程序、产品设计方法与服务流程。

管理人员应确定企业需比较的操作程序。这类操作程序应该是对顾客满意程度和企业成本费用影响最大的关键操作程序,而且是比较对象最成功的操作程序。管理人员应了解比较对象的实绩评估标准,并使用相同的标准衡量本企业的工作实绩,以便进行比较分析,发现差距。例如,某四星级饭店管理人员发现顾客对客房送餐服务的意见最大。他们从顾客意见表、员工座谈会了解到客房送餐服务存在以下主要问题:① 深夜,厨房只有一位员工值班;② 食品原料经常不足,送餐车破旧;③ 送餐员有时送错食品;④ 有些送餐员服务态度不好;⑤ 食品质量较差。

管理人员对本饭店和几个竞争对手饭店的客房送餐服务进行了比较分析,发现本饭店平均送餐时间是 38 分钟,有时甚至长达一小时,而竞争对手饭店却只需 18 分钟。通过顾客调查和听取员工意见后进行比较分析,管理人员发现客房送餐服务存在 6 类问题:① 送餐和收盘工作效率低;② 食品生产速度缓慢;③ 食品质量较差;④ 员工变动率高;⑤ 员工配备不足;⑥ 管理人员不够重视。

深入分析各类问题产生的原因之后,管理人员采取了以下改进措施:① 增加客房送餐服务部员工人数;② 合理设计食品生产和送餐服务程序;③ 购买保温效果较好的送餐餐具。采取这些措施之后,顾客投诉次数明显减少,满意程度明显提高,员工工作态度明显改善。

(六)激励员工做好服务工作

要提高顾客对服务质量的满意程度,管理人员必须高度重视员工的作用,激励员工做好服务工作。这就要求管理人员做好一系列人力资源管理工作。管理人员应从以下几个方面来激励员工,以提高服务质量。

(1)做好员工招聘、培训、考核、奖励等工作,为员工创造良好的工作条件和职业发展机会,尽可能留住优秀的员工,以稳定员工队伍。

(2)做好培训工作,使员工掌握新技术,学会新设备操作方法,理解新的服务操作程序,以提高服务质量和生产效率。

(3)加强班组建设,要求各个班组确定明确的目标,对自己的经营实绩负责。管理人员可组织跨部门班组,解决服务工作中存在的问题。管理人员应相信员工的创造力,授予各个班组自我管理权利,调动各个班组和广大员工的工作积极性。

(4)根据服务质量和生产效率考核各个班组和员工的工作实绩,奖励优秀的班组和优秀的员工。管理人员可根据顾客调查结果计算服务质量指数和顾客满意程度指数,并将服务质量和顾客满意程度作为实绩考核的重点。

(5)采用利润分享制度,激励员工为企业做出更大贡献。

总之,管理人员应充分调动广大员工工作积极性和学习自觉性,这样才能不断地提高服务质量和生产效率,增强企业竞争实力,提高企业的经济收益。

二、服务质量控制与提升的管理方法

(一)对质量问题进行分类——圆形分析图

圆形分析图(又称饼分图)是通过计算服务质量信息中有关数据的构成比例,以图示的方法表示服务企业存在的质量问题,其分析步骤如下。

1. 收集质量问题信息

旅游企业管理者应通过各种原始记录、质量信息报表、质量检查结果、宾客意见调查表、客人投诉处理记录、质量考核表等方式多方收集企业存在的质量问题。

2. 信息的汇总、分类和计算

对收集到的质量问题信息进行汇总,并根据不同的内容将其分类,然后计算每类质量问题的构成比例。

3. 画出圆形图

首先画一个大小适宜的圆形,并在圆心周围画一小圆圈(内填分析内容);然后从最高点开始,按顺时针方向,根据问题种类及其构成比例分割圆形,并且用直线与小圆圈相连;最后在分割的圆形中填入相应的问题种类及构成比例。至此,根据圆形图即可一目了然地掌握企业存在的服务质量问题及其程度。

如某饭店客房在上季度共发现服务质量问题 45 例,其中设施问题 17 例,服务态度问题 15 例,服务项目问题 6 例,安全卫生问题 4 例,其他问题 3 例(见图 7-8)。

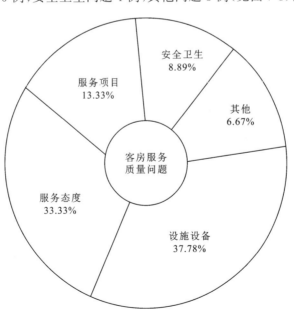

图 7-8 某酒店客房服务质量圆形分析图

(二)寻找质量改进的重点——帕累托图

在对服务的质量问题进行分类后,需要知道这些问题中哪些是最关键的或是最主要的质量问题,从而为正确的质量改善决策提供依据。帕累托原理及帕累托图是一个有力的分析工具。

1. 帕累托定律

帕累托图又称主次因素排列图,由意大利经济学家帕累托(Viredo Pareto)首创。帕累托在研究社会财富分配时,发现"极其少数"的人占有社会大部分财富,成为"关键的少数";而社会上大多数人却仅占有少量的财富,成为"无关紧要的多数"这一社会现象。而后发展成为帕累托定律,这即是通常所说的80~20原则。80%的问题来自20%的原因,如果你找出25个顾客不满意的理由和原因,你会发现80%的不满意是由5个左右的原因所致。这说明解决了较重要的5个方面的原因,顾客满意程度将大大提高。

2. 帕累托分析图的构建

帕累托分析法又称ABC分析管理法、重点管理法等。它是根据事物在技术或经济方面的主要特征,进行分类、排队,分清重点和一般,以区别地实施管理的一种分析方法。由于它把被分析的对象分成A、B、C三类,所以称为ABC分析法。该分析方法的核心思想是在决定一个物的众多影响因素中分清主次,识别出少数的但对事物起决定作用的关键因素和多数的但对事物影响较少的次要因素。20世纪50年代,美国质量管理权威朱兰博士将ABC分析方法引入质量管理,用于质量问题的分析。帕累托分析一般可分4个步骤进行。

1)收集数据

确定构成某一服务质量管理问题的因素,收集相应的特征数据。如饭店企业可通过宾客意见书、投诉处理记录、各种原始记录等方式收集有关服务质量的信息。

2)计算整理

对收集的数据进行加工,并按要求进行计算,包括计算特征数值、特征数值占总计特征数值的百分数、累计百分数、因素数目及其占总因素数目的百分数、累计百分数。

3)分析找出主要质量问题

根据一定分类标准,进行ABC分类,列出ABC分析表。各类因素的划分标准,并无严格规定。习惯上常把主要特征值的累计百分数达0%~70%(70%)的若干因素称为A类,累计百分数在70%~90%(20%)的若干因素称为B类,累计百分数在90%~100%(10%)的若干因素称为C类。

4)绘制ABC分析图

以质量问题类型为横坐标,以累积因素的频数为左侧纵坐标,累积主要特征值百分数为右侧纵坐标,按ABC分析表所列示的对应关系,在坐标图上取点,并连接各点成曲线即绘制成ABC分析图。除利用直角坐标绘制曲线图外,也可绘制成直方图排列图上累积比率在0%~70%的因素为A类因素,即主要因素;在70%~90%的因素为B类因素,即次要因素;在90%~100%的因素为C类因素。据此,就可以找出影响质量问题的主要因素或关键因素,如图7-9所示。

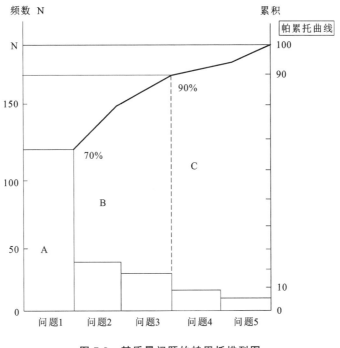

图 7-9　某质量问题的帕累托排列图

必须注意的是,只有根据客观的数据和事实,而不是凭主观的看法和感觉基础上构建起来的帕累托图才是最可靠的,其分析也是最有效的。有时所列之"关键的少数"会使管理者感到意外,但数据分析的结果清楚地表明它们是重要的。

(三)找出质量问题的根源——因果分析

在明确知道了服务中存在的主要质量问题后,必须对之进行分析找出原因,才可能对症下药,采取正确的质量改善措施。因果图分析方法是用于思考已知结果(质量问题)与其潜在原因之间关系的一种工具,它是组织管理人员提出各种设想、揭示各种导致服务质量问题潜在原因的有效方法。

1.因果图的由来

因果图是日本质量管理先驱石川馨于 20 世纪 50 年代初所创,因该图形类似鱼骨,故又称为鱼刺图、石川图。如今因果图成为质量管理界所偏好的一种重要分析工具,它通过对存在的质量问题及其产生的原因进行系统的梳理分析,并以图示的方法直观地呈现出来,简单可行,也能广泛应用于其他领域的结果与原因分析。

2.因果图的构建

图 7-10 所示为因果分析图构建模式。

1)找出质量问题

用圆形图或 ABC 分析图找出存在的主要质量问题。

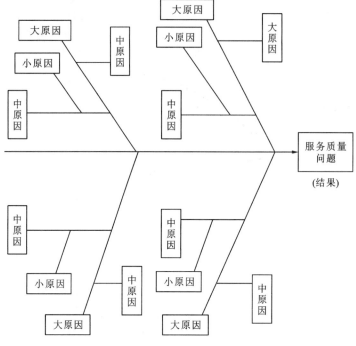

图 7-10 因果分析图构建模式

2) 分析产生质量问题的原因

通过讨论分析找出产生质量问题的各种原因,从大到小,从粗到细,追根究源,直到能采取具体措施为止。对服务业来说,5P分类法有助于将所有可能的原因都包括在内。这 5P 是人员(People)、供给(Provisions)、程序(Procedure)、地点(Place 亦称环境)和客户(Patrons)。当然并非每个类别在所有情况下都要采用,重要的是需要将问题的所有可能因素都考虑在内。

3) 画出因果图

罗列找到的各种原因,将每个大原因填于主干分支的末端,并在大原因的枝干上填入导致大原因的中原因,依此类推找到产生各种原因的小原因,检查每个因果链的逻辑合理性,最终按其因果关系画出因果图。

4) 因果图分析的实例

某家酒店是一家中等规模、中等档次的酒店。该酒店通过对服务质量测量发现,客人对菜肴质量不满意是一个主要问题。经过再次调查和观察,发现重要客人满意而普通客人不满意,归纳起来,菜肴质量不稳定是其根本原因。菜肴质量不稳定的原因很多,他们采用"因果图"法进行分析,如图 7-11 所示。从影响菜肴质量的原因看,主要有厨师、设备、原料和配料方法等因素,这些因素分别受其他因素影响。菜肴主要是由厨师烹制的,在设备正常、原料配料保证的基础上,厨师的烹调技术对菜肴的色香味形起着决定性的作用。酒店组织人力对主要厨师人员逐个进行了技术考核,很快找到了主要原因。经过分析和研究,发现形成菜肴质量不稳定的主要原因有两个:一个是厨师问题,另一个是炉灶设备问题,而厨师是主要原因。现有厨师队伍的技术能力参差不齐,相差过大。大厨技术较好,工作熟练,责任心也强,当酒店通知 VIP 顾客到达或有特别叮嘱时,大厨亲自掌勺,每菜必做,结果菜肴质量好,顾客感到满意。在一般情况下,常由二厨或三厨操作,而他们的烹制技术稍差,火候掌握得也不够好,做出的菜肴质量往往时好时坏,从而形成了整体菜肴质量不稳定的现象。另外,炉灶设备落后,火力不匀也对菜肴烹制有一定影响。

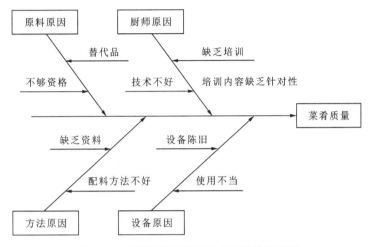

图 7-11　某酒店菜肴质量问题分析的因果图

通过分析,他们提出以下改进措施:① 加强对厨师队伍的整体培训,提高技术能力。特别是对影响出品的关键环节的二厨和三厨,进行有针对性的强化培训,严格要求。② 制定严格的生产规程,按部就班,把每一个环节都作为上一个环节的质量监督与检查点,每一个员工都是质量监督员,出现不符合标准的地方,宁可停止,也不可放过,确保最终菜肴质量。③ 运用绩效考核方式,对厨房所有人员定期进行考核,并与工资待遇挂钩,激励每一个员工不断学习技术,提高工作能力和质量,并不懈努力地投入工作中去。④ 前馈控制、过程控制和反馈控制相结合,在每天完成生产或每次重要接待工作后,要不断询问听取客人的反映,及时调整花色品种,制作出更优的菜肴。⑤ 在搞好以上工作的基础上对厨房炉灶进行简单维修,调整火力旋钮,更换部分配件,以方便厨师操作。

(四)提升服务质量的手段——PDCA 循环分析

服务企业在找出服务质量存在的问题、分析产生质量问题的原因后,就应该寻求解决问题的措施与方法。这就需要运用 PDCA 循环管理方法来提升服务质量。

1. PDCA 循环管理简介

PDCA 循环又叫质量环,是管理学中的一个通用模型,最早由休哈特(Walter A. Shewhart)于 1930 年构想,后来被美国质量管理专家戴明(Edwards Deming)博士在 1950 年再度挖掘出来,并加以广泛宣传和运用于持续改善产品质量的过程中。它是全面质量管理所应遵循的科学程序。全面质量管理活动的全部过程,就是质量计划的制订和组织实现的过程,这个过程就是按照 PDCA 循环,不停顿地周而复始地运转的(见图 7-12)。

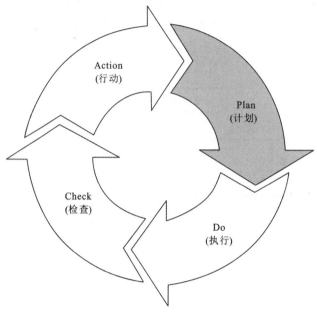

图 7-12　PDCA 循环圈即"戴明环"

PDCA 即计划(Plan)、实施(Do)、检查(Check)、处理(Action)的英语简称。PDCA 管理循环是指按计划、实施、检查、处理这个 4 个阶段进行管理,并循环不止地进行下去的一种科学管理方法。PDCA 循环转动的过程,就是质量管理活动开始和提高的过程。PDCA 管理循环的工作程序分 4 个阶段。图 7-13 所示为 PDCA 循环的特点图。

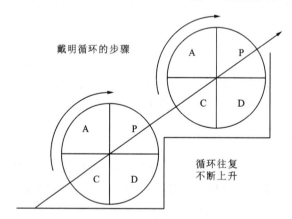

图 7-13　PDCA 循环的特点图

1)计划阶段(P)

PDCA 管理循环的计划阶段内容包括:首先,分析服务质量现状,用圆形图找出存在的质量问题;其次,用因果图分析产生质量问题的原因;然后,找出影响质量问题的主要原因;最后,提出解决质量问题的质量管理计划,即应达到的目标及实现目标的措施方法。

2)实施阶段(D)

服务企业管理者组织有关部门或班组以及员工具体地实施质量管理计划规定的目标。

3)检查阶段(C)

服务企业管理者应认真、仔细地检查计划的实施效果,并与计划目标进行对比分析,看是否存在质量差异,是正偏差还是负偏差。

4)处理阶段(A)

总结成功的管理经验,使之标准化,或编入服务规程,或形成管理制度加以推广应用。同时,吸取失败的教训,提出本轮 PDCA 循环悬而未决的问题,自动转入下一循环的第一步,并开始新一轮的 PDCA 管理循环。

2. PDCA 循环的 8 个工作步骤

① 分析质量现状,找出质量问题;② 分析各种导致质量问题的影响因素或原因;③ 找出主要影响因素或主要原因;④ 针对主要原因,制订措施计划:为什么要制订这个措施计划?达到什么目标?在何处执行?由谁负责完成?什么时间完成?怎样执行?⑤ 执行、实施计划;⑥ 检查计划执行结果;⑦ 总结成功经验,制定相应标准;⑧ 把未解决或新出现问题按这 8 个步骤转入下一个 PDCA 循环。

需要指出的是,各级质量管理都有一个 PDCA 循环,形成一个大环套小环,一环扣一环,互相制约,互为补充的有机整体。在 PDCA 循环中,一般来说,上一级的循环是下一级循环的依据,下一级的循环是上一级循环的落实和具体化。每个 PDCA 环,都不是在原地周而复始运转,而是像爬楼梯那样,每一循环都有新的目标和内容,这意味着质量管理经过一次循环,解决了一批问题,质量水平有了新的提高。在 PDCA 循环中,A 是一个循环的关键。PDCA 管理循环的 4 个阶段缺一不可。只计划而没有实施,计划就是一纸空文;有计划,也有实施,但没有检查,就无法得知实施的结果与计划是否存在差距和有多少差距;若计划、实施、检查俱全,但没有处理,则不但已取得的成果不能巩固,失败的教训不能吸取,而且发生的问题还会再次重复,如此,服务质量就难以提高。因此,只有 PDCA 4 个阶段都完成且不断地循环下去,才会使服务企业的质量问题越来越少,服务质量才能不断提高并最终趋向于零缺陷。

本章小结

本章主要对旅游服务质量的诊断与提升管理进行了探讨。

对于旅游服务质量的诊断,最为经典的理论模型就是 PZB 等人构建的服务质量差距模型,该模型总体上由两部分构成,模型的上半部分与顾客有关,主要由顾客期望与顾客感知构成。模型的下半部分与服务企业的管理者、服务标准、服务传递、外部服务沟通有关。服务质量差距模型认为导致企业服务质量差距或顾客总体感知差距的原因由管理者的认知、服务质量规范的制定、服务传递的差异、市场信息的传播等方面造成,并针对每重差距的出现分析了原因、探讨了缩短差距的策略。此理论模型揭示了产生质量问题的可能依据,有利于企业找出产生质量问题的根源;同时,差距模型说明了当企业进行服务质量管理规划时需要考虑的步骤;

服务行业要提升服务水平,应该从缩小认知差距、标准差距、交付差距和宣传差距入手,以争取并留住顾客。

服务企业在为顾客提供服务的过程中,难免会出现服务的失误。服务失误的类型可能是服务提交系统的失误、员工对顾客的需要和请求的反应失误、员工行为的失误和问题顾客本身的失误。顾客对服务失误的反应也不尽相同,他们可能采取行动,也可能保持沉默,并最终根据对他们行为的反应做出不同的决策:选择退出或者继续接受该企业的服务。对于失误的服务,顾客有可能会抱怨,但是否抱怨,要看抱怨求偿成功的可能性、抱怨的价值、顾客不满程度、消费事件对顾客的重要性、顾客的购买知识与经验以及顾客的转换成本等方面来决定。不同的顾客在抱怨的时候类型不一,他们可能是抱怨的消极者、发言者,也可能是积极分子和发怒者,但无论他们是哪种类型的抱怨者,他们抱怨时都可能具有求尊重、求发泄、求补偿、提意见或是自我表现的心理特征。因此,服务性企业在处理顾客抱怨时应关注顾客抱怨,理解顾客意图、真诚对待顾客、稳定顾客情绪、采取补救措施,迅速处理抱怨。服务企业在采取补救措施时,应该本着结果公平、程序公平、交互公平的原则,采取适当的服务补救形式(被动的服务补救、主动的服务补救、超前的服务补救)和补救方法(逐件处理法、系统响应法、早期干预法、替代品服务补救法),进行迅速的服务补救。

对服务质量控制与提升的管理应该有清晰的思路,首先要确定服务质量管理规划的重点,绘制好顾客消费过程和服务操作程序图,通过征求顾客和员工的意见、学习其他企业的经验与检查服务质量,激励员工做好服务工作,从而提升服务质量。其次,要提升服务质量,必须采取合适的服务质量提升方法,通过圆形分析图对质量问题进行分类,通过帕累托图寻找质量改进的重点,通过因果分析法找出导致质量问题的根源,通过PDCA循环分析提升服务质量。

关键概念

服务质量差距模型　认知差距　标准差距　传递差距　宣传差距　服务失误　服务抱怨　服务补救　帕累托分析　因果分析　PDCA分析

复习思考

☐ 复习题

1. 请解释PZB的服务质量差距模型。

2. 分析服务质量差距模型中每种差距产生的原因与解决对策。
3. 服务失误的类型有哪些？服务失误后顾客的反应有哪些？
4. 顾客抱怨时有哪些心理特征？处理顾客抱怨的原则是什么？
5. 服务补救的原则有哪些？服务补救的方式有哪几种？
6. 服务质量控制与提升的管理思路有哪些方面？
7. 请解释服务质量提升的 PDCA 循环方法。

□ 思考题

根据服务质量差距模型，探讨某一次你所经历的不完美的服务消费结果是如何导致的？

案例解析

一个服务英雄的故事

好的补救可以使愤怒的、感到灰心的顾客变成忠诚的顾客。事实上，它比没有服务失误的情况更可能产生良好的服务企业声誉。来看看巴黎 Mediterrance 俱乐部的一个分支，Club Med Cancun 是如何在一次服务噩梦中通过服务补救并赢得一群度假者的忠诚的。

这些度假者在纽约前往目的地墨西哥的途中就一直麻烦不断：飞机起飞晚点 6 个小时，途中意外降落了 2 次，并且着陆前盘旋了 30 分钟。由于这些耽搁和意外，飞机比计划多飞了 10 多个小时并且用光了所有的食品和饮料，最后，飞机在凌晨 3 点多到达目的地，由于着陆太猛，氧气面罩和行李都从头上掉下来了。当飞机停到候机楼时，这些可怜的旅客由于饥饿和惊吓都非常虚弱，并且都确信这次假期在刚开始就完全泡汤了。飞机上的一名律师甚至已经收集所有旅客的名单和地址，计划采取法律行动寻求补偿。

Club Med Cancun 度假村的总经理西尔维奥·德博托雷，一个全俱乐部上下都知道其具有使旅客满意能力的传奇人物，在得知这次可怕飞行的消息后马上制定了补救方案。他派遣一半的员工去机场，安置一张摆满点心、小吃和饮料的桌子和一套音响，用以播放舒缓的轻音乐。下了飞机登记出港时，每个旅客受到了单独问候，有人帮他们搬运行李，同情地听他们诉说，并有专车将他们送往度假村。当到达 Club Med Cancun 时，迎接他们的是真正的墨西哥风情并有香槟的丰盛宴会。另外，员工还召集了一些客人来欢迎新客人的到来，晚会一直持续到黎明。许多客人都说，这是他们大学毕业后最开心的一次晚会了。

最后，这些度假者经历了一次比准点飞往墨西哥更好的经历。虽然公司无法估计，但 Club Med Cancun 在那天夜里确实赢得了市场份额。毕竟，赢得市场份额战斗的胜利不是通过分析人口趋势、比率和其他综合指标来获得,而是通过一次补救性的服务行动。

(资料来源:温碧艳.服务质量管理[M].广州:暨南大学出版社,2010.)

问题:
这则服务补救的案例给你的启示有哪些?

分析提示:
(1)服务补救的宗旨。
(2)服务补救的态度。
(3)服务补救的能力。

第八章

顾客满意与顾客忠诚

学习目标

熟悉顾客满意度的概念和评价体系,了解影响顾客满意的因素,能够针对不同的旅游企业提出有针对性的提高顾客满意度的方法;掌握顾客忠诚的内涵和分类,掌握顾客忠诚管理的十大原则,进行顾客忠诚管理。

第一节 顾客满意研究

案例引导

安达仕酒店:接待人员以轻松的方式为顾客提供服务

在酒店业,顾客服务一直是酒店取得成功的前提条件,但如今酒店竞争越来越激烈,顾客的需求越来越多样,要想获得顾客满意,不仅要提供标准化的服务,更应该注重服务的创新,以提高顾客的满意度。

凯悦集团旗下的品牌安达仕酒店不再使用传统的前台接待模式,而是安排酒店人员在顾客走进酒店时向他们表示欢迎,并在大堂的任何地方为他们提供服务。

一位商务旅行专栏作家 Joe Brancatelli 表示:"他们会请你坐下,然后为你提供一杯免费的红酒或咖啡。安达仕酒店大堂的咖啡厅全天候都有员工为你提供饮品。然后接待人员会使用平板电脑来为你办理入住,当你喝完饮料并签名后,他/她就会送你到客房入住。"

华尔街安达仕酒店的总经理 Toni Hinterstoisser 表示:"我们酒店专注于以轻松的方式提供一流的服务。"

"接待人员与前台工作人员的工作很不同,他们就像是交响乐的指挥。我们希望在你入住时,他们可以满足你的需求,让你感到轻松,并在你需要的时候随时为你提供帮助。"

这一举措似乎使该酒店的顾客满意度有所提升——根据顾客的在线评论,纽约的两家安达仕酒店都排在了该城市最优秀酒店评选的前10位。

(资料来源:根据 SocialBeta 内容合作伙伴@环球旅讯:15个酒店靠创意服务提升社会化媒体关注度的案例整理,https://socialbeta.com/t/case-study-hotel-and-social-media.html。)

一、顾客满意的概念

顾客满意的观点由美国学者 Cardozo 于1965年第一次引入销售的领域,经过几十年的研究已取得长足进展。目前,在理论界,对于顾客满意的定义主要有两种提法:一种观点认为顾客满意是"消费者对在购买前形成的产品预期质量与消费后的实际感知质量两者之间存在的差距的心理评价",这是从过程角度来定义顾客满意的,在该观点下,顾客满意是顾客对产品或者服务的一种评价,同时是通过对比的方式。另一种提法则指出顾客满意为"购买者在经过对产品或服务的可感知的绩效(或结果)与自身的期望值对比后,所形成的满足或失望的心理感觉状态",是从状态角度来定义顾客满意的。Anderson、Fornell 和 Lehma 在总结前人的基础上,提出顾客满意度是顾客在某一特定购买场合或时点,对于产品和服务的购后评估,这个评估可以为企业提供对特定商品或服务的相关信息,好或不好。同时他们将顾客满意分为两种:一种是某种特定交易后所形成的满意,另一种是经过多次消费后所积累的满意。特定交易的顾客满意指消费者在消费了某种产品或服务后的心理感受,形成了对某种产品或服务水平的评价;累积的顾客满意指消费者对于购买的所有商品或消费的服务整体评价,一方面,说明了顾客的满意度是可以积累变化的,另一方面,能够为企业提供有关运作绩效的重要指标。

二、顾客满意的影响因素

顾客满意是一个人通过对一个产品的可感知的效果(或结果)与他的期望值相比较后,所形成的愉悦或失望的感觉状态。消费者的满意或不满意的感觉及其程度受到以下4个方面因素的影响。

(一)产品和服务让渡价值的高低

消费者对产品或服务的满意会受到产品或服务的让渡价值高低的重大影响。如果消费者得到的让渡价值高于他的期望值,他就倾向于满意,差额越大越满意;反之,如果消费者得到的让渡价值低于他的期望值,他就倾向于不满意,差额越大就越不满意。

(二)消费者的情感

消费者的情感同样可以影响其对产品和服务的满意的感知。这些情感可能是稳定的、事先存在的,比如情绪状态和对生活的态度等。非常愉快的时刻、健康的身心和积极的思考方式,都会对所体验的服务的感觉有正面的影响。反之,当消费者正处在一种恶劣的情绪当中,消沉的情感将被他带入对服务的反应,并导致他对任何小小的问题都不放过或感觉失望。

消费过程本身引起的一些特定情感也会影响消费者对服务的满意。例如,中高档轿车的销售过程中,消费者在看车、试车和与销售代表沟通过程中所表现出来对成功事业、较高的地位或是较好的生活水平的满足感,是一种正向的情感。这种正向情感是销售成功的润滑剂。从让渡价值的角度来看,这类消费者对形象价值的认定水平比一般消费者要高出许多,才会有这样的结果。

(三)对服务成功或失败的归因

这里的服务包括与有形产品结合的售前、售中和售后服务。归因是指一个事件感觉上原因。当消费者被一种结果(服务比预期好得太多或坏得太多)而震惊时,他们总是试图寻找原因,而他们对原因的评定能够影响其满意度。例如,一辆车虽然修复,但是没有能在消费者期望的时间内修好,消费者认为的原因是什么(这有时和实际的原因是不一致的)将会影响到他的满意度。

如果消费者认为原因是维修站没有尽力,因为这笔生意赚钱不多,那么他就会不满意甚至很不满意;如果消费者认为原因是自己没有将车况描述清楚,而且新车配件确实紧张的话,他的不满程度就会轻一些,甚至认为维修站是完全可以原谅的。相反,对于一次超乎想象的好的服务,如果顾客将原因归为"维修站的分内事"或"现在的服务质量普遍提高了",那么这项好服务并不会提升这位顾客的满意度有什么贡献;如果顾客将原因归为"他们因为特别重视我才这样做的"或是"这个品牌是因为特别讲究与顾客的感情才这样做的",那么这项好服务将大大提升顾客对维修站的满意度,并进而将这种高度满意扩张到对品牌的信任。

(四)对平等或公正的感知

消费者的满意还会受到对平等或公正的感知的影响。消费者会问自己:我与其他的消费者相比是不是被平等对待了?别的消费者得到比我更好的待遇、更合理的价格、更优质的服务了吗?我为这项服务或产品花的钱合理吗?以我所花费的金钱和精力,我所得到的比人家多还是少?公正的感觉是消费者对产品和服务满意感知的中心(注意同样的道理适用于内部员工满意)。例如,在1992年,西尔斯汽车中心受到来自44个州的受骗消费者的指控,因为该汽车中心对他们的汽车进行了不必要的维修。由于西尔斯雇员的报酬来自维修车辆的数量,这就导致了对消费者收取了实际上并不必要的费用。西尔斯公司为平息控诉而花费的2700万美元以及其他额外的商业损失,皆是因为其消费者对所遭受的不公正待遇的强烈不满。

三、顾客满意度的评价及其测量

(一)顾客满意度的评价模型

目前围绕顾客满意的形成机制、关键因素及测评方法主要形成了五大结构模型。KANO模型(卡诺模型)认为影响顾客满意的关键因素是产品或服务的质量。SCSB模型(瑞典顾客满意度指数)是世界上首个国家层次的顾客满意度指数模型。ACSI模型是目前大家所公认的体系最完整、应用效果最好的一个顾客满意度理论模型。ECSI模型是由欧洲质量组织和质量管理基金会等机构共同资助开发的。CCSI模型则是国内首个较完善的顾客满意度指数模型,该模型将ECSI模型的形象变量变为品牌形象,并指明了品牌形象对顾客满意度有直接影响。下面我们对这五大顾客满意度的评价模型进行详细的介绍。

1.KANO模型(卡诺模型)

KANO模型(卡诺模型)是东京理工大学教授狩野纪昭(Noriaki Kano)发明的对用户需求分类和优先排序的有用工具,以分析用户需求对用户满意的影响为基础,体现了产品性能和用户满意之间的非线性关系。

根据不同类型的质量特性与顾客满意度之间的关系,狩野教授将产品服务的质量特性分为5类。

(1)基本(必备)型需求——Must-be Quality/ Basic Quality。

(2)期望(意愿)型需求——One-dimensional Quality/ Performance Quality。

(3)兴奋(魅力)型需求——Attractive Quality/ Excitement Quality。

(4)无差异型需求——Indifferent Quality/Neutral Quality。

(5)反向(逆向)型需求——Reverse Quality,亦可以将Quality翻译成"质量"或"品质"。

需求实现的情况的相互关系可以用图8-1表示。

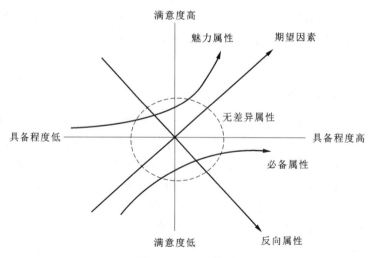

图8-1　KANO模型

这 5 类需求是什么概念呢？如表 8-1 所示。

表 8-1 KANO 模型 5 种需求的概念

需求	概　　念
必备型需求	也叫理所当然品质，即所谓的痛点。如果此类需求没有得到满足或表现欠佳，客户的不满情绪会急剧增加，并且此类需求得到满足后，可消除不满，但并不能带来客户满意度的增加。一般用户不会说这类需求
期望型需求	此类需求得到满足或表现良好的话，客户满意度会显著增加，当此类需求得不到满足或表现不好的话，客户的不满也会显著增加。一般用户说的就是这类需求
兴奋型需求	此类需求一经满足，即使表现并不完善，也能带来客户满意度的急剧提高，同时此类需求如果得不到满足，往往不会带来客户的不满
无差异型需求	不论提供与否，对用户体验无影响
反向型需求	提供的程度与用户满意程度成反比

2.SCSB 模型（瑞典国家顾客满意度模型）

SCSB 模型（瑞典国家顾客满意度模型）是最早建立的全国性客户满意指数模式，这个模型最早是由美国密歇根大学的 Fornell 教授等人在 1989 年提出并建立的。它提出了客户满意弹性的概念。客户满意弹性指的是客户忠诚对于客户满意的敏感程度，顾客满意弹性研究的表征的主要意义是，当客户满意提高一个百分点时，研究客户忠诚将提高几个百分点，这是一种从量化的角度来研究顾客满意和顾客忠诚之间的关系，分析顾客满意对顾客忠诚的不同影响程度及两者之间的非线性相关关系。

SCSB 模型是由 5 个关键的结构变量所组成，他们分别是顾客期望、感知价值、顾客满意度、顾客抱怨、顾客忠诚。顾客期望和感知价值是顾客满意度的前置变量，顾客抱怨和顾客忠诚构成顾客满意度的结果变量。SCSB 的模型如图 8-2 所示。

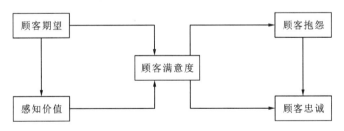

图 8-2 SCSB 模型

通过该模型我们不难看出，顾客的满意度通过顾客抱怨和顾客忠诚会对企业的经营绩效产生直接的影响，但是在该模型中，并没将顾客满意度如何影响企业经营绩效进行展开，在后面的研究中，我们会通过顾客抱怨和顾客忠诚，对顾客满意度与企业经营绩效的作用机理进行详细的阐述。

3. ACSI 模型(美国顾客满意度指数模型)

ACSI 模型(美国顾客满意度指数模型)以产品和服务消费的过程为基础,是一种对顾客满意度水平的综合评价指数,这个指标体系主要是企业满意度指数、行业满意度指数、部门满意度指数以及国家满意度指数这些指标体系构成,这个指标体系比较完整、系统地对顾客满意度进行了研究,在应用效果方面比较好,也是应用比较广泛的顾客满意度研究模型,这个模型在 SCSB 模型的基础上有所改进,该模型一共分为 4 个层次,顾客期望和感知质量影响了顾客的感知价值,然后顾客感知价值直接作用于顾客满意度,最后顾客忠诚和顾客抱怨构成了顾客满意度的结果变量。ACSI 模型如图 8-3 所示。

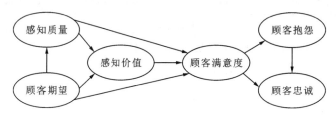

图 8-3　ACSI 模型

通过 ACSI 模型,我们可以掌握顾客消费的整个过程,同时构建顾客消费经历与顾客满意度之间的相互关系,同时进一步揭示了满意度与顾客购后行为之间的关系,对于顾客满意度的结果有很好的预测作用。

4. ECSI 模型(欧洲顾客满意度指数模型)

ECSI 模型(欧洲顾客满意度指数模型)在 ACSI 模型的基础上,沿用了 ACSI 模型的一些基本结构变量的概念和基本模型的构架,并对该模型进行了一些调整,保留了原有的顾客期望、感知质量、感知价值、顾客满意度以及顾客忠诚这几个变量,去掉了顾客抱怨这一结果变量,同时根据研究,补充了企业形象,将感知质量进行了拆分,分为硬件的感知质量和软件的感知质量。其中,企业形象指的是顾客记忆中和组织有关的联想,这些联想会在一定程度上影响人们的期望值以及对满意度的判断。这里的硬件感知质量主要是对产品本身的质量以及属性的一种判别,软件的感知质量主要是针对服务方面的感知。ESCI 模型如图 8-4 所示。

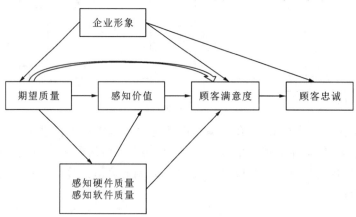

图 8-4　ESCI 模型

5.CCSI 模型(中国顾客满意度指数模型)

CCSI 模型(中国顾客满意度指数模型),这个模型根据中国市场的实际情况,以 ACSI 模型为基础,吸收了 ECSI 模型的相关特点,成为中国国内首个比较完善的对顾客满意度进行测评的模型。在该模型中主要包含 6 个结构变量,这 6 个结构变量建立了 11 个相互关系。在 CCSI 模型中,将企业的品牌形象进行了细化,同时指出,企业的品牌形象是与企业顾客满意度有着直接的影响关系,具有很大的突破性;同时该模型也根据 ECSI 模型,将感知质量细分为感知软件和硬件质量两部分,以 ACSI 模型为基础将两部分合并为一个大的整体,并指明其与预期质量也存在直接的联系。CCSI 模型如图 8-5 所示。

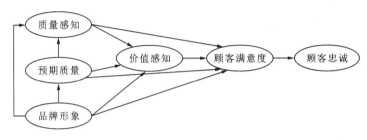

图 8-5 CCSI 模型

(二)顾客满意指标

1.顾客的需求结构

要建立一组科学的顾客满意程度的评价指标,首先要研究顾客的需求结构。通过对顾客进行大量的调查分析,顾客需求的基本结构大致有以下几个方面:① 品质需求,包括性能、适用性、使用寿命、可靠性、安全性、经济性和美学(外观)等;② 功能需求,包括主导功能、辅助功能和兼容功能等;③ 外延需求,包括服务需求和心理及文化需求等;④ 价格需求,包括价位、价质比、价格弹性等。

组织在提供产品或服务时,均应考虑顾客的这 4 种基本需求。但是,由于不同国家、地区以及不同的消费人群对这些需求有不同的需求强度,在消费后又存在一个满意水平的高低。当顾客需求强度要求高时,稍有不足,他们就会有不满或强烈不满,当需求强度要求低时,只需低水平的满足即可。

例如,购买彩色电视机,由于人们收入水平和消费心理的不同,对电视机的功能、款式、价格有不同的需求强度。收入丰厚的人们,喜欢高档名牌,因此对品质和功能需求的强度要求就高,而对价格需求不强烈。也就是说,当品质和功能不满足他们的要求时,就会产生不满或强烈不满。对低收入工薪族,他们的消费心理追求价廉物美,以实惠为原则,因此对价格和服务的需求强度要求高,价格高、服务差,是他们产生不满的主要因素,而对功能需求强度则不强烈。因此,企业应该根据不同的顾客需求,确定主要的需求结构,以满足不同层次顾客的要求,使顾客满意。

2.顾客满意指标

满意,是对需求是否满足的一种界定尺度。当顾客需求被满足时,顾客便体验到一种积极的情绪,这称为满意,否则即体验到一种消极的情绪,这称为不满意。

顾客满意,是指顾客对某一事项已满足其需求和期望的程度的意见,也是顾客在消费后感受到满足的一种心理体验。

顾客满意指标,是指用以测量顾客满意程度的一组项目因素。

要评价顾客满意的程度,必须建立一组与产品或服务有关的、能反映顾客对产品或服务满意程度的产品满意项目。由于顾客对产品或服务需求结构的强度要求不同,而产品或服务又由许多部分组成,每个组成部分又有许多属性,如果产品或服务的某个部分或属性不符合顾客要求时,他们都会做出否定的评价,产生不满意感。因此,企业应根据顾客需求结构及产品或服务的特点,选择那些既能全面反映顾客满意状况又有代表的项目,作为顾客满意度的评价指标。全面就是指评价项目的设定应既包括产品的核心项目,又包括无形的和外延的产品项目。否则,就不能全面了解顾客的满意程度,也不利于提升顾客满意水平。另外,由于影响顾客满意或不满意的因素很多,企业不能一一用作测量指标,因而应该选择那些具有代表性的主要因素作为评价项目。

3.顾客满意级度

顾客满意级度指顾客在消费相应的产品或服务之后,所产生的满足状态等级。

如前所述,顾客满意度是一种心理状态,是一种自我体验。对这种心理状态也要进行界定,否则就无法对顾客满意度进行评价。心理学家认为,情感体验可以按梯级理论进行划分,相应可以把顾客满意程度分成7个级度或5个级度。

7个级度为:很不满意、不满意、不太满意、一般、较满意、满意和很满意。

5个级度为:很不满意、不满意、一般、满意和很满意。

管理专家根据心理学的梯级理论对7梯级给出了如下参考指标。

1)很不满意

指征:愤慨、恼怒、投诉、反宣传。

分述:很不满意状态是指顾客在消费了某种商品或服务之后感到愤慨、恼羞成怒、难以容忍,不仅企图找机会投诉,而且还会利用一切机会进行反宣传以发泄心中的不快。

2)不满意

指征:气愤、烦恼。

分述:不满意状态是指顾客在购买或消费某种商品或服务后所产生的气氛、烦恼状态。在这种状态下,顾客尚可勉强忍受,希望通过一定方式进行弥补,在适当的时候,也会进行反宣传,提醒自己的亲朋好友不要去购买同样的商品或服务。

3)不太满意

指征:抱怨、遗憾。

分述:不太满意状态是指顾客在购买或消费某种商品或服务后所产生的抱怨、遗憾状态。在这种状态下,顾客虽心存不满,但想到现实就这个样子,别要求过高吧,于是认了。

4)一般

指征:无明显正负情绪。

分述:一般状态是指顾客在消费某种商品或服务过程中所形成的没有明显情绪的状态。也就是对此既说不上好,也说不上差,还算过得去。

5)较满意

指征:好感、肯定、赞许。

分述:较满意状态是指顾客在消费某种商品或服务时所形成的好感、肯定和赞许状态。在这种状态下,顾客内心还算满意,但按更高要求还差之甚远,而与一些更差的情况相比,又令人安慰。

6)满意

指征:称心、赞扬、愉快。

分述:满意状态是指顾客在消费了某种商品或服务时产生的称心、赞扬和愉快状态。在这种状态下,顾客不仅对自己的选择予以肯定,还会乐于向亲朋好友推荐,自己的期望与现实基本相符,找不出大的遗憾所在。

7)很满意

指征:激动、满足、感谢。

分述:很满意状态是指顾客在消费某种商品或服务之后形成的激动、满足、感谢状态。在这种状态下,顾客的期望不仅完全达到,没有任何遗憾,而且还可能大大超出了自己的期望。这时顾客不仅为自己的选择而自豪,还会利用一切机会向亲朋好友宣传、介绍、推荐,希望他人都来消费。

5个级度的参考指标类同顾客满意级度的界定是相对的,因为满意虽有层次之分,但毕竟界限模糊,从一个层次到另一个层次并没有明显的界限。之所以进行顾客满意级度的划分,目的是供企业进行顾客满意程度的评价之用。

4.顾客满意度的分值与加权

为了能定量地评价顾客满意程度,可对顾客满意7个级度,给出每个级度得分值,并根据每项指标对顾客满意度影响的重要程度确定不同的加权值,这样便可对顾客满意度进行综合的评价。

例如,某企业对其产品的质量、功能、价格、服务、包装、品位进行顾客满意度调查,按7个级度,从很不满意到很满意的分值分配表如表8-2所示。

表8-2　某企业产品质量分值分配表

极值	很不满意	不满意	不太满意	一般	较满意	满意	很满意
分值	−60	−40	−20	0	20	40	60

最高分是60分,最低分是−60分。调查结果如表8-3所示。

表8-3　某企业产品质量调查结果

产品属性	质量	功能	价格	服务	包装	品位
满意级别	满意	较满意	很满意	满意	不太满意	一般
分值	40	20	60	40	−20	0
综合分值	$\sum X/N = [40+20+60+40+(-20)+0]/6 = 23.3$					

从计算结果可以看出,该产品的顾客满意度得分是 23.3,属于"较满意"的产品。但是,由于顾客对每个属性的要求程度不同,因此,应根据顾客对评价指标的重要程度进行分值加权,则更能科学地反映顾客的满意程度。同例,该企业对质量、功能、价格、服务、包装、品位进行调查,根据其对顾客满意的影响程度确定的加权值分别为 0.3、0.1、0.35、0.15、0.05、0.05,则其满意度 $=\sum x_i k_i$,具体如表 8-4 所示。

表 8-4　某企业产品质量加权后的调查结果

产品属性	权值	分值	综合值
质量	0.3	40	12
功能	0.1	20	2
价格	0.35	60	21
服务	0.15	40	6
包装	0.05	−20	−1
品味	0.05	0	0
总计	1	140/6=23.3	40

显然两种方法计算的结果是不同的,加权法为 40,处于满意水平,而简单分值法仅为 23.3,处于较满意水平。而实质上,顾客对产品的总体感受应是满意水平。所以利用加权法更能准确地反映顾客的满意状态。加权法的加权值,企业可以根据经验、专家评定或调查等方法进行确定。

四、顾客满意信息的收集与分析

ISO9004:2000 的 8.2.1.2 条中对如何收集顾客满意信息的方式、内容及渠道都作了较具体提示。

收集顾客满意信息的方式是多种多样的,包括口头的和书面的。企业应根据信息收集的目的、信息的性质和资金等来确定收集信息的最佳方法。收集顾客满意信息的渠道有 7 个方面:① 顾客投诉;② 与顾客的直接沟通;③ 问卷和调查;④ 密切关注的团体;⑤ 消费者组织的报告;⑥ 各种媒体的报告;⑦ 行业研究的结果。

标准要求,企业应对顾客满意信息的收集进行策划,确定责任部门,对收集方式、频次、分析、对策及跟踪验证等做出规定。某酒店的顾客满意度调查如表 8-5 所示。

表 8-5　某酒店的顾客满意度调查

序号	与您相关的各类问题	非常满意	满意	有的满意有的不满意	不满意	非常不满意
住宿方面						
1	您对入住登记服务					
2	您对离店结账服务					
3	您对客房的照明					
4	您对客房的气味					
5	您对客房的电视及播放内容					
6	您对客房的通信设施					
7	您对电器开关、电源插座的便利性					
8	您对客房的隔音效果					
9	您对客房空调的舒适度					
10	您对客房寝具的舒适度					
11	您对客房的安全设施					
12	您对洗浴用品的质量					
13	您对洗浴设备及卫生洁具					
14	您对客衣的洗烫服务					
15	您对酒店的康乐服务					
16	您对酒店的订票服务					
17	您对酒店的背景音乐					
18	您对酒店电梯的乘感					
19	您对商务中心服务效率与便利性					
总体感受						
1	您对员工服务的态度					
2	您对员工服务的主动性					
3	您对员工服务的效率					
4	您对员工服务的技巧					
5	您对员工服务的知识					
6	您对员工对客人的熟悉程度					
7	您对酒店整体服务水准的一致性					
8	您对酒店提供服务资讯的准确性					
9	您对酒店特色服务项目的感受					

收集顾客满意信息的目的是针对顾客不满意的因素寻找改进措施,进一步提高产品和服务质量。因此,对收集到的顾客满意度信息进行分析整理,找出不满意的主要因素,确定纠正措施并付诸实施,以达到预期的改进目标。

在收集和分析顾客满意信息时,必须注意以下两点。

(1)顾客有时是根据自己在消费商品或服务之后所产生的主观感觉来评定满意或不满意。因此,往往会由于某种偏见/情绪障碍和关系障碍,导致顾客可能会对心中完全满意的产品或服务说很不满意。此时的判定也不能仅靠顾客主观感觉的报告,同时也应考虑是否符合客观标准的评价。

(2)顾客对产品或服务消费后,遇到不满意时,也不一定都会提出投诉或意见。因此,企业应针对这一部分顾客的心理状态,利用各种方法,以获得这部分顾客的意见。

五、提高顾客满意度的途径

(一)建立企业核心价值观和经营理念

企业核心价值观,是指企业在经营发展过程中所坚持的基本宗旨和信念,是企业全体员工共同认可的关于企业存在价值和意义的终极判断。企业核心价值观是一个企业的灵魂,将在很长时期内影响着企业的经营活动,它是企业所有活动判断价值大小、是非取舍的根本指导性原则。例如,美国IBM公司的核心价值观是:"尊重个人,顾客至上,追求卓越。"企业要明确提出、大力传播"创造顾客高度满意"的经营理念,并通过开会传达、小组讨论、部门沟通等形式的交流活动,让全体员工了解、学习,并从内心深处认可企业的经营理念,并在工作中努力实现。只有大家共同为顾客满意的目标努力,才能让顾客对企业产生依赖情感,建立起可信赖的合作关系。

(二)提高顾客让渡价值

所谓顾客让渡价值,就是企业提供给顾客的总价值与顾客购买发生的总成本之间的差额,即顾客让渡价值等于顾客总价值减去顾客总成本。

顾客总价值是指顾客购买某一产品和服务时所获得的利益总和,它包括产品价值、服务价值、人员价值和形象价值等。

顾客总成本是指顾客为购买某一产品和服务时所耗费的时间、精神、体力以及所支付的货币等,因此,顾客总成本包括货币成本、时间成本、精神成本和体力成本等。因此,顾客的让渡价值可以用公式表示:

顾客附加价值=顾客总价值-顾客总成本=(产品价值+服务价值+人员价值+形象价值)-(货币成本+时间成本+精神成本+体力成本)

这里的所有价值和所有成本,都是针对某一个特定顾客购买某一特定产品或服务而言的。因为不同顾客购买同一产品其价值项目和成本项目中的大部分都是各不相同的,而且不同的产品或同一产品对不同的顾客价值也不一样,例如,一幅历史名画对古画收藏家来说是无价之宝,但对买肉的老太太来说可能分文不值。

顾客让渡价值理论的基本假设是：顾客是理性的经济人，他总是追求顾客让渡价值。当顾客让渡价值为正值时，顾客是满意的，且越大时，顾客满意程度越高；当顾客让渡价值为负值时，顾客就会感觉不满意。因此，产品和服务的供应商只有不断提高其顾客让渡价值，才能不断提高顾客的满意水平。

从提高竞争优势的角度看，企业应该比竞争对手向顾客提供更多的顾客让渡价值。具体的途径有三个：一是增加产品和服务的顾客总价值，包括产品价值、服务价值、人员价值和形象价值等；二是降低产品和服务的顾客总成本，包括货币成本、时间成本、精力成本和体力成本等；三是既提高产品的顾客总价值，又降低产品的顾客总成本。

（三）树立品牌优势，提升企业形象

在商品日益同质化的时代，商品的物理属性已经相差无几，唯有品牌给人以心理暗示，满足消费者的情感和精神的寄托。强势品牌可以帮助顾客解释、加工、整理和储存有关产品或服务的识别信息，简化购买决策。良好的品牌形象有助于降低顾客的购买风险，增强购买信心。个性鲜明的品牌可以使顾客获得超过产品功能之外的社会和心理需求，从而影响其选择和偏好，建立起对品牌的忠诚。研究表明，领导品牌平均获利率是位居第二位品牌的四倍。顾客在许多情况下乐意为购买品牌而支付更高的金额。据联合国工业计划署的调查表明，著名品牌在整个产品品种中所占比例不足3%，但其拥有的市场份额高达40%以上，销售额超过50%，由此可见，品牌就是企业的形象，就是顾客满意，就是效益。要树立企业良好的形象，不仅要提高消费者对企业的认知程度，更主要的是要让广大消费者对企业产生好感和信赖，只有这样才能真正产生购买行为。所以，企业必须树立正确的经营理念，积极开展各种企业形象识别活动，提供可靠的商品和优质的服务。否则，顾客对企业产品形象、服务形象、员工形象、企业的生活与生产环境形象、企业精神、企业文化、企业责任、企业信誉等某一方面不满，就会影响顾客满意度，同样会影响到企业的效益。

（四）及时妥善地处理顾客的抱怨与投诉，挽回不满意顾客

顾客与企业的矛盾与纠纷是不可避免的，如何挽回不满意的顾客，对企业来说相当重要。据国外调查，如果企业能妥善地处理顾客提出的投诉，可能有70%的顾客会成为回头客；如果能当场听取顾客投诉，并给他们一个满意的答复，回头客会上升到95%；而且每一个满意而归的顾客又会把你的做法告诉其他5个人，这样企业就可以坐享免费广告的收益。因此营销界有句名言"满意的消费者是最好的广告"。只有视批评与抱怨为企业宝贵的财富，才能更好地改进企业的工作，让顾客满意，让企业长盛不衰。

（五）建立客户数据库，及时沟通并进行动态管理

企业与顾客的和谐关系，可以提高顾客满意度。通过如联谊会、顾客俱乐部、会员制等方式双向沟通，利于顾客向企业传达自己关于产品和服务的主张，甚至参与到企业的生产过程中来，企业也能快速选择有关顾客需求的准确信息，快速做出反应，真正赢得顾客的满意。对客户进行动态管理，具体可通过商品销售、促销活动、客户联谊会、产品售后服务维修记录等方面获取客户信息资料。可通过营销专业服务机构，如广告公司、市场咨询公司等获取信

息,掌握客户的年龄、职业、婚姻状况、收入,顾客的期望、偏好和行为方式,顾客的投诉、服务咨询,顾客所处的地理位置,顾客所在的细分市场,顾客购物的频率、种类和数量,以便制定出相应的营销对策。

第二节　顾客忠诚管理

案例引导

新加坡航空——两个忠诚度创造非凡的价值

如何通过高质量的产品或者服务保持顾客的忠诚度,这是一个令众多公司绞尽脑汁、冥思苦想的问题,因为忠诚的顾客往往带来高额的商业利润。不可否认,享誉世界的新航无疑是较有资格回答这一问题的公司之一。

1. 关注客户——优质服务塑造客户对公司的忠诚度

"不管你是一名修理助理,还是一名发放工资的职员,或者是一名会计,我们能有这份工作,那是因为客户愿意为我们付费,这就是我们的'秘密'"。新航前总裁Joseph Pillay在创业伊始就不停地以此告诫员工,塑造和灌输"关注客户"的思想。事实上,正是持之以恒地关注客户需求,尽可能为客户提供优质服务,新航才有了今天的成就。

在长达40多年的经营中,新航总是果断地增加最好的旅客服务,特别是通过旅客的需求和预测来推动自身服务向更高标准前进。早在20世纪70年代,新航就开始为旅客提供可选择餐食、免费饮料和免费耳机服务;20世纪80年代末,新航开始第一班新加坡至吉隆坡之间的"无烟班机";1992年年初,所有飞离新加坡的新航客机都可以收看美国有线电视网络的国际新闻;2001年,新航在一架从新加坡飞往洛杉矶的班机上首次推出了空中上网服务——乘客只需将自己的手提电脑接入座位上的网络接口,就可以在飞机上收发电子邮件和进行网上冲浪。新航曾在3年内花费将近4亿元提升舱内视听娱乐系统,为将近七成(所有远程飞机)飞机换上这个系统,花费了超过6亿元提升机舱娱乐设施和商务舱座位。

随着竞争的加剧,客户对服务的要求也像雨后春笋一样疯长,"人们不仅仅把新航和别的航空公司做对比,还会把新航和其他行业的公司从多个不同的角度进行比较"。为了在竞争中保持优势地位,新航成了世界上第一家引入国际烹饪顾问团(SIA International Culinary Panel,ICP)和品酒师的航空公司,该顾问每年为新航提供4次食谱和酒单。硬件只是基础,软件才是真功夫。

当然,服务的一致性与灵动性同时受到关注。比如,怎样让一个有 13 或 14 个人的团队在每次飞行中提供同样高标准的服务?新航在对服务进行任何改变之前,所有的程序都会经过精雕细琢,研究、测试的内容包括服务的时间和动作,并进行模拟练习,记录每个动作所花费的时间,评估客户的反应。

2.向内"吆喝"——培育员工对公司的忠诚度

所有培养客户忠诚度的理念文化、规章制度都需要人来执行。这就意味着,如果新航内部员工没有对公司保持足够的满意度和忠诚度,从而努力工作,把好的服务传递给顾客,那么,客户的忠诚度将无从谈起。

注意倾听一线员工的意见,关注对员工的培训,这些都是新航能够在市场上取得优异表现的根本所在。换句话说,只有内部员工对企业忠诚,才能使外部客户对企业忠诚。

"新航对待员工的培训几乎到了虔诚的地步!"在以动态和专注于培训而闻名的新航,从上到下,包括高级副总,每个人都有一个培训的计划,一年会有 9000 名员工被送去培训。新航所属的新加坡航空集团有好几个培训学校,专门提供几个核心的职能培训:机舱服务、飞行操作、商业培训、IT、安全、机场服务培训和工程。即使在受到经济不景气打击时,员工培训仍然是新航重点优先投资的项目。假如你完成了很多培训课程,就可以休息一段时间,甚至还可以去学习一门语言,做一点新的事情,其目的是"使员工精神振奋"。

注意倾听一线员工的意见是新航的另一个传统,因为他们认为机组人员和乘客的接触是最紧密的,他们是了解客户的"关键人物"。

新航不仅仅致力于为客户提供优质的服务,而且通过各种方式力求控制服务成本与商业利润之间的平衡。的确,新航希望提供最好的坐椅、最好的客舱服务、最好的食物以及最好的地面服务,但是它同时要求代价不能太高。

在 1972 年,新航还只是一个拥有 10 架飞机的小型航空公司,如今,几乎每年新航都会获得各种世界性的营销服务大奖,也一直是世界上较盈利的航空公司之一。对于这家保持 30 多年领先,并总是能够获得丰厚利润的航空公司而言,成功的原因可能很多,但是,"致力于培养员工和客户对企业的忠诚度"无疑是其中一个重要的答案。

(资料来源:http://www.docin.com/p-205878002.html,有修改。)

一、顾客忠诚的定义

(一)概念阐述

关于顾客忠诚的研究,可以追溯到 Copeland(1923)。但是到目前为止,学术界还没有达成一致的顾客忠诚定义。通过对以往文献的整理和归纳发现,学者们对顾客忠诚的定义主

要有三种:行为忠诚、态度忠诚和综合忠诚。

行为忠诚将顾客忠诚看作一种对产品或服务重复购买的行为,愿意为企业作正面宣传以及对企业竞争对手的促销活动具有免疫力。Zeithan(1988)认为顾客对某一产品效用的总体评价是基于消费者在所得与所失的感知价值基础上提出的,并认为顾客的购买或重购行为是顾客接受某一产品或服务过程中对产品或服务的总体评价决策和价值感知过程。

态度忠诚就是顾客的一种偏好,是顾客对产品或服务的潜在态度或积极的情感,这种偏好将导致顾客长期的重复购买行为,即便面对竞争者的产品或服务也不为之所动。顾客忠诚是顾客重复购买服务产品的心理取向,是顾客对服务积极的心理依恋和未来的购买意向或承诺。他们认为态度忠诚比行为忠诚更有意义,因为它能够了解到底哪些因素影响忠诚,以便更好地了解顾客。

综合忠诚派学者认为顾客忠诚必须同时对行为及态度进行描述,仅当这两者同时存在时,才是忠诚的本质内涵。忠诚的顾客不仅在行为上表现为重复购买,在心理上还表现出对产品或服务的高度偏爱。

(二)顾客忠诚的具体表现

(1)客户忠诚是指消费者在进行购买决策时,多次表现出来的对某个企业产品和品牌有偏向性购买行为。

(2)忠诚的客户是企业最有价值的顾客。

(3)客户忠诚的小幅度增加会导致利润的大幅度增加。

(4)客户忠诚营销理论的关键点是利润。建立客户忠诚是实现持续的利润增长的最有效方法。企业必须把做交易的观念转化为与消费者建立关系的观念,从仅仅集中于对消费者的争取和征服转为集中于消费者的忠诚与持久。

二、顾客忠诚的分类

国内外学者基于各种视角对顾客忠诚的分类作了大量的规范性研究,其中比较具有代表性的是 Dick 和 Basu(1994)、Gremle 和 Brown(1996)、Oliver(1999)的观点。

Dick 和 Basu(1994)根据顾客的重复购买意向和重复购买行为将顾客忠诚分为以下4种类型。

(1)不忠诚——很少或从不重复购买,对企业及其产品几乎不具有认同感。

(2)虚假忠诚——经常重复购买,但情感忠诚度较低。顾客的购买频率较高,但对企业的态度认同却只处于低水平程度,可见,虽然顾客频繁重复购买某企业的某产品,但内心深处并没有对该企业及其产品产生强烈的偏好,因此属于虚假忠诚。

(3)潜在忠诚——希望重复购买,但由于实际条件的限制并未产生重复购买行为。顾客对企业及其产品具有较高的认同感,但是实际购买的频率却并不高,产生此类情况的原因在于顾客物质能力水平不足,或无法轻易购买到企业产品。

(4)持续忠诚——有较高的情感忠诚度,并且不断重复购买。持续忠诚是最理想的忠诚类型。顾客重复购买的频率很高,并且内心具有强烈的认同情感,可见拥有此类忠诚的顾客对企业及其产品产生了十足的认同,并且基于持续忠诚而产生了实际重复购买的偏好行为。

Gremler 和 Brown(1996)根据忠诚的深浅程度把顾客忠诚分为行为忠诚、意向忠诚和情感忠诚三大类。其中,行为忠诚指的是顾客实际表现出来的重复购买行为,意向忠诚指的是顾客在未来可能购买的意向、推荐意愿和价格容忍度,情感忠诚表现为顾客对企业及其产品的态度。

Oliver(1999)根据忠诚的形成过程把顾客忠诚分为认知忠诚、情感忠诚、意愿忠诚和行为忠诚4大类,并认为前一项忠诚会影响后一项忠诚。Oliver 的忠诚模型可分为以下阶段:第一个阶段是情感忠诚,在此阶段的顾客已经对企业及其产品持有积极的态度,同时具有一定程度上的情感偏好,顾客对企业和品牌已经具有一定的认同感;第二个阶段是意向忠诚,该阶段比情感忠诚更深入一层,顾客在意向上已经更加靠近企业及其产品,可能短时间内还未产生购买行为,但内心已经产生了准备购买的想法;第三个阶段是行动忠诚,在情感忠诚与意向忠诚的基础上,顾客最终产生购买行为并且重复购买产品,在行动上体现忠诚。

三、提高顾客忠诚的十大原则

做好客户服务,提高顾客忠诚度有十大原则,企业只有把握好了这些原则,才能真正地获得服务为产品带来的附加价值。

(一)控制产品质量和价格

产品质量是企业开展优质服务、提高顾客忠诚度的基础。世界众多品牌产品的发展历程告诉我们,消费者对品牌的忠诚在一定意义上也可以说是对其产品质量的忠诚。只有过硬的高质量产品,才能真正在人们的心目中树立起"金字招牌",从而受到人们的爱戴。当然仅有产品的高质量是不够的,合理地制定产品价格也是提高顾客忠诚度的重要手段。企业要以获得正常利润为定价目标,坚决摒弃追求暴利的短期行为;要尽可能地做到按顾客的"预期价格"定价。所谓"预期价格",是大多数消费者对某一产品的"心理估价"。如果企业定价超出"预期价格",消费者会认为价格过高,名不副实,从而削弱购买欲望;如果企业定价达不到"预期价格",消费者又会对产品的性能产生怀疑,进而犹豫不买。

(二)了解企业的产品

企业必须让服务人员充分地了解企业的产品,传授关于产品的知识和提供相关的服务,从而让企业赢得顾客的信赖。同时,服务人员应该主动地了解企业的产品、服务和所有折扣信息,尽量预测到客户可能会提出的问题。

(三)了解企业的顾客

企业应该尽可能地了解相关顾客的情况,这样就可以提供最符合他们需求和消费习惯的产品和服务。和他们交谈,倾听他们的声音,这样就不难找到使他们不满的根源所在。当服务提供者与顾客相互了解后,如企业了解顾客的服务预期和接受服务的方式等,服务过程就会变得更加顺利,时间也会缩短,而且服务失误率也会下降。由此,为每个顾客提供服务的成本会减少,反过来企业的利润就会增加。企业常陷在自己的世界里,就会察觉不到顾客的实际感受。花些时间站在另一个角度上,或当一次竞争对手的顾客,对企业会有很大的帮助。

(四)提高服务质量

企业的每位员工,都应该致力于为顾客创造愉快的购买经历,并时刻努力做得更好,超越顾客的期望值。要知道经常接受企业服务而且感到满意的顾客会对企业作正面的宣传,而且会将企业的服务推荐给朋友、邻居、生意上的合作伙伴或其他人。他们会成为企业"义务"的市场推广人员。许多企业,特别是一些小型企业,就是靠顾客的不断宣传而发展起来的。在这种情况下,新顾客的获得不再需要企业付出额外的成本,但显然又会增加企业的利润。

(五)提高顾客满意度

顾客满意度在一定意义上是企业经营"质量"的衡量方式。通过客户满意调查、面谈等,真实了解企业的顾客目前最需要的是什么,什么对他们最有价值,再想想他们能从企业提供的服务中得到这些认知的最好的做法。但是,除了销售活动、售后服务和企业文化等因素外,顾客满意度的高低还会受法律等其他一些强制性约束条件的影响。对于那些由于心理特性和社会行为方式而背离曾经忠诚过的企业的顾客,放弃无疑是企业的最佳选择。从这个意义上来讲,企业应该尽可能地提高顾客满意度,而非不惜一切代价致力于全面的甚至极端的顾客满意。

(六)超越顾客期待

不要拘泥于基本和可预见的水平,而向客户提供渴望的甚至是意外惊喜的服务。在行业中确定"常规",然后寻找常规以外的机会,给予超出"正常需要"的更多的选择。顾客是会注意到企业的高标准服务的。也许这些可能被企业的竞争对手效仿,但企业只要持续改进就一定不会落于人后。

(七)满足顾客个性化要求

通常企业会按照自己的想象预测目标消费者的行动。事实上,所有关于顾客人口统计和心理方面的信息都具有局限性,而且预测模型软件也具有局限性。因此,企业必须改变"大众营销"的思路,注意满足顾客的个性化要求。要做到这一点就必须利用各种可以利用的机会来获得更全面的顾客情况,包括分析顾客的语言和行为。如果企业不是持续地了解顾客,或者未能把所获得的顾客知识融入执行方案之中,就不可能利用所获得的顾客知识形成引人注目的产品或服务。

(八)正确处理顾客问题

要与顾客建立长期的相互信任的伙伴关系,就要善于处理顾客的抱怨或异议。有研究显示,通常在25个不满意的顾客中只有一个人会去投诉,其他24个则悄悄地转移到了其他企业的产品或服务上。因此,有条件的企业应尽力鼓励顾客提出抱怨,然后再设法解决其遇到的问题。

有研究显示,一个最好的顾客往往是受过最大挫折的顾客。得到满意解决的投诉者,与从没有不满意的顾客相比,往往更容易成为企业最忠诚的顾客。一般而言,在重大问题投诉者中,有4%的人在问题解决后会再次购买该企业产品,而小问题投诉者的重购率则可达到53%,若企业迅速解决投诉问题,重购率将在52%和95%之间。

当然,顾客满意度并不等于顾客忠诚度。因为,不满意的消费者并不一定抱怨,而仅仅会转向其他企业。但是,顾客忠诚度的获得必须有一个最低的顾客满意度作为基础。顾客的抱怨可以成为企业建立和改善业务的最好路标。顾客能指出你的系统在什么地方出了问题,哪里是薄弱环节,顾客能告诉企业产品在哪些方面不能满足他们的期望,或者企业的工作没有起色。同样,顾客也能指出企业的竞争对手的优势,或企业员工在哪些地方落后于人,这些都是人们给咨询师付费才能获得的内容和结论,而善于利用的企业则由此获得了一笔免费的财富。

(九)让购买程序变得简单

企业无论在商店里、网站上还是企业的商品目录上,购买的程序越简单越好。简化一切不必要的书写、填表步骤,去帮助企业的顾客找到他们需要的产品,解释这个产品如何工作,并且制定标准简化的服务流程,简化交易过程。

(十)服务内部顾客

所谓内部顾客是指企业的任何一个雇员。每位员工或者员工群体都构成了对外部顾客供给循环的一部分。如果内部顾客没有适宜的服务水平,使他们以最大的效率进行工作,那么外部顾客所接受的服务便会受到不良影响,必然会引起外部顾客的不满甚至丧失外部顾客的忠诚。如果企业对这一问题不给予足够的重视,势必会导致较低的顾客忠诚度和较高的顾客流失率,最终导致企业赢利能力降低。

本章小结

本章对顾客满意和顾客忠诚进行了介绍。目前,在理论界,对于顾客满意的定义主要有两种提法:一种观点认为顾客满意是"消费者对在购买前形成的产品预期质量与消费后的实际感知质量两者之间存在的差距的心理评价";另一种提法则指出顾客满意为"购买者在经过对产品或服务的可感知的绩效(或结果)与自身的期望值对比后,所形成的满足或失望的心理感觉状态"。围绕顾客满意的形成机制、关键因素及测评方法主要形成了5大结构模型:KANO模型、SCSB模型、ACSI模型、ECSI模型和CCSI模型。企业应根据顾客需求结构及产品或服务的特点,选择那些既能全面反映顾客满意状况又有代表的项目,作为顾客满意度的评价指标。企业可通过建立企业核心价值观和经营理念,提高顾客让渡价值,树立品牌优势,提升企业形象,及时妥善地处理顾客的抱怨与投诉,挽回不满意顾客建立客户数据库,及时沟通并进行动态管理等方法提高顾客满意度。

本章第二个重要部分介绍了顾客忠诚管理。关于顾客忠诚的研究到目前为止,学术界还没有达成一致的顾客忠诚定义。通过对以往文献的整理和归纳发现,学者们对顾客忠诚的定义主要有三种:行为忠诚、态度忠诚和综合忠诚。国内外学者对顾客忠诚的分类作了大量的规范性研究,其中比较具有代表性的是 Dick 和 Basu(1994)、Gremle 和 Brown(1996)、Oliver(1999)的观点。Dick 和 Basu(1994)根据顾客的重复购买意向和重复购买行为将顾客忠诚分为不忠诚、虚假忠诚、潜在忠诚和持续忠诚 4 种类型;Gremler 和 Brown(1996)根据忠诚的深浅程度把顾客忠诚分为行为忠诚、意向忠诚和情感忠诚 3 大类;Oliver(1999)根据忠诚的形成过程把顾客忠诚分为认知忠诚、情感忠诚、意愿忠诚和行为忠诚 4 大类,并认为前一类忠诚会影响后一项忠诚。做好客户服务,提高客户忠诚度有十大原则,企业只有把握好了这些原则,才能真正地获得服务为产品带来的附加价值:控制产品质量和价格、了解企业的产品、了解企业的顾客、提高服务质量、提高顾客满意度、超越顾客期待、满足顾客个性化要求、正确处理顾客问题、让购买程序变得简单、服务内部顾客。

关键概念

顾客满意　顾客忠诚

复习思考

☐ **复习题**

1. 顾客满意的概念是什么?
2. 如何评价顾客满意度?
3. 顾客满意的影响因素有哪些?
4. 顾客忠诚的内涵是什么?
5. 顾客忠诚分为哪几类?
6. 提高顾客忠诚的十大原则是什么?

☐ **思考题**

请设计一份酒店顾客满意度调查问卷。

案例解析

日本的一家化妆品公司设在人口百万的大都市里,而这座城市每年的高中毕业生相当多,该公司的老板灵机一动,想出了一个好点子,从此,这家公司的生意蒸蒸日上,成功地掌握了事业成功的命脉。

这座城市每年都有许多刚毕业的女学生,无论是就业或深造,她们都将开始一个崭新的生活,她们脱掉学生制服,开始学习修饰和装扮自己,这家公司的老板了解了这个情况后,于是每一年都为女学生们举办一次服装表演会,聘请知名度较高的明星或模特儿现身说法,教她们一些美容的技巧。在招待她们欣赏、学习的同时,老板自己也利用这一机会宣传自己的产品,表演会结束后老板还不失时机地向每位女学生赠送一份精美的礼物。

这些应邀参加的少女,除了可以观赏到精彩的服装表演之外,还可以学到不少美容的知识,又能个个中奖、人人有份,满载而归,真是皆大欢喜。因此,许多人都对这家化妆品公司颇有好感。

在她们所得的纪念品中,附有一张申请表。上面写着:如果您愿意成为本公司产品的使用者,请填好申请表,亲自交回本公司的服务台,就可以享受到公司的许多优待。其中包括各种表演会和联欢会,以及购买产品时的优惠价等。大部分女学生都会响应这个活动,纷纷填表交回,该公司就把这些申请表一一加以登记装订,以便事后联系或提供服务。事实上,她们在交回申请表时,或多或少都会买些化妆品回去。如此一来,对该公司而言,真是一举多得。不仅吸收了新顾客,也实现了把顾客忠诚化的理想。

国外的一项调查研究表明,一个企业总销售额的80%来自占企业顾客总数20%的忠诚顾客。因此,企业拥有的忠诚顾客对企业的发展是十分关键的。但是,企业获得忠诚顾客并非是一朝一夕的事。近年来,我国许多企业都已经意识到忠诚顾客与企业的经济效益有直接联系,但是大多数却并不清楚怎样才能获得忠诚顾客。

(资料来源:http://www.docin.com/p-75119240.html.)

问题:
该企业是如何获得忠诚顾客的?

分析提示:
(1)消费者的心理研究。
(2)该企业的策划特色。
(3)主动培养忠诚顾客。

第九章

服务质量管理案例研究
——广州南沙大酒店质量检查管理研究

第一节 南沙大酒店简介

一、南沙大酒店基本情况简介

南沙大酒店是已故全国政协前副主席、著名爱国商人霍英东先生继广州白天鹅宾馆后又一按国际标准投建的五星级酒店,酒店于2005年正式开业,是享有珠三角唯一"巴厘岛式"商务度假型的五星级酒店。酒店位于风景如画的广州南沙海滨花园新城,面朝碧波浩瀚的伶仃洋,背靠苍翠欲滴的蒲洲山,紧邻南沙高尔夫球会,壮观的虎门大桥横亘眼前,环境宜人;酒店邻近南沙客运港,距离香港、澳门、广州、深圳、珠海等地都仅需一小时车程/航程,交通便利。

南沙大酒店(见图9-1)由国际著名的HBA公司设计,拥有客房共320套,并拥有首屈一指的全海景各式餐厅及多功能厅共7个,室内豪华宴会厅以及数个多功能厅,可为少至10人多至600人的豪华宴会提供场所,另有数万平方米室外临海花园场地,超大的巴厘岛式室外花园泳池、室内恒温泳池、桑拿间、蒸汽房、按摩池、健身室、儿童游乐园等多种休闲设施设备。

酒店自营业开始,先后荣获"广州市2005年度安全生产先进单位"、"2006、2007年度广州市治安保卫重点单位先进集体"、"2008年中国十佳绿色酒店"等荣誉。先后接待过已故全国政协前副主席霍英东先生、香港与澳门前特首董建华和何厚铧先生、港澳政商界人士李兆基先生、国际奥委会主席罗格先生、澳门特别行政区行政长官崔世安先生、香港国际奥委会主席霍震霆先生、现国务院总理李克强先生、香港前特首梁振英先生等知名人士,酒店在国内外拥有广泛的知名度和影响力。

图 9-1 南沙大酒店全貌

二、南沙大酒店企业文化

(一)酒店管理制度

南沙大酒店实行董事会领导下的总经理负责制,酒店总经理作为酒店法人全权代表股东和全体员工制定酒店的各项经营与管理决策。在管理制度上,南沙大酒店实行自上而下的层级管理制度,每一个部门和员工都必须对自己所属的上级部门与管理者直接负责。在管理方式上,酒店推行走动式管理,以便管理者及时了解员工的工作困境,从而获得更丰富、更直接的员工工作问题,真正实现对员工的有效管理。南沙大酒店的组织结构如图 9-2 所示。

(二)酒店服务与管理理念

南沙大酒店以"系统化服务管理过程支撑质量结果"作为服务管理原则,通过酒店服务系统为客人提供标准化、规范化及个性化的优质服务。酒店以"尊重备至、温良谦恭、真诚质朴、乐于助人、彬彬有礼"为核心服务价值,在所有工作任务中表现出真诚体贴,在每次与宾客的接触中尽可能多地主动提供服务,确保服务过程能使宾客感到友好,员工感到轻松。酒店与相关软件有限公司共同开发了智能酒店管理软件平台,包括客房管家系统、工程管家系统、员工培训系统、任务管理系统、酒店质检系统等,始终如一地把宾客满意作为酒店经营与管理的出发点,通过酒店系统化的服务质量管理措施,确保"工作任务过程支撑任务结果质量"这一服务管理原则的实现。

第九章　服务质量管理案例研究——广州南沙大酒店质量检查管理研究

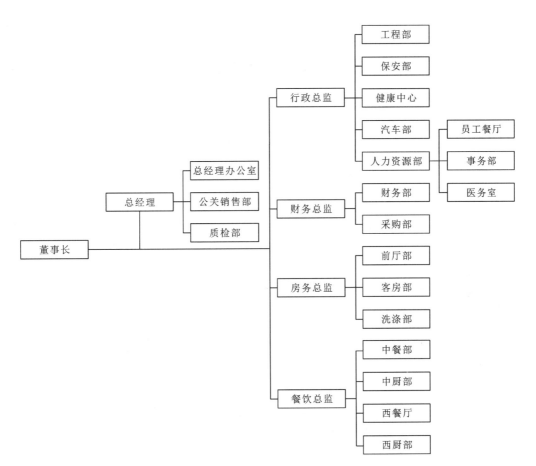

图 9-2　南沙大酒店组织结构图

南沙大酒店的管理理念认为,要做好管理必须有所发现,要有所发现必须进行观察,要进行准确的观察必须做出实际行动。因此,在工作的时间里,酒店管理人员要有一部分时间留在工作现场巡视,便于指挥与督导员工,以此促进管理方式方法的改进和提高。例如,在中、晚餐开市的时间,营销部人员、餐饮前厅管理人员、厨师长等可以到现场了解情况;在客房入住和退房的高峰期,房务部管理人员也应该更多地出现在现场。然而,出现在现场并不意味着就进行了走动式管理,在现场只是走动式管理的前提,在现场能起到管理的作用,并且有益于管理,才是真正的走动式管理。

南沙大酒店与多所职业院校合作,将人才培养体系从学校到企业一体化,将培养体系分为行业通用的基础业务知识、企业操作流程和标准类等个性化、实践性知识,校企双方在共建教学团队、共同制定教学标准、共建教学资源、共同优化教学内容、共建教材等方面展开通力合作,对学校教学内容、酒店培训要点进行科学研究和验证,共建专业一体化知识体系。同时借助网络学习平台等多种信息化技术手段,开发相关网络课程,使学校人才培养与社会需求无缝对接,提高人才培养质量,从而确保酒店拥有专业化、职业化的酒店服务与管理人才。

第二节 南沙大酒店服务质量检查管理

一、酒店质量检查管理的特点与模式

（一）酒店质量检查管理的特点

质检是产品质量控制的重要一环，其核心是发现问题。质检涉及所有的生产部门，但可能又由专门的部门负责质检的具体实施。质检的方式包括明查与暗访。网评出现之后，顾客的反馈直接转化为质控点。而对于酒店经营管理，质检与产品质量控制是一项非常重要的管理工作，但由于酒店服务业的特点，质检与质控工作的难度较大，主要表现在以下两点。

第一，酒店的服务人员不像生产流水线的工人，其工作的地点是分散的，其提供产品的形式主要表现为服务，由每一项细节组合成整体式服务产品，其质量控制点是多方的、综合的，所以不论是发现问题或是解决问题都会带来一定的难度。

第二，对产品质量的感受，顾客和员工之间容易存在一定差异。顾客一般是从消费过程感受服务产品的质量，而员工则是从工作过程来预估产品质量。例如作为顾客在住房过程中很容易发现房间的缺陷，如设施设备、物品、清洁、空气质量、噪音等。而服务员在清洁过程中，包括主管查房，由于不是切身感受，容易疏忽某些细小的问题。因此，网评出现之后，对酒店质量控制提出了更高的要求。

（二）酒店质量检查管理的模式

在质量管理的方法方面，南沙大酒店从2005年开业至今，研究并实行了校企合作，其中在服务质量管理方法上不断创新，并已经产生了独特的模式和方法。往常普通酒店的质量管理都是"结果导向过程"，即在发现结果有问题后，再去检查任务过程中何处出了问题，但是，由于结果出现问题是不可挽救的，会直接影响到酒店的经营，使得这种结果导向过程的方式弊端尽显。而南沙大酒店自主创新出"过程导向结果"的质量管理方法，即将酒店服务"碎片化"，每项任务过程被具体划分成一个个要点，由过程导向结果，在任务实施的过程中，发现纰漏和问题，并及时修补和解决，这样就避免导致不可逆的错误。

在质量检查的操作方面，传统的质量检查主要是由酒店的人力资源部或前厅部完成，有些酒店甚至没有单独成立质检部门，所以传统的质检工作可能很容易流于形式，为了检查而检查，仅仅查到表面的问题，导致检查出的问题很难跟进，无法从根本上改善工作质量。南沙大酒店成立了独立的质量检查管理部门，专门负责解决酒店在质量检查方面出现的所有问题，并且通过采用移动互联网技术，从而从组织层面上和技术层面上确保酒店质量检查管理相关举措的顺利实施。

二、酒店质量检查任务的形成与划分

(一)酒店质量检查任务的形成

酒店质量检查的任务是什么?质量检查是怎样形成的?要弄清楚这些就要弄清楚检查什么、怎么检查。

1.质检检查什么

要弄清楚检查什么?首先要了解酒店产品的形成过程。① 酒店产品的形成是由几种要素组合而成的。第一,酒店的设施设备;第二,酒店的各种物料,包括餐饮的原材料及客房用品等;第三,酒店员工的劳动。与上述要素相关的质检点众多:包括各种设施设备的完好状况,原材料、物品的品质、保存状态,最终产品的形态等等;员工方面则包括所有人(服务人员与管理人员)培训的情况,纪律和员工素质等各方面。② 结果与过程的节点就是质检点。已形成的结果是质检点,如检查设施设备,某盏灯不亮了就是一个问题的结果;还有一种就是结果不是固定的,如检查员工的服务态度,在检查的某一刻不代表之前或之后的态度,所以这种结果是阶段性结果,怎样检查、怎样评价值得研究。形成产品过程的节点亦是质检点,如客房的周期性清洁,工程部的周期性维保项目的完成,厨房雪库周期性的清洁;培训计划的完成落实情况等等,这些都属于过程性的节点控制,如果没有落实,最终都会反映在产品质量上。过程的节点通常可以表现为某一项任务是否按质按量完成,质检点则是检查完成任务状态。

2.质检怎么检

首先需要罗列质检点。可根据上述的各要素,对结果、过程进行全覆盖。对设施设备等确定检查范围、要点做到不遗漏;对过程则首先要进行分析,将所有的工作任务进行分类、罗列,形成系统性的质检点。

实施质检时可实行抽检的方式,因为全部要点都检查工作量太大,抽检是运用局部推断全体的原理,指出问题并进行评估,促使执行部门改进。质检的统计有利于发现问题产生的原因,对部门评估、个人评估都是有力的证据。如果由部门的"明查"通常可以将结果与过程节点都进行检查,如果"暗访"通常较多关注服务环节以及感受方面。客人网评反馈的意见通常是对酒店管理与服务真实的感受。三者各自的重点有所不同,将三者结合起来对提升产品质量更有效。

传统的质检效果不显著主要可能是:第一,质检与基础管理工作密切相关,仅仅是将工作进行分析、任务确定、描述就已经是一项巨大的工作,质检只是其中一个环节;第二,传统的纸质记录费时费力,不方便,统计更是工作量巨大,评估不方便,产生争议时证据收集不容易。

移动互联网技术的出现使质检工作可以产生质的飞跃。全部质检点可以预设在系统上面,同时适用于明查与暗访。智能手机是质检工具,质检员可以根据质检点进行抽检,合格与否可以即时操作确定,有问题的可以通过手机拍照留存,上传系统,质检系统可自动生成质检报表。在云技术的支持下,集团内部各酒店可以实时对比。质检工作可以逐步做到系统性、实时性、随机性,这样,全方位的质检效果就可以实现。

(二)酒店质量检查的任务划分——模块化管理

模块化管理是实现企业管理简便化、高效化的一个有效路径,其目的就是通过管理过程的不断删繁就简、去浮崇实和减负提效,以实现制度执行更加高效、流程运转更加顺畅、绩效考核更加精确、管理效益更加明显的目的。

南沙大酒店质检部根据十几年以来的管理经验,将质量管理划分为 8 大模块(见图 9-3),分别为:日常类模块、计划类模块、管理类模块、临时类模块、预案类模块、能耗类模块、质检类模块和外包类模块。日常类模块工作任务项属于日常固定工作;计划类模块工作任务项属于周期计划固定工作;管理类模块工作任务为部门内部管理;临时类模块工作任务为临时增加的;预案类模块工作任务为日常应急与突发性事件的管控方案,能耗类为各部门节能措施;外包类工作任务为外包工程及外包职能部门;质检类模块工作任务为明查暗访。

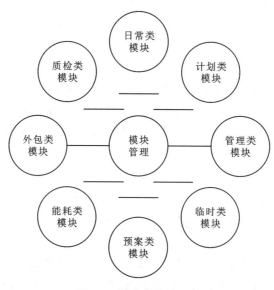

图 9-3 酒店模块管理图

以模块匹配任务,任务匹配要点的形式制定质检管理系统,通过系统进行质量管理,有效地运用任务分解法,具体到每个环节、每个人,准确分析出问题所在,可以合理地规避风险,从"过程"中把握质量,进行有效的质检操控,减少工作纰漏,并构建质检体系和预防机制来防止类似质量问题反复发生,能够不断提升酒店营业方面的管理及服务水平,最终达到为酒店创收的目的。

(三)酒店质量检查任务状态划分

该系统将任务分为两大类,一类是周期性的任务,包括间隔时间较短的日常任务及间隔时间较长的周期任务。日常任务即是每天都要检查的工作任务项,周期任务是间隔一段时间后检查的工作任务项,如每隔一个月检查一次。另一类是临时性任务,包括偶然新增的临时任务及突发情况下的应急预案。酒店十几年来,坚持研究、不断探索,将隐性工作任务显性化,将专业知识任务进行分析、积累,罗列出近八千多个专业质检要点。将酒店所有工作任务进行细化,每个岗位的每项任务拆分成要点,形成了点对点的各部门、各岗位、按时间特征划分的工作。

三、酒店质检管理系统的构建

(一)酒店质检的三级督导体系

南沙大酒店的质量检查体系主要由三级督导体系构成,即综合大联检、质检部检查、部门自检相结合的体系。综合大联检由总经理牵头,质检部组织、各部门经理参加,对酒店各部门规章制度、岗位职责、操作程序、服务程序和设施设备等进行全面服务质量监督和检查;质检部检查是根据酒店各部门的规章制度、岗位职责等要求,对其操作程序、服务程序和设施设备等进行全面服务质量监督和检查;部门自检则是由各部门负责人(或部门指定人员)对本部门进行全面的质量监督和检查,各部门领导是部门自检第一责任人。同时,酒店各部门有权对其他部门和区域存在的问题进行监督,如第三方部门发现质量问题,建议相关部门处理无效,可向质检部投诉。

1.酒店综合大联检

综合大联检一般由酒店总经理带头,酒店质检部组织,时间不定,初定为每月一次,具体时间视总经理的安排,时间确定后,再由质检部另行通知各相关业务部门负责人。在具体参加人员方面,由各部门第一负责人参加,出现特殊情况不能按时到达现场或中途需离开者直接向总经理请假,并需要委派部门第二负责人担负起职责,在综合联检表上备注代替原因。

在质检的过程中,质检部本着对被质检的部门与酒店高度负责的态度,对质检项目进行主动积极、深入的检查;被检查的部门及负责人应积极配合综合大联检,并对相关问题做出真实、正确解答,不允许瞒报、谎报;若质检时涉及专业问题,应与该部门责任人现场沟通,以确保质检结果的高保真度;且不得谈论与质检无关的话题。

综合大联检质检部有专人负责记录大联检数据,并形成质检报告;报告经总经理批阅,次日下发各部门,张贴员工通道;即时召开联检总结会,地点由质检部另行通行;质检部在质检报告限定完成时间的第二天,对质检问题进行复查落实;同时,结合质检评估标准来制定奖罚。酒店综合大联检流程图如图9-4所示。

2.酒店质检部日常质检

质检部的检查包括日常质检和专项检查,其中日常质检主要由质检部质检专员根据酒店各部门规章制度、岗位职责对其操作程序、服务程序和设施设备等进行全面服务质量监督和检查。

在执行方法上,南沙大酒店日常质检主要是按照任务管理系统中各部门的工作任务项进行抽检。目前酒店共有18个部门在使用任务管理系统,质检部每天抽检7~8个部门,总共任务为30个以上,每日每个部门的抽检任务数量不等,但质检部在抽查时保证每个部门的周抽检任务数量的相当。

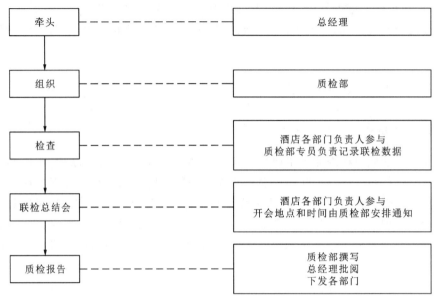

图 9-4　酒店综合大联检流程图

在检查内容上,主要检查部门任务管理系统中按时完成的工单是否合格,以及正在处理中的工单是否有人在实施、跟进。除了抽检任务管理系统中的工作任务项,非系统任务项(未录入任务管理系统又实际存在的任务)的质量日常巡查也在质检范围之内。

此外,质检部也会对总经理临时安排给各部门的重大、紧急事件及部门一周工作完成情况进行质检。针对重大、紧急事件,第一时间口头汇报总经理,并视情况形成记录,记录内容为每周酒店例会上各部门汇报的计划下周完成的工作,会后整理并形成"本周部门工作质检项目"。酒店质检部门的日常质检流程图如图 9-5 所示。

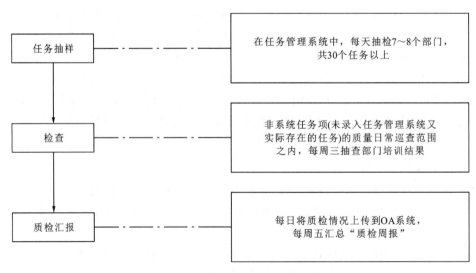

图 9-5　酒店质检部门日常质检流程图

3.部门自检

部门自检是由各部门负责人(或部门指定人员)根据工作程序和标准,对本部门员工的仪容仪表、卫生、设施设备、节能降耗、工作纪律、工作安全、产品质量、服务质量、工作程序、宾客投诉等进行监督检查,一般各部门负责人是部门自检第一责任人。由于各部门工作流程存在较大的不同,质检部对各部门自检的具体程序和形式不做统一要求。

南沙大酒店需要自检的部门有:前厅部、客房部、中餐部、中厨部、西餐部、西厨部、公关销售部、财务部、人力资源部、工程部、保安部、康乐部、洗涤部、宴会部、员工餐厅、医务室和汽车部。

(二)酒店专项检查

1.明查、暗访

明查、暗访是两种重要的质量检查方式,这两种检查方式的侧重点并不相同。其中,明查可以对所有的质检节点进行抽查,服务、管理、清洁卫生、设施设备、节能措施等都可以作为检查的内容;而暗访主要是对服务和客人可见区域卫生的检查,如礼宾服务、餐饮服务、客房卫生等,其侧重点在于提高服务效率和质量从而为客人创造完美的消费体验效果。

酒店专项质检明查表实例如表9-1所示。

表 9-1 酒店质检明查表

部门	检查项	检查标准	得分	问题反馈与建议	备注
前厅	接待处	微笑,办理入住及退房流程标准,在5分钟内完成			
		熟悉当地交通,准确回答客人问题,对酒店服务及功能作详细的介绍			
		准确处理在住团及住房账目、押金,备用金、发票、押金收据的使用符合财务制度			
		接待处收银机器、电脑等使用正常,台面物品摆放整齐,无灰尘			
中餐	物品检查	出单纸、点心纸、打印纸、银联纸、买单夹、客用笔、文具、打包用品、餐巾纸、餐厅装饰物及时补充			
		席巾、台布、茶具、餐具、杯具、客用冰桶、酒勺子、开瓶器、吸管、高棒槌、醒酒器充足无破损			
		食品、酒水保质期检查			

续表

部门	检查项	检查标准	得分	问题反馈与建议	备注
行政与后勤部	办公室卫生	台面/办公用品摆放整齐,地面无垃圾,墙面干净整洁			
	节能措施	人走关灯,电脑/打印机/碎纸机不需要时关闭,空调不低于26 ℃并且人走即关			
	人事培训	考勤表、评估表按时准确记录,培训计划及总结按时编写			

明查表将酒店的部门划分为一线运营部门、行政部门和后勤部门,然后将每个部门最重要的工作摘取出来进行抽样检查,如前厅部的接待服务、中餐的物料配备等。而行政后勤部门检查的主要是管理工作。每项工作的得分为1~5分;1分为极差,需要签单;2分为差;3分为中;4分为良;5分为优秀。检查结果及时进行汇总整理,并和员工的绩效相挂钩,及时进行奖惩,达到明查目的。

酒店专项质检暗访表实例如表9-2所示。

表9-2 酒店质检暗访表

检查项	检查标准	得分	问题反馈与建议	备注
早餐服务	微笑礼貌,主动迎客带位,提醒客人台阶,1分钟内安排就座,拉椅让座,客人离开时感谢客人			
	及时加水,撤空碟,餐食及时补充、加温,食品、饮品正确标记说明			
	主动询问登记客人对餐厅意见,欢迎下次光临			
客房卫生	门牌、把手、门锁干净,无灰尘、污渍			
	客房空气清新,无异味			
	地毯、墙纸及木墙面、全身镜、窗台、窗帘、落地灯干净无灰尘			
	床头板、床屏挂画、床头柜干净,床上用品干净舒适			
	衣柜内外、鞋拔、西装刷、衣架、浴衣、行李架、鞋篮、保险箱干净无破损			

续表

检查项	检查标准	得分	问题反馈与建议	备注
客房卫生	卫生间地面、浴巾架浴巾、布草、浴缸、浴缸镜、淋浴玻璃、墙壁、防滑垫、马桶内外壁、纸巾架、垃圾桶干净无污渍			
	卫生间面盆、漱口杯、玻璃托盘、云石台面、洗手台抽屉、水龙头开关、洗手盆镜面、风筒、放大镜、磅秤是否干净,无垃圾和污渍			

暗访表是按照客人入住酒店消费的一般流程顺序编制的,顺序为:到达酒店—check in—到达房间—早餐—运动健身—午餐—送餐—退房。所涉及的主要是一线部门,如前厅、客房、健康中心、餐饮等。每项工作的得分为1～5分:1分为极差,需要签单;2分为差;3分为中;4分为良;5分为优秀。将服务流程节点化,检查员更容易感知服务的每个细节并做出评价,从而提高员工服务的标准化水平。

2.专项检查

1)专项检查基本要求

在进行专项问题质检时,需遵守以下几个方面的要求:必须秉承公平、公正、端正的心态;对质检问题的情况要进行全面了解与核实,不应出现主观猜测与道听途说的现象;对于涉及部门及问题,要一查到底,分清责任;对于质检出的结果,应与相关涉及部门领导及责任人进行当面确定;如遇突发事件,第一时间,以口头形式汇报总经理,听从总经理指示;根据总经理质检内容指示,形成专项质检记录表;专项质检记录表报总经理审阅;专项质检负责人对质检结果真实性负责。

2)专项检查的制度

(1)部门工作质检制度。① 质检部对总经理临时安排给各部门的重大、紧急事件及部门一周工作完成情况进行质检。② 针对重大、紧急事件,第一时间口头汇报总经理,并视情况形成记录。③ 记录每周酒店例会上各部门汇报的计划,下周完成的工作,会后整理并形成"本周部门工作质检项目"。④ 每周五下班前,对各部门周工作完成情况,进行最终落实。周一例会上,对部门未完成的工作项目数量及原因进行通报。⑤ 对周工作内容部分完成或无理由延期完成的,应向质检部提供书面说明。

(2)会议接待质检制度。会议接待质检制度是指根据销售部派发的会议接待单,进行及时的会议接待质检工作。① 在具体质检时间安排上,至少比会议接待单规定时间提前半小时;重要的会议接待应提前1～3小时;如遇全天会议须在前一天下班前做好全面质检工作,第二天一早,再次进行现场确认。② 在会议进行中,要不定时地对会议服务内容(如茶水、音响、卫生间情况、其他相关服务是否到位及时等)进行抽查质检,发现问题立即通知当事部门负责人解决,事后视事件程度形成"南沙大酒店重大接待(会议)质检表"或"南沙大酒店质检通知单",反馈相关部门。③对会议中任何环节出现涉及部门较多的失误、问题及宾客投诉,要认真对待,结合涉及部门仔细详查,找出原因,总结经验,形成"南沙大酒店重大接待(会议)质检表",经涉及部门确认签名后,报总经办审阅。④对会议接待单上涉及的质检内容,须及时跟进,亲自现场确认,不能出现无谓的理由。⑤对已质检过无问题的项目,须在会议接待单,简要注明质检情况、时间、质检人姓名并打钩,表明该内容已确认无误。酒店会议接待质检流程如图9-6所示。

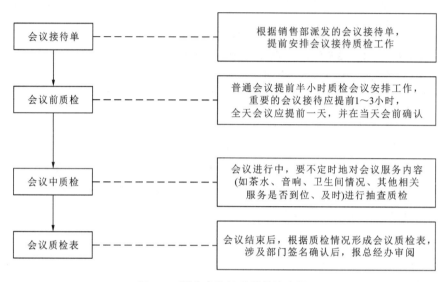

图 9-6　酒店会议接待质检流程图

（3）重大接待及 VIP 接待质检制度。重大接待及 VIP 接待质检制度是指由质检部专人对重大接待及 VIP 接待涉及的重点软、硬件进行事前详细质检。对重大接待及 VIP 接待中任何环节出现涉及部门较多的失误、问题及宾客投诉,要认真对待,结合涉及部门仔细详查,找出原因,总结经验,形成"南沙大酒店重大接待（VIP 接待）质检表",经涉及部门确认后,报总经办审阅。酒店重大接待及 VIP 接待质检流程如图 9-7 所示。

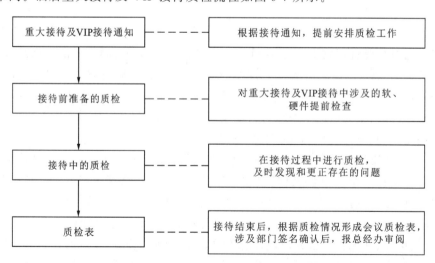

图 9-7　酒店重大接待及 VIP 接待质检流程图

四、南沙大酒店服务质检管理过程举例

酒店质检的主要目的是通过检查发现各岗位服务质量存在的问题,并监督落实整改,从而提高酒店服务质量。然而传统的质量检查,主要是由酒店的人力资源部或独立的质检部完成,看似有层级式的管理,但很容易流于形式,且大多通过纸质形式说明服务质量问题,不方便对相关质量问题进行统计分类与整理,导致检查出的问题很难跟进,无法从根本上改善工作质量。而移动互联网技术的出现使质检工作可以产生质的飞跃,全部质检点可以在系统预设,适用于明查与暗访。智能手机是质检工具,质检员可以根据质检点进行抽检,合格与否可以即时操作确定,有的问题可以通过手机拍照留存,上传系统,质检系统可自动生成质检报表。在云技术的支持下,集团内部各酒店可以实时对比,质检工作可以逐步做到系统性、实时性、随机性,这样,全方位的质检效果就有可能实现。南沙大酒店使用的 Landow 系统突破了传统纸质模式,采用电脑数据记录方式,更加方便标准。下面以酒店客房和餐饮为例,来说明酒店是如何来进行日常质量检查的。

(一)酒店西餐厅中午自助餐餐前准备工作任务质量检查

餐饮部负责餐厅、厨房以及走火通道的卫生。餐厅桌椅、台上摆设必须按餐厅标准摆放整齐,保持客用物品的干净,包括圆台玻璃的干净无痕,地面保持干净,以及艺术品要擦拭干净无尘。厨房须具有专用的原料处理、烹调、食品储存(冷藏)、餐具洗涤消毒、更衣、燃料及废弃物堆放场所;饮食制作与生活区严格分开,厨房和点心间必须按生进熟出的流程合理布局,并且保证所有区域的整洁。走火通道要保持干净,并且保证通畅无阻。酒店质检工作人员通过登录 Landow 系统,每日抽取西餐任务平台的工作项进行质检工作,可以很方便地进行各项质检工作,及时发现问题并整改,从而确保餐前准备工作达到相应的质量要求。Landow 系统自助餐准备工作截图如图 9-8 所示。

(二)酒店客房卫生清洁质量检查

客房部卫生负责范围包括客房内设施的清洁保养及物品摆放,客房门外的公共区域艺术品的摆放及保养,以及客人走火通道的清洁。客房内所有客用物品必须干净整洁,所有客人接触的区域必须干净无尘,包括边角区域,客房外公共区域要时刻保持干净,艺术品要摆放整齐,客人走火通道要保持干净及通畅无阻,酒店客房部将各项任务按区域任务类型进行细分,并将任务按类型要点录入任务管理系统,按班次及在岗人员进行系统平台分配任务。其服务质检基本过程如下。

(1)登录所需账号。

(2)员工班表→添加早班值班人员→添加中班值班人员→添加夜班值班人员。

(3)每日分配→房间清洁→清洁处理人→将需清洁的房数分配到个人→下一步→清洁检查人→将早、中、晚班的主管分配到相应楼层→下一步→房间检查 & 服务输送负责人→将早、中、晚班的楼主分配到相应楼层→保存。

图 9-8 Landow 系统自助餐准备工作质检截图

（4）房态图：可查看每间房的房间状态，单击房号可见客房信息（清洁情况、报修情况、计划卫生情况）、客人信息、客房记录（客人档案、清洁记录、报修记录、计划卫生记录）及有关操作（客房清洁、客房报修、退房检查、DND）。酒店 Landow 系统客房事务截图如图 9-9 所示。

（5）对客服务→退房检查→新建任务→输入房号→确定。对客服务→服务输送→准确输入房号（注明地点）→填写内容（增加内容）→填写数量（例如查房、服务输送物品数量）→自动匹配处理人（或点击处理人进行筛选/添加处理人）→清晰填写备注事项→确定。

对客服务→客人投诉→新建任务→准确输入房号（注明地点）→填写内容（增加内容）→选择自动匹配或点击处理人进行筛选→ 填写客户情绪状况 →清晰填写备注事项→确定。

（6）客房维护→计划卫生。

① 选择分配项目→点击分配（单击右键分配/进入工单列表）→新建工单→选择分配楼层/单点房号分配→核对（开始时间、日期；结束时间、日期）→选择处理人→（如需添加备注可在备注栏以文字形式表达）→确定生成工单。

② 项目设置→新建项目→填写内容→选择周期性项目/临时性项目→填写开始日期/时间→填写所需/时限→选择开始日期/时间→设置工单超时通知→创建子项目→选择模块→预览准确→确定保持模块→保存设置→退出。

③ 工单列表：可显示全部工单的信息（待出单、处理中、按时完成、超时完成、超时未完成）。

④ 高级工单搜索→输入时间→项目内容→工单号→选择工单状态→处理人→下单人→确认（尽量填充完整便于查找）。

第九章

服务质量管理案例研究——广州南沙大酒店质量检查管理研究

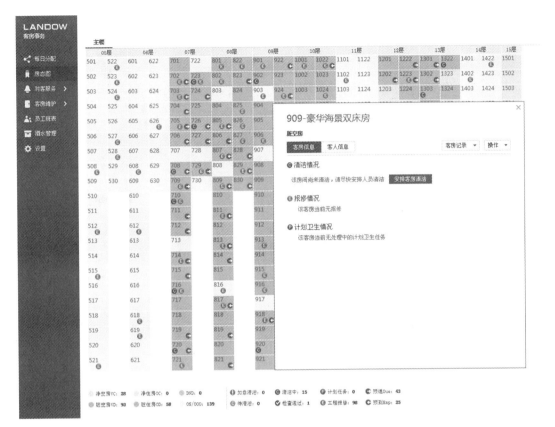

图 9-9 酒店 Landow 系统客房事务截图

⑤ 搜索功能→直接输入关键词搜索。

(7)酒水管理。包括日耗量(可查当天消耗数量)、月耗量、年耗量,消耗清单(可查看所有房间的消耗情况),房间统计(按房号统计),类型统计(按酒水类型统计)。酒水管理→添加消耗记录→客人消费/酒店报损→输入房号→消耗酒水种类及数量→备注(住房添加单号)→确定。

(8)服务单处理的过程中如需更换处理人→点击打开服务单→删除原处理人→点击处理人进行筛选/添加处理人。

(9)如果遇到服务单处理人不能自动匹配的情况下应检查:① 处理人是否在离线状态;② 自动匹配设置是否完善。

酒店质检部可以根据任务管理系统客房部分配的日常任务及周期任务进行抽查,按任务的日期、完成率情况进行针对性的现场质检,从而确保相关工作任务的完成质量。图 9-10 为客房部早班工作任务质检要点,质检部可根据日期时间,对任务要点的完成质量进行现场质检工作。

图 9-10　酒店 Landow 系统客房服务员早班工作质检截图

第三节　南沙大酒店服务质量管理经验总结

一、酒店质检管理体系的构建

服务质量是酒店经营的生命线。加强质量管理,创造服务精品,是酒店营造核心竞争力、立于不败之地的战略选择。随着市场竞争的不断升级和服务对象的日趋成熟,酒店行业已步入顾客选择品牌和企业的时代,要想在激烈的市场竞争中站稳脚跟并不断发展壮大,需要牢固树立以质量求生存、以质量求信誉、以质量求市场、以质量求效益的质量竞争观。南沙大酒店以酒店质检部为质量管理的组织者,策划了酒店的全面质量管理要点,以健全的质量管理体系、完善的质量保证制度和多种质量检查系统化方式方法确保了酒店产品质量的有效性。

二、酒店服务系统化管理的实施

酒店服务业发展日新月异,管理和服务视为酒店经营的必争之地,利用信息化手段也已成为酒店管理者的普遍共识。但从行业现状来看,酒店内的各个系统相对分散,集约化管理相对滞后，不能形成有效的联动机制，更不能产生先进系统应产生的管理效益，这已成为酒店管理者烦恼的问题。南沙大酒店与蓝豆(Landow)科技有限公司共同打造酒店智能化管理体系，迈出了酒店信息化发展的重要一步。酒店通过建设融合服务质量与管理的系统化平台，利用科技互联网的手段，从流程操作到任务控制均采用智能化系统，形成全方位的统一管理，从而成为酒店提供综合完善和优质高效服务的有力武器。

三、酒店服务质量管理分类明确

南沙大酒店的服务质量管理分类明确。质量管理通过设置一级维度(时间)、二级维度(内容)、三级维度(对二级的补充细分)、所属类型(过程或结果)等形式，确保任务归属明确，也便于对岗位工作做出准确的质量考评。例如，某天前厅部某一个员工在上班时间串岗，这就说明了在这个工作时间内，前厅部在日常管理类中的岗位纪律没有做好。这样的划分方便质检统计时掌握这个部门哪些方面没有做好，哪些方面需要加强。另外，所属类型分为过程类与结果类，尤其是过程类的统计与辨别可以很好地被预防与控制，减少许多不必要的损失。整个酒店的质检管理通过分类，共计2616条任务、约7500个质检节点。以酒店某个部门的公共区域为例，酒店服务质量检查管理分类表参见表9-3。

表 9-3 酒店服务质量管理分类表

部门	一级维度	二级维度	三级维度	检查节点	得分	所属类型	图片	备注
××部门	日常类	管理类	考勤			结果类		
			岗位纪律			过程类		
		常规任务						
		清洁卫生						
		设施设备						
		节能措施						
	周期类	管理类						
		常规任务						
		清洁卫生						
		设施设备						
		节假日及交易会						
	非计划类	重大接待						
		应急类						

四、酒店质量工作任务的要点化、标准化

酒店质量工作之所以需要将任务要点化，是因为"任务要点"是建立规范化的基础，酒店

很多地方要求规范管理,所以采用了酒店管理制度等文字性的东西作为建立或执行某项工作的参考,力求清晰、明确、详尽地规范工作。但现实工作中由于管理人员自身的专业水准和职业素质参差不齐,其对工作任务要点和标准的认知也各不相同,因此,酒店致力于将质量工作任务要点系统化管理,并且格外注重将文字性条规转变为"移动任务要点",以将其益处最大化,为此,酒店开发了先进、系统、专业、实效的标准管理软件作为工作的理论基础,使各项运作程序在统一的标准下执行。

在统一的质检标准下,结果与过程的节点就是质检点。已形成的结果是质检点,如检查设施设备,某盏灯不亮了就是一个问题的结果;还有一种情况是结果不是固定的,如检查员工的服务态度,在检查的某一刻不代表之前或之后的态度,所以这种结果是阶段性结果。形成产品过程的节点亦是质检点,如客房的周期性清洁,工程部的周期性维保项目的完成,厨房雪库周期性的清洁,培训计划的完成落实情况等等,这些都属于过程性的节点控制,如果没有落实,最终都会反映在产品质量上。过程的节点通常可以表现为某一项任务是否按质按量完成,质检点则是检查完成任务状态。

将工作任务节点化标准化,一是能够方便检查。比如要检查西餐厅KTV的卫生,我们的系统会将其分为地毯、地面;墙壁、死角;椅凳、沙发等节点。未形成节点化的系统有时会将其表述为"KTV是否清洁"。但由于KTV是一个区域,一个区域的清洁卫生包括诸如墙壁、地面、家具等方面。若仅仅以"KTV是否干净"作为检查点,会使其过于笼统,并且容易忽略许多细节。其二是能够方便评分审核。比如"KTV是否清洁"这一检查项,若没分节点会产生这样的现象:KTV墙壁脏了,但其他都做得非常好,此时,究竟该如何评价KTV的清洁?如果使用节点,只需在墙壁一栏备注,而不是笼统地否定所有。其三,节点化、标准化不仅是为了质量检查的方便,将任务节点化,还能让员工更加明确自己的工作职责。

五、酒店质检评分值域的完善与合理

南沙大酒店现用的质检评分标准是根据质检任务管理系统的各项工作任务状态固定分值,这些工作状态分为按时完成、超时完成、超时未完成、整改跟进和指派任务5个状态。质检部会对所存在的问题整项整改,同时,质检部在对工作进行评分时,会将质检部日常巡查的任务项、投诉、网评和专项作为扣分依据。每项工作的得分为1~5分:1分为极差,需要签单;2分为差;3分为中;4分为良;5分为优秀。区别于传统的"0、1"的制度,这样的评分值域能够对于一些标准不明确的任务也能进行合理的评分审核。比如前厅部的微笑服务,微笑服务很难用好或坏来衡量,而1~5的评分制度能够很好地解决这些问题。此外,质量检查的工作不是为了惩罚。如果仅仅给员工开罚单,会使员工产生消极怠工的心理,反而会与质量检查的目的(提高质量水平)背道而驰。1~5分的制度,层层递进,能产生激励效果。具体评价过程与评分不再赘述。

六、酒店质检问题解决层次分明

质检的目的是发现问题,质量控制最终是为了解决问题,而解决问题的方法有三个层次。

第一层次,点到点的解决办法。即立即解决发现的具体问题,例如灯不亮了就立即修理或更换;某项周期维保工作没有完成就马上补救完成。

第二层次,点到面的解决方法。即发现了具体问题,应考虑到类似的问题存在的可能性,只不过暂时还未显现,此时应该排查来解决所有类似的问题。例如在抽检时发现某一间客房淋浴间去水不畅,也许是因为太长时间没有清理地漏里的头发所致,由此可以推断也许其他客房也存在同类问题的可能性,应予排查,而不是等到客人投诉才想起去解决。

第三层次,点到系统的解决方法。这是指分析问题产生的原因,因为一个问题的产生通常不是孤立的,它是由诸多原因影响导致的。例如地漏去水不畅被头发堵塞,可能是周期性工作设置不合理,或者是执行不到位,而执行不到位可能由于操作时没按标准,而这个又跟培训工作有关,跟主管检查工作有关等等。我们必须从源头根据各因素影响的程度着手,采取适当措施解决问题。

通过三个层次的问题解决方式和日常的质检督导,酒店在很大程度上防范了各类质量问题的出现,确保了顾客在店消费的完美体验。

References 参考文献

[1] Christian Gronroos. Service Quality Model and Its Marketing Implications[J]. European Journal of Marketing,1984(18).

[2] Christian Cronroos. Service Management and Marketing:A Customer Relationship Management Approach[M]. England:John Wiley & Sons,Ltd.,2000.

[3] Parasuraman A,Zeithamal V A,Bery L L. SERVQUAL:A Multiple-item Scale for Measuring Consumer Perceptions of Service Quality[J].Journal of Retailing, 1988(1).

[4] Parasuraman A,Zeithamal V A,Bery L L. Refinement and Reassessment of the SERVQUAL Scale[J]. Journal of Retailing,1991(67).

[5] Parasuraman A,Zeithamal V A,Bery L L.A Conceptual Model of Service Quality and Its Implications for Future Research[J]. Journal of Marketing,1985(3).

[6] 岑咏霆.质量管理教程[M].上海:复旦大学出版社,2005.

[7] 成达建.员工工作满意度对顾客感知服务质量影像中的调节效应研究[D].广州:暨南大学,2011.

[8] 龚益鸣.现代质量管理学[M].北京:清华大学出版社,2003.

[9] 丁宁.服务管理[M].北京:清华大学出版社,北京交通大学出版社,2007.

[10] 范秀成.服务管理学[M].天津:南开大学出版社,2006.

[11] 郭国庆.服务营销管理[M].2版.北京:中国人民大学出版社,2009.

[12] 克里斯托弗·洛夫洛克,约翰·沃茨.服务营销[M].亚洲版.2版.北京:中国人民大学出版社,2007.

[13] 克里斯托弗·洛夫洛克.服务营销[M].3版.陆雄文,等,译.北京:中国人民大学出版社,2001.

[14] 克里斯廷·格鲁努斯.服务管理与营销——服务竞争中的顾客管理[M].韦福祥,等,译.北京:电子工业出版社,2008.

[15] 刘丽文,杨军.服务业运营管理[M].北京:中国税务出版社,2005.

[16] 马征.快捷酒店赢在哪里——快捷酒店与中档传统酒店之比较[J].经济与管理,2012(6).

[17] 孟庆红.基于顾客满意度的电信运营商竞争优势研究[D].北京:电子科技大学,2007.
[18] 马欣.新兴媒体条件下电子政务满意度评价研究[D].哈尔滨:哈尔滨工业大学,2016.
[19] R·W·霍耶,布鲁克 B·Y·霍耶,颜福祥.何为质量——世界八位著名质量专家给质量定义[J].中国质量技术监督,2002(1).
[20] 桑秀丽.服务质量与管理[M].昆明:云南人民出版社,2016.
[21] 王海燕.服务质量管理[M].北京:电子工业出版社,2014.
[22] 温碧艳.服务质量管理[M].广州:暨南大学出版社,2010.
[23] 王丽华.服务管理[M].北京:中国旅游出版社,2007.
[24] 韦福祥.服务质量评价与管理[M].北京:人民邮电出版社,2005.
[25] 汪纯孝,岑成德,温碧燕,等.服务性企业整体质量管理[M].2版.广州:中山大学出版社,2001.
[26] 威廉斯·布斯维尔.旅游与休闲业服务质量管理[M].戴斌,等,译.天津:南开大学出版社,2004.
[27] 瓦拉瑞尔 A.泽丝曼尔,玛丽·乔·比特纳.服务营销[M].3版.北京:机械工业出版社,2004.
[28] 韦旭东.在线旅游网顾客忠诚度影响因素研究[D].深圳:深圳大学,2017.
[29] 吴慧.服务个人价值视角的旅游新业态下顾客参与对顾客忠诚的影响[D].长沙:湖南大学,2016.
[30] 许晖.服务营销[M].北京:中国人民大学出版社,2015.
[31] 薛秀芬.饭店服务质量管理[M].上海:上海交通大学出版社,2012.
[32] 夏汉军.张家界世界自然遗产地旅游服务质量测评与优化研究[D].昆明:云南大学,2015.
[33] 郑吉昌.服务营销管理[M].北京:中国商务出版社,2005.
[34] 钟志平,谌文.酒店管理案例研究[M].重庆:重庆大学出版社,2015.
[35] 张宁俊.服务管理——基于质量与能力的竞争研究[M].北京:经济管理出版社,2006.
[36] 詹姆斯 A.菲茨西蒙斯,莫娜 J.菲茨西蒙斯.服务管理——运作、战略与信息技术[M].7版.北京:机械工业出版社,2013.
[37] 张安珂.基于工作旅游的顾客体验对企业顾客忠诚度影响的实证研究——以青岛啤酒企业为例[D].上海:上海师范大学,2018.
[38] 周运国.浅析提高顾客满意度的影响因素及其对策[J].决策管理,2009(17).

相关网站:

[1] 中国服务网:http://www.chinaservice.org.cn/.
[2] 中国服务贸易网:http://www.catis.org.cn/.
[3] 中商情报网:http://www.askci.com/.
[4] 中国财经网:http://www.fecn.net/.
[5] 人民网旅游频道:http://travel.people.com.cn/.
[6] 世界经理人网站:http://www.ceconline.com/.

教学支持说明

全国高等院校旅游管理类应用型人才培养"十三五"规划教材系华中科技大学出版社"十三五"规划重点教材。

为了改善教学效果,提高教材的使用效率,满足高校授课教师的教学需求,本套教材备有与纸质教材配套的教学课件(PPT 电子教案)和拓展资源(案例库、习题库视频等)。

为保证本教学课件及相关教学资料仅为教材使用者所得,我们将向使用本套教材的高校授课教师免费赠送教学课件或者相关教学资料,烦请授课教师通过电话、邮件或加入旅游专家俱乐部 QQ 群等方式与我们联系,获取"教学课件资源申请表"文档并认真准确填写后发给我们,我们的联系方式如下:

地址:湖北省武汉市东湖新技术开发区华工科技园华工园六路

邮编:430223

电话:027-81321911

传真:027-81321917

E-mail:lyzjjlb@163.com

旅游专家俱乐部 QQ 群号:306110199

旅游专家俱乐部 QQ 群二维码:

群名称:旅游专家俱乐部
群　号:306110199

教学课件资源申请表

填表时间：_____年___月___日

1. 以下内容请教师按实际情况填写，★为必填项。
2. 学生根据个人情况如实填写，相关内容可以酌情调整提交。

★姓名		★性别	□男 □女	出生年月		★职务	
						★职称	□教授 □副教授 □讲师 □助教

★学校		★院/系	
★教研室		★专业	
★办公电话		家庭电话		★移动电话	
★E-mail（请填写清晰）		★QQ号/微信号	
★联系地址		★邮编	

★现在主授课程情况	学生人数	教材所属出版社	教材满意度
课程一			□满意 □一般 □不满意
课程二			□满意 □一般 □不满意
课程三			□满意 □一般 □不满意
其他			□满意 □一般 □不满意

教材出版信息			
方向一		□准备写 □写作中 □已成稿 □已出版待修订 □有讲义	
方向二		□准备写 □写作中 □已成稿 □已出版待修订 □有讲义	
方向三		□准备写 □写作中 □已成稿 □已出版待修订 □有讲义	

请教师认真填写表格下列内容，提供索取课件配套教材的相关信息，我社根据每位教师/学生填表信息的完整性、授课情况与索取课件的相关性，以及教材使用的情况赠送教材的配套课件及相关教学资源。

ISBN(书号)	书名	作者	索取课件简要说明	学生人数（如选作教材）
			□教学 □参考	
			□教学 □参考	

★您对与课件配套的纸质教材的意见和建议，希望提供哪些配套教学资源：